S. Pauwls Church

S. y Waterhouse

S. Andre in Holborne

Noy

Paulus wharfe

Queene hythe

The 3. Cranes

the Eel Ships

T H

winchester house

当今世界共有一百九十七个主权国家，其中绝大多数都曾选择同一种政治制度，那就是君主制。现代人常以为君主制不过是旧世界的遗迹，但这种已存续千年的政治制度从不会轻易消失，其强大的生命力至今仍影响着全世界。

　　英国至今仍是君主制国家，而英联邦王国作为现存最大的共主联邦，其成员国更是遍布世界各地。其实，英国的君主制也曾被共和制取代，但那段共和时期却是英国"失落的十年"。英国人最终还是选择回归君主制，回归他们所坚持的"美德的典范，荣耀的传统"，而正是从这一回归开始，英国逐渐崛起，并向"日不落"的辉煌与鼎盛迈进。

一部对英国过渡时期沉浮变迁的精彩总结，一本关于"失落的十年"引人入胜、文笔优美的先驱之作。

——BBC《历史》杂志

《英国共和兴亡史》节奏轻快，文笔优美，使我们得以近距离了解克伦威治下英格兰的种种成就、吊诡与矛盾。很少有人能像保罗·菜这样直接而富有感情地带领我们进入那个动荡却又充满想象力的世界。

——《星期日泰晤士报》

全面的资料、敏锐的洞察力以及富含情感的叙事方式，造就了这部引人注目的作品，它生动描述了英国历史上最为奇特的十年。

——《星期日电讯报》

一本可读性很强的书，其中充满了作者的智慧、冷静的思考以及严谨的学术研究。

——《观察家报》

保罗·菜向我们展现了那段历史的风云变化，一个个生动而清晰的故事实在是引人入胜。

——《金融时报》

这本书是对英格兰那"失落的十年"中种种跌宕起伏的绝妙总结。

——《先驱报》

英国共和兴亡史

兴亡史

英国共和

[英] 保罗·莱 —— 著

祝晓辉 —— 译

The Rise and Fall of
Cromwell's Protectorate

PROVIDENCE
LOST

天津出版传媒集团

天津人民出版社

图书在版编目（CIP）数据

英国共和兴亡史 /（英）保罗·莱著；祝晓辉译
. -- 天津：天津人民出版社，2021.4
书名原文：PROVIDENCE LOST: The Rise & Fall of
the English Republic
ISBN 978-7-201-16629-2

Ⅰ . ①英… Ⅱ . ①保… ②祝… Ⅲ . ①英国 – 历史 –
1649-1660 Ⅳ . ① K561.41

中国版本图书馆 CIP 数据核字 (2020) 第 212920 号

中国版权保护中心图书合同登记号 图字 02-2020-235 号

Providence Lost: The Rise and Fall of the English Republic
This is an Apollo Book, first published in the UK in 2020
by Head of Zeus Ltd
Copyright © Paul Lay, 2020

英 国 共 和 兴 亡 史
YINGGUO GONGHE XINGWANGSHI

[英]保罗·莱 著　祝晓辉 译

出　　版　天津人民出版社
出 版 人　刘　庆
地　　址　天津市和平区西康路 35 号康岳大厦
邮政编码　300051
邮购电话　（022）23332469
电子信箱　reader@tjrmcbs.com

责任编辑　张　凯
监　　制　黄　利　万　夏
特约编辑　高　翔　贾辅榕
营销支持　曹莉丽
版权支持　王秀荣
装帧设计　紫图图书 ZITO®

制版印刷　艺堂印刷（天津）有限公司
经　　销　新华书店
开　　本　880 毫米 ×1230 毫米　1/32
印　　张　12.5
字　　数　240 千字
版次印次　2021 年 4 月第 1 版　2021 年 4 月第 1 次印刷
定　　价　99.00 元

目 录

序 言
清教徒先驱

普罗维登斯岛"位于西印度群岛腹地，紧扼西班牙盘踞地
盘的门户"[1]，不出十多年的工夫，这座火山小岛就将成为英
国清教主义最遥远的前哨。1629年圣诞前夜，萨默斯群岛（现
称"百慕大群岛"）前总督菲利普·贝尔率领一众先行的英国
清教徒，乘"罗伯特"号帆船登上普罗维登斯岛开展传教布道
活动，英国人的这处新定居点距现在的尼加拉瓜加勒比海岸有
一百七十七千米。岛上的景色"美得让人窒息"，这里微风拂
面，散布着棕榈树、茂密的灌木丛和隐蔽的水湾，十三平方千
米的小岛上到处都是火山"山峰"，从峰顶向下形成陡峻的山
谷，坚硬的火山岩星罗棋布，一千多万年前火山喷出的岩浆凝
固后就形成了岛上这壮丽的景观。

建立普罗维登斯岛定居点之际，正值查理一世在国内大
搞个人统治①，英国的清教事业遭受了重创。这位斯图亚特王

---

① 传统上，辉格党史学家将这段历史时期称为"十一年暴政期"，已故的凯
　文·夏普则通过晚年的大量研究，在《查理一世的个人统治期》（耶鲁，
　1992年）一书中，将这一时期总结为"个人统治"。

朝的国王仰仗王室特权独断专行，把议会抛在了一边，他满
脑子萦绕的是欧洲大陆新兴的绝对君主制，身为一国之君，绝
对君主制这种治国理念显然对他充满诱惑，而这种理念也将在   x
法国"太阳王"路易十四那里臻至神圣。经过多年的冲突和对
峙，英国与西班牙（西班牙扮演的是罗马教皇最高庇护者的角
色）之间的和平很快就将分崩离析，这令一小部分清教显贵深
感懊恼，因为对他们而言，与他们为敌的信奉天主教的西班牙
哈布斯堡王朝——奉行霸权主义的"黑暗"西班牙——是反基
督的。要想推进清教事业，他们需要把眼光投向不列颠岛这片
精神贫瘠之地以外的地方。

　　在西班牙人那里，普罗维登斯岛被称为"卡塔利娜岛"，
而贝尔则把它命名为"普罗维登斯岛"，这样起名秉承的是始
终不渝的英国新教理念，吸引了英国一众精英的注目。他们成
长于伊丽莎白一世统治时的黄金年代，深受德雷克①、霍金斯②
和雷利③这些冒险家的故事熏陶。和那些极负盛名的前辈一样，

---

① 弗朗西斯·德雷克（1540—1596），是英国历史上著名的私掠船船长和航
　海家。德雷克在1577年和1580年进行了两次环球航行。1588年成为海
　军中将，在军旅生涯中曾击退来自西班牙无敌舰队的攻击，德雷克由此
　被伊丽莎白一世授予皇家爵士头衔。（译者注）
② 约翰·霍金斯（1532—1595），英国16世纪著名的航海家、海盗和奴隶贩
　子。伊丽莎白时代重要的海军将领，后世三角贸易的开创者，他对英国
　海军进行的改革是战胜西班牙无敌舰队的重要因素之一。（译者注）
③ 沃尔特·雷利（1552—1618），英国文艺复兴时期一位多产的学者。他是
　政客、军人，同时也是一位诗人、科学爱好者，还是一位探险家。他作
　为私掠船的船长度过了早期的职业生涯。在听到有关黄金国的传说后，
　便于1595年率领一支探险队前往新大陆寻找黄金，后来发现了今南美洲
　圭亚那地区。（译者注）

他们带着新锐的新教教义只身前往西班牙征服的新大陆；退一
步说，即便他们没有亲力亲为，至少也鼓励了其他人投身这
一伟大事业。这些"冒险家"由二十位高贵而富有的清教徒组
成，他们齐聚于伦敦城的布鲁克大宅，这是他们当中最富有且
最年轻之人的宅邸。该宅邸属于这个计划的资助人，第二世布
鲁克勋爵罗伯特·格雷维尔（他的父亲是第一世布鲁克勋爵富
尔克·格雷维尔），当时他才二十岁出头。1630 年夏天，他们
在这座宅邸成立了"普罗维登斯岛公司"，最初的运营资金只
有区区四千英镑。他们中有些显赫人物曾经参与建立弗吉尼亚
定居点以及萨默斯群岛定居点，第二世沃里克伯爵罗伯特·里
奇就是其中一位，他正是贝尔的雇主。里奇的父亲第一世沃里
克伯爵曾是沃尔特·雷利最后一次航海探险的担保人。雷利是
伊丽莎白时代英国新教的英雄人物，他在 1618 年和查理一世
的父王詹姆斯一世（英格兰及爱尔兰斯图亚特王朝的首位国
王）发生致命冲突，激发后来英国内战的对阵双方就此慢慢展
开角力。[2]

　　普罗维登斯岛公司的财务主管是约翰·皮姆，此人又矮又
胖，虽然其貌不扬，但面对咄咄逼人的查理一世，他却凭借雄
辩的口才成为议会权利的有力捍卫者。1628 年，约翰·皮姆在
爱德华·柯克"权利请愿书"法案的通过中发挥了至关重要的
作用。"权利请愿书"与《大宪章》以及"人身保护令"一脉
相承，目的就是为了保护英国臣民的自由权——只要他们不是
天主教徒——不受唯我独尊的国王的侵犯。这些人下定决心要
追随伊丽莎白时代的先辈，继续为保卫自由而战斗。作为被上

帝选中的国家的选民代表，他们将迈向外面广阔的世界，眷顾他们的上帝会为他们扫清一切障碍。在那未被开发的崭新世界里，西班牙人攫取了数不胜数的黄金和土地，而这一切将收入他们囊中，为反击国王的侵犯提供物质保障。对他们而言，他们在新世界的胜利将意味着上帝准允他们在国内展开斗争，而他们在国内的胜利将完成上帝已在《新约》中做好的设计：神拣选英国为新的应许之地。

在反对查理一世的清教徒眼中，他的残暴统治早已受到上帝的诘难，这再明显不过了：当三十年战争在中欧肆虐时，衣料贸易这个维系英国数百年繁荣的根基土崩瓦解，其中不乏许多受上帝眷顾的英国贵族，他们的利益与这个行业休戚相关。查理一世对这场血腥的宗教冲突能躲则躲，这让清教徒对他甚为反感。清教徒曾敦促他为被围困的英国新教教徒提供支援，特别是应该帮助他的妹妹伊丽莎白，当时伊丽莎白的丈夫——普法尔茨的腓特烈五世①——被神圣罗马帝国皇帝斐迪南二世和天主教联盟的军队打败，丢掉了波希米亚。正是由于查理一世违背新教上帝的旨意，无所作为，一场瘟疫在 1625 年至 1630 年间横扫英国，粮食歉收在英伦大地蔓延。上帝是不会为那些放弃真正信仰的人伸出援手的。许多清教徒迫不得 XII 已离开他们贫瘠的家园，到新世界去播种并繁衍生息，远离罗马天主教的统治。英格兰东部具有绅士教育背景的自由民奥利

---

① 腓特烈五世在 1619 年 8 月至 1620 年 11 月间统治波希米亚王国，由于在白山战役这场决定性战役中被击败，短短一个冬天之后，他便失去了统治权。腓特烈五世和他的妻子由此被讥讽为"冬王"和"冬后"。

弗·克伦威尔就曾冒出过这样的念头。

尽管对国王的统治极其不信任，普罗维登斯岛公司还是想办法取得了皇家特许状。他们向查理一世禀告说，有一座岛"便于停靠舰队，不管它是什么样的舰队，也不管它的目的地是驶向西印度群岛哪处背风的地方，包括卡塔赫纳、波托贝洛波托韦洛、洪都拉斯湾、伊斯帕尼奥拉岛（又名"海地岛"）、古巴岛和牙买加岛"[3]。此外，他们还向国王强调了这座岛屿的战略价值：环绕普罗维登斯岛的劲风和洋流会使进出古巴岛的船只，以及运载产自加勒比海诸岛珠宝的西班牙船只（西班牙在哈瓦那拥有非常优良的港口），全都得贴近这座岛高高的悬崖和防护性浅滩航行，这样一来，只要英国扼守住这处必经之路，就可以攻击和拦截那些从新世界运送财富到旧世界的船只。此举最大的收获就是能俘获西班牙的珍宝船队，这支船队每年都将产自墨西哥及秘鲁波托西银矿的大量财富运回欧洲。

查理一世自是巴不得能甩掉这个让他头疼不已的清教派系，1630年12月4日，他发布诏书，名为"威斯敏斯特城探险公司普罗维登斯岛或卡塔利娜岛以及亨利埃塔岛或安德莉亚岛海外拓殖事"。公司在取名时有些讨好国王的意味，把公司名称末尾靠近普罗维登斯岛的圣安德莉亚岛（西班牙人这样称呼）重新命名为"亨利埃塔岛"，这个名称是在向查理一世的信奉天主教的法国妻子亨利埃塔·玛丽亚致敬。作为恩典，查理一世要求公司上缴未来利润的五分之一就行。

虽然普罗维登斯岛不会成为百慕大群岛或巴巴多斯岛那样的岛屿——巴巴多斯岛与东加勒比海地区处于半分离状态，气候温暖——但该计划的资助者确信普罗维登斯岛先天就具备繁荣的条件，当虔敬的圣徒来到这里进行浇灌，一切就会变得欣欣向荣。资助这项计划的贵族对加勒比海地区几乎一无所知，XIII也没有任何实际经验。他们坐在扶手椅上空谈探险，不切实际，如果一意孤行下去，计划肯定会受挫，而真的到了那么一天，一切就为时晚矣。届时，他们将独霸岛屿上的土地，让那些岛上的定居者不敢有丝毫非分之想，反倒会为了公司的利益而不惜牺牲自己的身家性命，到头来无非是为了换得一块能称得上是他们自己的耕地，这可谓他们在这场帝国博弈中的一副门面。农业学家亚瑟·杨格不无感慨地说："哪怕是一块布满岩石的不毛之地，如果让一个人完全拥有它，他就能把这块土地变成一片花园；可如果把一块花园之地租给他九年，到最后就会变成一片荒漠。"⁴

事实将证明，普罗维登斯岛远非一片花园之地，那里的荒漠要多得多。根据私掠船长塞缪尔·埃克斯1638年撰写的《走访普罗维登斯岛》报告（在当时，这份报告问世的时间实在太晚了），如果在这座岛上饲养生猪，种植谷物、木薯、大蕉和柑橘类水果，它能承受的人口总数约为一千五百人。这座岛屿是一个天然的堡垒，但要想实现真正的繁荣，唯一的途径就是与西班牙控制下的内陆地区开展贸易。对那些已然在西印度群岛定居的英国人来说，他们乐于接受这样的妥协；他们很早就发现，与天主教徒做生意不值得他们谨小慎微，摆出一副正派的姿态，毕竟宗教理想主义并不受商人欢迎。

要想让普罗维登斯岛维系下去，只能先将宗教信仰搁在一

旁，把注意力更多地放在世俗贸易上，而不是追求所谓的精神
完美。那些宗教信仰更炽烈的英国新教徒（他们中有很多人
从来没有踏出英国半步）认为，西班牙人会"拒绝和你做生
意，除非你也信仰天主教"[5]。这显然是胡说八道。从17世纪
初开始，西班牙的商船队就开始日益萎缩，而且，那时和英国
开展贸易仍是违法的，但这样的禁令在实践中根本不可能强制
实行。西班牙和新世界的贸易，以及西班牙在新世界内部的贸
易，大部分都是通过荷兰与英国的贸易商实现的，他们对黄金
的崇拜丝毫不亚于其对上帝的信仰，甚或过之。

　　在美洲，对英国船只发动什么样的挑衅，是由远离本土的　xiv
西班牙军官决定并执行的，马德里的官方政策鞭长莫及。加勒
比海地区通信受限，这一点甚至比早期的现代欧洲有过之而无
不及，因此，那里享有高度的自由，根本不受数千公里以外政
府的约束。西班牙永远不会在它的本土正式宣布与英国或任何
其他国家开展贸易。但实际上，正如克伦威尔的表兄弟、未
来的情报总管约翰·瑟洛（他是一位非常老到的商人）所指出
的，西班牙的地方政府非常乐意与英国人有生意上的往来，而
且在这件事上对任何其他国家的人都来者不拒。做生意讲的是
国际语言。对没出过国门的探险家以及他们的清教徒同僚而
言，这些人观念老旧，意识僵化，和那些远在美洲的商人相
比，他们和现实严重脱节，也不懂得如何向生活妥协；这些人
属于先知性的政治完美主义者，他们找寻的是关于上帝杰作的
神启，绝对不会像实用主义者那样去寻求利润。

上帝和玛门①在普罗维登斯岛上角逐。让定居者和投资者都感到沮丧的是，烟草虽然"用途不光彩"，但在其短暂的生命期中一直是定居点的主要作物。清教徒的探险家站在伦敦城的道德制高点鄙视烟草种植，憎恶吸烟习惯，这种态度和查理一世的父亲詹姆斯一世如出一辙。早在1604年，詹姆斯一世就在《坚决抵制烟草》中，以典型巴洛克风格的雄辩和气势对烟草大加鞭挞。普罗维登斯岛公司的显要人物布鲁克勋爵就曾这样描述过烟草，说烟草是"既能杀人又能救人的印度草药"⁶，而官方则断定"烟草对人体有害，有损英国公民的举止"。

但在普罗维登斯岛，还有一种比贩卖烟草更恶劣的贸易兴盛起来。从这个定居点建成之日起，非洲奴隶就被带到了这座岛上，尽管就探险家来说，他们并不情愿这么做。英国的探险家反对奴隶登岛，这倒不是因为他们觉得蓄奴是不道德的：在英国治下"纯净天空"的外部，非洲人是可以被奴役的，他们并不会因此而感到道义上的谴责，因为"非洲人对基督教而言就是异类"⁷。他们之所以排斥黑人奴隶，是担心奴隶会污染他们秉承上帝旨意在这座岛上建立的自治社会，而这是清教徒追寻的理想。尽管存在这样的反对声音，普罗维登斯岛还是成为奴隶数量超过当地人口总数一半以上的第一个英国殖民地。

xv

————————

① "玛门"是《圣经·新约》中提到的一种恶魔，它是财富和钱的化身。（译者注）

普罗维登斯岛公司竭尽全力地吸引虔诚的清教徒来到加勒比海地区，比如亨利·哈尔黑德这样的人，他是牛津郡清教徒聚居的班伯里市前市长（班伯里市素以"激情、蛋糕和啤酒"著称），1632年携家眷和朋友来到这里定居。然而，在这样一个充满挑战的环境中定居，意味着他们必须根据现实情况对最初的理想做出妥协。新殖民地需要武装人员、士兵和水手，他们要具备在加勒比海地区艰难环境中生存下来的实际经验，这些人的"私下争执和暗自不满"[8]可能与殖民地创始人的道德与精神理想并不相符。

1633年，威廉·劳德被任命为坎特伯雷大主教，这使得英国国内的政治和宗教紧张局势进一步升级。作为最受国王青睐的第一世白金汉公爵的门客，劳德是一位极富雄辩力的反清教主义者，同时也是高派圣公会正统教义的坚定捍卫者。对劳德来说，王室和英格兰圣公会（英国国教会）的命运紧紧维系在一起，他警告说："如果圣公会被扳倒，我们就不得不担心接下来会发生什么。"劳德的地位如日中天，再加上查理一世最爱绝对统治，这在清教徒眼中无疑又是一道明证：天主教偶像崇拜又向前迈进了一步。[9]

就在同一年，诗人兼政治家，同时也是1630年新定居点投资人之一的本杰明·鲁迪亚德爵士察觉到了异样，普罗维登斯岛陷入紧张局势之中，"我们真的希望（按照我们的意图），我们设想的普罗维登斯岛已经成为一个虔敬的殖民地，而不是到头来发现痛苦的根源深深植入你们中间……这些都是宗教带来的令人难受的苦果"[10]。鲁德尔鲁迪亚德爵士的察觉成了预示分裂的先兆，十多年后，克伦威尔的护国公制就将面临这样的挑战。

　　纳撒尼尔·巴特勒上尉是普罗维登斯岛的管理者之一，此人系私掠船长，在治理萨默斯群岛时堪称典范。他对当前的环境大为光火："我从来没有和这样的人一起生活过，他们要么脾气暴躁，要么蠢得不知道怎么掩饰愤怒。"[11] 当安德鲁·卡特取代他的位置时，本来就已经很困难的局面变得更难应付了；然而，一批已经置身新世界的大胆定居者还是愿意给普罗维登斯岛最后一次机会。

*

　　在开始建造普罗维登斯岛定居点之后的十年间，北美洲的教友将陆续加入到身陷困境的岛民队伍中，有人劝说这些教友南下冒险，放弃新英格兰那个固若金汤、个人行为受到严格限制的地方。很长时间以来，英国清教徒一直都在暗地里发着牢骚，怀疑那些来自马萨诸塞湾的同胞和他们到底是不是"同道之人"：1641 年，对那些驶向普罗维登斯岛的投奔者，他们无疑就是这样的人，而且他们也愿意证明这一点。他们希望能成为其他人效仿的先驱。

　　选择南下的先驱者当中有一位是约翰·汉弗莱上尉，1640年，他在缺席的情况下被任命为普罗维登斯岛的总督。汉弗莱通过婚姻关系与塞伊 - 塞里勋爵结成远亲，这位勋爵是普罗维登斯岛公司背后另一位清教徒贵族，也是奥利弗·克伦威尔早期政治生涯的导师。在塞伊 - 塞里勋爵位于牛津北部的布劳顿城堡，汉弗莱接触的圈内人士都是对国王持批评态度的显

赫人物。汉弗莱是律师出身，曾担任多切斯特公司的财务主 XVII
管，这家公司是马萨诸塞海湾公司的前身，该公司为股份制贸
易公司，1629年获得英国政府的特许状，在新英格兰的广袤
地区开展拓殖。汉弗莱于1634年移民波士顿，成为当地赫赫
有名的成员，并于1638年被任命为陆军准将，进入高级军官
队伍。

约翰·温思罗普是汉弗莱的竞争对手，他也是马萨诸塞海
湾公司举足轻重的人物，他对那些决定南下的新英格兰同胞感
到非常不解，这些人为什么要放弃北美相对稳定而安全的地
区，"将他们自己以及妻子和孩子置于强敌的危险之中"[12]？
温思罗普代表的是一批"被动消极的"清教徒，为了躲避旧世
界的迫害，他们逃到新大陆的北方地区定居，这里远离西班牙
的侵犯；而汉弗莱代表的则是另外一种类型的清教徒，他们
锐意进取，要么在英国与清教主义的敌人做斗争，要么在加
勒比海地区与西班牙人鏖战。这两类清教徒之间的关系一直
都很紧张。

汉弗莱招募了大约三百人与他一同前往普罗维登斯岛①。他
的这一壮举让远在伦敦的公司高层钦佩不已，后者决定把公司
的股份授予汉弗莱及随行的定居者。实际上，海外定居者的财
产权一直都缺乏保障，这已经成为殖民地定居的症结所在，严
重阻碍了海外殖民事业的发展，这个问题很快就将浮出水面。

---

① 托马斯·韦勒文纳可能就在这些人当中，未来他将成为以基督为王的千年
"第五王国派"成员之一。

普罗维登斯岛公司的高层先是恭维汉弗莱，说总督的位置对他来说肯定是"大材小用"，接下来又对他许诺，以后西班牙美洲殖民地的整个大陆都将归他管辖，普罗维登斯岛只不过是个跳板而已。

从新英格兰到普罗维登斯岛的新一轮移民潮并没有逃过 XVIII 西班牙人的注意。1640 年，西班牙对普罗维登斯岛发动的第二次进攻被击退，但事情并未就此结束，西班牙人满脑子想的是这个问题：一大群更有经验的定居者涌向这里，这分明是公然对西班牙的美洲帝国图谋不轨。敌基督者不会再被羞辱第三次。

"珍宝船队"的司令弗朗西斯科·迪亚兹·皮米蒂纳皮米恩塔将军每年都指挥这支船队将产自美洲的珍宝运回欧洲，他向腓力四世报告了汉弗莱的意图。腓力四世授权皮米恩塔在卡塔赫纳（西班牙在新世界的主要陆上盘踞地）组建一支由七艘战舰组成的舰队，兵力为一千四百人。

1641 年 5 月 19 日，西班牙舰队抵达普罗维登斯岛"尖顶帽"的周围海域。皮米恩塔下决心汲取以前失败的经验教训。他计划从岛屿的东部发起进攻，那里防御工事薄弱，但一场风暴让他的计划泡汤，随即他把进攻方向转到号称小岛"首都"的新威斯敏斯特港口。5 月 24 日拂晓，西班牙人发起进攻。尽管由英国人、爱尔兰人和自由非洲人（他们可能是作为船员抵达该岛的）组成的防守部队奋力抵抗，但无奈敌人的军队具有压倒性的优势，西班牙哈布斯堡王朝的旗帜在总督空旷的住所上方升起。囚禁在普罗维登斯岛的西班牙修士通过谈判达成和平，保住了英国定居者的性命。妇女和儿童被直接送回英国，而男性定居者将经由卡塔赫纳港被运送到加的斯，在那里他们会被释放并自掏腰包回国。与此同时，已经陷落的普罗维登斯岛在等待着最后一批上帝选民的到来。

*

作为新英格兰商人和"最专业的水手"[13]的威廉·皮尔斯是两艘小船的船主兼船长，此时他正驾驶着这两艘船从新英格兰出发，载着三十名男人、五名女人和八个孩子共同奔向普罗维登斯岛的新生活。1641年5月，一行人经停小安德烈斯群岛的圣克里斯托弗（圣基茨岛）补充给养，这座小岛从1622年就一直被控制在英国人手中，当时是与法国共治。在那里，皮尔斯得到警告，说"有一支西班牙舰队在外面游弋"。皮尔斯建议，他们这一小队人马应该掉头返回北美家园。如果传言属实，西班牙人很可能在经过两次失败的尝试后，最终拿下了普罗维登斯岛这座"天然堡垒"。身为商船的水手，皮尔斯生性谨慎，但他的乘客们已经把灵魂托付给上帝，因而坚持继续向目的地进发，不管是生是死。

拗不过乘客的满心期许，皮尔斯只好逆来顺受并无奈地感慨道："我的命算是交待了。"[14]几天后，当普罗维登斯岛进入视野时，他像每个早晨那样当着船上所有人员的面朗读一段《圣经》中的经文，这次，他选的是《创世记》中的一段："我要死了，但神必定看顾你们，领你们去那该去之地。"

1641年7月13日，当两艘船抵近时，岛上并没有竖起西班牙哈布斯堡王朝的旗帜，但是，当他们向逼仄的新威斯敏斯特港口靠近时，一颗炮弹瞬间击中了领头的船只。不消一刻，皮尔斯便躺在那里奄奄一息了，他旁边是来自康涅狄格州哈特福特的棉花商人塞缪尔·韦克曼。更多的炮弹倾泻如雨，好在第二艘船落在后面，不在西班牙大炮的火力范围内，似乎得到了上帝的眷顾。迅速脱身后，惊魂不定的流亡者恳求把他们扔在凶险的莫斯基托斯海岸[①]，他们要在这里赎罪。他们中有少数人实现了愿望，但大多数人凭借熟练的航海技术安全返回新英格兰。显然，普罗维登斯岛在西班牙人第三次索要下已落入他们手里。 xx

约翰·汉弗莱从来不曾到过普罗维登斯岛。岛上的第一批定居者在担惊受怕中安全返回波士顿后不久，他就踏上了返回英国的航程。差不多十年后，他将在约翰·布拉德肖——英国皇家高等法院院长，负责审判查理一世并将其判处死刑——麾下为国家冲锋陷阵。

普罗维登斯岛落入西班牙人手中时，正值斯图亚特王朝三个王国——英格兰、爱尔兰和苏格兰——陷入内战的前景开始明朗之际。许多参与创建普罗维登斯岛公司的人都在英国议会中担任要职。约翰·皮姆成为下议院领袖，而塞伊-塞里勋爵则在上议院占据一席之地。沃里克伯爵在内战中被任命为议会麾下舰队的上将。第二世曼彻斯特伯爵爱德华·蒙塔古成为"东部联盟"军队的领导人（他基本没发挥作用），在1644

---

① 莫斯基托斯海岸位于现在尼加拉瓜和洪都拉斯的东海岸，那里居住的是莫斯基托印第安人，他们在17世纪30年代一直与普罗维登斯岛定居点保持友好联系。

年史诗般的马斯顿荒原战役之后，奥利弗·克伦威尔将一跃成为这支军队的救星。对普罗维登斯岛的定居者，他们当中有很多人都支持议会的事业；可一旦斗争的硝烟散尽，胜利近在咫尺，他们就会再次梦想着清教徒能现身西班牙新世界。"似乎是天意引领我们来到这里"，克伦威尔暗自思忖道。[15]

第一章

迈向护国公制

也只有奥利弗·克伦威尔，他以文治武功的
巨大影响力，才让这些甚嚣尘上的不安想法有了
些许平复。

——大卫·休谟

1649 年 1 月 30 日那个阴沉寒冷的清晨，"血腥"的查理 [1]
一世在白厅前的广场被推上断头台。至此，国王和军队以及议
会之间的惨烈较量终于宣告结束，这场争斗引爆了英国两次内
战，成千上万人因之惨死。正像他的政敌宣告的那样，查理一
世落得这种下场是"命定如此"。行刑的那天，广场上聚满了
想一睹查理一世人头落地的看客，他们面色阴沉，沉默而茫
然。为了御寒，国王特意穿着两件白衬衫走向断头台，免得老
百姓误以为他是因恐惧而瑟瑟发抖。查理一世以国王陛下的身
份接受了审判，受审时，他身上多了一种过去统治时少有的威
严。他不失体面地坦然受死，并选择宽恕那些送他上断头台的
人，因为他坚信，君主制不会就此在英国大地上永远消亡。

　　不久，英国坊间出现了一本以查理一世口吻写成的书，题为《国王的圣像》，这本书融祷告和辩护于一体，算是他的精神自传。对那些幻想着有朝一日恢复君权神授的人来说，这本书自然也就成了竞相购买的畅销作品①。彼时，王权陷落，英国已变得不像以往那样气派威严，而这一转变的标志就是矗立在伦敦皇家交易所的国王塑像，悄然间被换成了正门上一句平实的铭文："暴君已逝，王政亦终"。查理一世被处决后的第二天，克伦威尔的宗教指导者约翰·欧文宣教说："上帝的审判临近了，天穹与大地将为之震动，尘世的一切，都要为上帝之国的建立避让，只有蒙恩者才能进入这神圣的国度。"[1]颇受军队欢迎的特遣牧师约翰·坎恩宣称，查理一世的死是"奉上帝的旨意"。现在是基督和他的圣徒再次降临人间的时候，他们将"荡平欧洲一切王权统治"[2]。

　　议会在战争中的胜出具有决定性意义，这场战争和黑死病一道，把不列颠和爱尔兰搅得昏天黑地，或许历史上从来没有过像现在这样的惨况。英国议会"新模范军"的"圣徒"业已证明，他们自己就是被赋予庄严使命的上帝选民：以英国为榜样，把上帝的旨意行在地上。他们之所以能在内战中所向披靡，正是他们内在恩典向外分赐的结果。在这支队伍中，最耀眼的人物当属奥利弗·克伦威尔，一位出身中等贵族家庭的草莽军人。他在一生前三分之二的时间里都默默无闻，但在时代洪流的裹挟下登上历史舞台，屡建奇功，盖过所有前人。他果

① 《国王的圣像》极有可能出自约翰·高登之手，他以前是沃里克伯爵的牧师，但对沃里克伯爵并不是十分忠诚，复辟时期成为埃克塞特的主教。

敢地率领"铁骑军"冲锋在前，对神圣的天意拥有无比坚定的信念："这一切都是出于上帝的仁慈，而不是出于人的意志。"[3]

这场革命以国王的死而告终，最大的获胜方却是一个很小的派系，其虽然取得巨大成功，但代价却极为高昂，它以人民赢得尊严的光辉掩盖了整场革命的非法性。随后的发展证明，他们在毅然决然地做出这个决定后便束手无策，和平之路注定要遭遇更大的险阻。英国人生性固执，很难做出改变。绝大多数英国人固守伊丽莎白一世时代的新教教义，坚定奉行"祈祷书"宣扬的慈爱温和。"祈祷书"将加尔文宗神学和用无与伦比的、简洁而美丽的语言表达出来的天主教仪式混合在一起，既迷人，又实用。还有极少一部分英国人（不到英国总人口的二十分之一）属于"真正的"天主教徒，他们人数虽少，却构成了贵族的主体，这些少数分子不断受到指责，说他们与被称为"平等派"的激进反对团体沆瀣一气。然而颇具讽刺意味的是，这种构陷实在站不住脚。毕竟，平等派呼吁实现男性公民的普选，而一旦普选，势必导致国王重新执政，但这种提议是不大可能被采纳的。此外，当时还有为数不少的寡廉鲜耻、放浪形骸之人，他们与上帝的旨意背道而驰，经常出入酒馆（这些酒馆十有八九是无照经营的）、赌场和妓院。克伦威尔曾一针见血地指出，英国人"就像被施了割礼，天生就这副德行"[4]，这句话可谓惊世骇俗。在英国，至少有些人带有属于上帝挑选的基督教新教徒的痕迹。但是，根据加尔文的预定说，除了极少数人被上帝选中而得救，绝大多数人甚至未能证明自己真正配得上上帝之名。这些被上帝选中的人，怎样才能选出这个国家的领导者呢？

　　克伦威尔已经把各路竞争派系治得服服帖帖，即便有的对手表面逢迎，实则嫉妒得咬牙切齿，也改变不了一个事实，那就是克伦威尔已经成为英国最有权势的人物。毋庸讳言，费尔法克斯在名义上仍然凌驾于克伦威尔之上，但一连串促成国王被处决的事件让他变得心神不宁。费尔法克斯遁入了阴影之中。然而，现实情况并不容乐观，就算把克伦威尔自己的军队和议会的剩余兵力凑在一起，在力量对比上他也是小巫见大巫。虽然克伦威尔一方在军事上十拿九稳，但他们却面临着政治上的不确定性，而且长老派内部也存在宗教上的分歧，一部分长老派成员像克伦威尔本人一样，希望能顺应潮流，使政治和宗教达成统一，建立英国的民族教会并谋求独立；而另一部分长老派成员寻求更大的宗教自由。尽管存在这样的分歧，双方还是一如既往地强烈反对天主教。对那些公开声称支持建立新共和政体的政治家，他们需要军队保卫共和国的存续，包括他们自己的性命。在整个17世纪50年代，军队把他们扶上台，也只有军队才能保证他们执政。历史后来证明，试图解决与代表平民的平等派之间的争议，只不过是那个年代扣人心弦的一场闹剧而已，最后不了了之。

*

　　国王被处决后，1649年5月19日，爱尔兰和英格兰随即正式废除了君主制。按照残缺议会①（当时只有五十名活跃的议

① 残缺议会是指1648年将英国长期议会中反对审判查理一世的激进议员驱逐以后的英国议会。

员）的说法，君主制"对人民的自由、安全和公共利益一无是处，反而构成了沉重的负担和威胁，根本没有继续存在下去的必要"。英国的上议院也因为被认定为"毫无用处"并存在危险，一同被废除。君主政体下的行政权被转交到新成立的"国务会议"手中。国务会议每年选举一次，成员不少于十三人，不超过二十一人（事实上从未超过十八人）。议会政治取代了王室统治。就在这年的 5 月，议会还通过法令，宣布英国及其自治领成为一个"英格兰联邦和自由的国家"。国王死后将近一年，所有成年男性公民都被迫"宣誓"效忠英格兰联邦，随后英格兰联邦便成立了。如果有谁胆敢忤逆英格兰联邦，就会被扣上叛国者的帽子。

　　残缺议会旋即开始对外交政策和对外事务发力。自从 1641 年爆发内战以来，一方面，爱尔兰被克伦威尔军队的马蹄彻底夷平，爱尔兰人对 1649 年克伦威尔发动入侵自然能忍则忍；另一方面，掌控苏格兰的加尔文教徒虽然更热衷于放手一搏，但他们在英格兰人眼里无非是一个忍辱偷生之辈，不足挂齿。因此，爱尔兰和苏格兰都将被纳入英国的掌控之下。1651 年，克伦威尔领导的英吉利共和国议会通过了《航海法案》，该法案试图遏制荷兰的贸易活动，虽然荷兰人同样信奉新教，但其海上力量和商贸活动都对英国造成了威胁。但在对国内事务的处理上，残缺议会的分歧则要多得多，而且这种状况将一直持续下去。1650 年 9 月，议会通过了《宽容法案》，这项法案的颁布意味着异教徒不必再定期到教区教堂做礼拜，教区制度仍然得以维系下来，尽管其本身一直是宗教改革激进派的铲除目标。大法官马修·黑尔领衔对英国的法律制度进行改革，他素以保持中立和客观著称，曾为国王首席顾问托马斯·温特沃思·斯特拉福德伯爵①及没站在议会一边的劳德大主教辩护，但最终还是没能保住他们的性命。黑尔的改革提议非常坚决彻底，但因遭到残缺议会为数众多律师的抵制（他们把自己的私利摆在首位）而最终流产。

残缺议会发挥的作用日益萎缩，"勉强在那维系着"。克伦威尔对议会的无能感到非常愤懑。1651年9月3日，克伦威尔率军在伍斯特取得对查理·斯图亚特的决定性胜利，这场天意使然的战役用他自己的话说就是"赏赐冠冕的慈悲"，极大地巩固了他的威望。克伦威尔第二天便直抒胸臆：也许议会现在该"按上帝的意志行事了吧，因为上帝已经表明了他的意志"。至于上帝的意志到底是什么，这让人不禁迫不及待地循着克伦威尔的人生轨迹一路探究下去，可越往后，绝望也越大，最后彻底灰心。

残缺议会没能给出这个答案，而且克伦威尔和很少在议会大厅露面的奥利弗·圣约翰强迫残缺议会确定履职日期，过了 6 这个期限便自行解散。1651年11月3日，残缺议会同意将在三年内自行解散，这也就开启了寻找继任者的大幕。军队想要的是一个彻底的解决方案，主张议会应该成为"虔诚而忠诚"

① 斯特拉福德伯爵于1641年5月12日被处决，该处决得到了查理一世的同意，这成了国王痛苦自责的源头。临到自己被推上断头台，查理一世说道："现在我受到不公正的判决，这是我自作自受。"劳德大主教于1645年1月10日被处决。

的自留地。对克伦威尔来说，这并不是他最后一次充当军队和议会之间的仲裁者。但是，随着对胜利的回味渐渐远去，克伦威尔熠熠生辉的形象似乎正在淡出人们的视野。四分五裂的英国太渴望"安定下来并休养生息"了，可是，直到1651年即将翻篇，一切似乎仍是照旧。12月，克伦威尔召集了一次会议：

> 会议在议院举行，与会方包括议会各派议员以及军方主要将领。既然这么多人到场，他向众人提议，国王已被斩首，王子也被打败，他认为是时候坐下来解决国家的问题了。

其中有一派我们姑且将其简称为"文官派"，主要由法官和律师组成，这一派主张建立君主立宪制国家。另一派由军人组成，他们主张建立共和国。著名大律师布林斯东·怀特洛克提议，是否可让查理的小儿子格洛斯特公爵亨利（当时他已成年）登基加冕，但君主的权力受宪法节制，从而引领国家建立有限的君主政体。克伦威尔认为这个想法实现起来"难上加难"。然而，克伦威尔也承认，接受"某种程度的君权，这不失为一种很好的"解决方案。英国就此埋下了一颗日后结出苦果的种子。

最后，到了1653年4月，克伦威尔自视已经撮合双方达成一致，于是成立了一个由军官和议员共同组成的委员会。鉴于残缺议会已经自行废止，议员将通过该委员会重新进行选举，将那些敌视英格兰联邦的人排除在外。可出乎克伦威尔意

料的是，残缺议会竟然退出协议，决定立即自行组织选举，这 7
让克伦威尔深感受挫，怒火中烧。

1653 年 4 月 20 日，对议会一次又一次大失所望的克伦威
尔率领一队士兵向威斯敏斯特进发，用他那句虽有争议但最有
名的话向残缺议会大声宣布："你们在这个位子上太久了，很
久都没有什么贡献了。走吧，我说！我们已经受够你们了。以
上帝的名义，赶紧离开这里！"这句话将在 1940 年 5 月英国
面临生死存亡的危机时，再一次回荡在议会大厅①。克伦威尔声
称，他解散残缺议会凭借的是"上帝赐给他的力量，完全符合
天意"⁵。可在批评者看来，用"图自己方便"来代替所谓的
"天意"，或许再恰当不过了。

到了 1653 年的春天，随着残缺议会被废除，克伦威尔登
上了权力的巅峰，到目前为止，英国历史上还没有第二个人能
像他一样。克伦威尔认为，残缺议会已经无法"履职，它辜负
了上帝、他的子民和全国人民的殷切希望"⁶。克伦威尔终将
一次次把他的信任托付给上帝（和干火药），而不是议会和人
民。从现在的眼光看，尽管克伦威尔算不上一个独裁者——早
期的现代国家由于缺乏基础设施，加之通信手段也有限，根本
就无力推行极权统治，不管其个人野心有多大——但他的独裁
倾向却显露无遗。早在 1647 年 7 月，克伦威尔就注意到，政

---

① 1940 年 5 月，当英国在第二次世界大战初期遭受了一系列军事和海上的
重创之后，里奥·艾默里议员在一次著名的演讲中痛斥内维尔·张伯伦首
相领导的英国政府。在那次演讲中，他引用的就是克伦威尔当年驱散议
会时说的这句话。

府在施政时最好是"为人民谋福利，而不是取悦人民"。如果 8
一个议会尸位素餐，罔顾上帝传达给他们的旨意，那就必须抛
弃这个议会。议会存在的终极理由是让英国人敬畏上帝，使整
个国家上升为上帝的选民。归根结底，克伦威尔的最高抱负更
多的是在神学方面，而不是在政治方面。就此而言，他的盟友
比他更热心。

*

　　克伦威尔改变统治方式的下一项实验求助于托马斯·哈里
森少将，他认为这是"一位诚实之人"，但饱受"情绪急躁"[7]
的困扰。作为一名律师出身的军人，哈里森是第五王国派的领
袖，第五王国派是一个支持宗教确定性的激进的千禧年教派。
第五王国派真诚地相信，在巴比伦、波斯、希腊和罗马这前四
个帝国灭亡之后（第五王国派同时也承认罗马帝国与教宗之间
存在衔接性），以基督为王的千年第五王国即将降临人间，而
英国将孕育这个第五王国。和内战中几次让他扬名立万的作战
表现一样，哈里森在和平环境下依然急躁不安。相比之下，克
伦威尔虽然在军事上干脆果断，但在政治上将被证明是一个搪
塞推诿者，这个人将三番五次地躲进祈祷中缄默不语，在与上
帝的对话中不断寻求指引①。哈里森秉承宗教的确定性，这让他
对优柔寡断全无概念，也不知道中途停下来思忖一番。
　　然而，当时间指向 1653 年 7 月 4 日，克伦威尔创立了

———————

① 要想理解克伦威尔，最有价值的资料就是他与上帝的对话，剧作家霍华
　德·布伦顿在其 2012 年出版的作品《五十五天》中对此进行了精彩绝伦
　的想象。

"提名议会"，或称之为"贝尔朋议会"，这成为他一生中最得意的一件事。"贝尔朋"是批评者嘲讽这个议会时给它起的绰号，这个绰号来自议会中一位更虔敬的议员的名字，他是伦敦城的皮革商人，名叫"赞美 - 上帝·贝尔朋"（全名：若非 - 耶稣 - 基督 - 替你 - 受死 - 你 - 早就 - 下地狱了·贝尔朋）。"提名议会"倾注了哈里森的心血，这种圣人政治以古犹太最高评议会兼最高法院的犹太公会为蓝本，想借鉴《旧约》中的摩西律法来实现对英国的治理。克伦威尔宣称："这是上帝在召唤你们来做这件事，我觉得这凭借的是空前的天意（我指的是军事胜利），上帝在这么短的时间内就让他的子民获得了这样的旨意。"他们因为"上帝的明智意志"而集合在一起，所以必须"承认上帝对他们的召唤"。克伦威尔曾说，提名议会的成立"迫在眉睫"[8]，国家马上就要进入非常时期。

　　一百四十名议员组成的贝尔朋议会应该由英格兰和爱尔兰的独立公理派教会"提名"——这个议会的官方名称就是这么来的。但在现实中，议员主要是由军队的军官委员会遴选，他们相中的人"骨子"里要具备这样的品性：敬畏上帝且是"公认的忠诚老实之人"。贝尔朋议会只运行了五个月就被解散了，用克伦威尔自己的话讲，这个议会就是"异想天开，完全是我自己的软弱和愚蠢造成的"。就像残缺议会一样，它也因难以处理宗教和法律问题而失败。

　　贝尔朋议会因为被人认为没起到什么作用以及议员出身卑微而备受讥讽，当时的一份报纸大幅刊文，驳斥他们是一群"卑劣的讼棍、旅店老板、低贱的技工、卖袜子的小贩"[9]。然

而，这个议会并不像人们想象的那么不堪，从成立之日起，它
一共通过了三十项法案，覆盖社会和经济领域一系列问题。实
际上，贝尔朋议会的议员也不是一群原教旨主义者。哈里森领
衔的第五王国派在议会运行中起到的作用相对较小，况且议会
班子成员绝大多数的出身都符合传统，他们中既有贵族，也有
不少士绅，就算大部分士绅的地位并不高，也绝对不能说他们
是"卑劣的讼棍、旅店老板、低贱的技工和卖袜子的小贩这样
的乌合之众，根本不用指望他们配得上大陪审团成员的名号"。
即便如此，他们当中律师出身的议员——在克伦威尔成立的所 10
有议会中，律师议员都是一支能起到稳定作用的力量——还是
着实大吃一惊，因为他们的提案竟然被那些妄图取消衡平法院
以及打算大幅压缩英国普通法条款的人以多数票给否决了。贝
尔朋议会以微弱多数票通过废除教会什一税法案后，由于被更
激进的议员彻底激怒，大约八十名温和派议员——重要人物包
括查尔斯·沃尔斯利爵士、威廉·西德纳姆、吉尔伯特·皮克
林爵士、爱德华·蒙塔古、菲利普·琼斯、安东尼·阿什利-
柯柏伯爵、亨利·劳伦斯以及约翰·德斯伯勒——举行了一场
祷告会，同意"把他们从克伦威尔将军那里得来的权力交还给
他"。于是，1653 年 12 月 12 日，他们便向克伦威尔呈递一份
署名文件，陈述说："根据今天在下议院提出的一项动议，按
照现在议员的组成，本届议会再继续运行下去，将不利于英格
兰联邦的利益。"与此同时，戈菲上校和怀特中校率领火枪部
队进入议会，驱散了那些仍在下议院逗留的议员。不管克伦威
尔是否提前知晓这一计划，历史学家布莱尔·沃登一针见血地

指出，克伦威尔"按照什么都不知道处理一切"[10]——他急不可耐地就接受了解散议会的结果。贝尔朋议会对军队不怀好意，这让克伦威尔和他手下的军官很担忧，毕竟军队仍然是左右国家的力量。特别是，议会对每月国家财政支出的审批百般推诿，卡住了军费来源，这已经对国家政权的运行造成掣肘。最恶毒的议员甚至还抛出这样一项提案，军队的某些更高级军官应无薪服役。解决这些问题的办法掌握在军队自己手中，尤其是其中一位显赫的人物。

*

约翰·兰伯特少将时年三十多岁。这个人自视甚高，野心 [11] 勃勃，不欠任何人人情，是唯一一个能与克伦威尔争权的劲敌，或许只有他才有能力接任克伦威尔。1650年9月3日，兰伯特这位高明的骑兵军官不惜一切代价，凭借近乎鲁莽的进攻战术在邓巴战役中大获全胜：大卫·莱斯利率领的苏格兰保王派军队被一举击溃——苏格兰"不顾上帝的一系列旨意，放弃秉承上帝绝妙安排的荣耀"[11]，打着查理二世的旗号挑起战事，寄希望于查理二世能在整个英国推行苏格兰长老会制定的宗教解决方案，邓巴战役给了苏格兰当头一棒。英格兰军队——在克伦威尔眼里，这就是一支纯粹的有宗教信仰的军队——高级军官在发表的《穆塞尔堡声明》中正式宣布，他们"是在为摧毁敌基督而战，推动耶稣基督王国的建立……不管苏格兰和任何其他国家怎么说，你们会说什么？"

在圣徒的神话里，邓巴战役的重要性怎么形容都不为过。在反思这场战役时，克伦威尔回忆说："我们不知道该怎么办，但我们每个人心中都明白，我们之所以能赢得这场战役，以及所有其他战役，都是出于上帝的慈爱，而非出于人。"[12]圣徒不过是"上帝的工具"。在邓巴战役中，英格兰军队仅仅牺牲了二十人，这奇迹般的战果证明了上帝之手正指引着清教徒的大业。正如克伦威尔看到的，他用欢快的话语这样说道：

> 正因为他们兵力占优，占尽优势，无比自信，也正因为我们处于劣势，困难重重，所以我们才能在上帝的山上，见证上帝的神迹……上帝会为我们找到解救之路，上帝会让我们得救——实际上，我们确实得到了安慰和希望。

在邓巴，克伦威尔被深深打动，正如一名战争亲历者在获胜后说的："他放声大笑，就像喝醉了酒一样，他的眼中闪烁着信仰的光芒。"[13]

更值得一提的是，1651 年 7 月，兰伯特率军深入以前从未有人踏足的法夫王国，在因弗基辛摧毁了约翰·布朗爵士的盟军：两千名苏格兰人被歼灭，一千四百人被俘。9 月，兰伯特在伍斯特战役中将他的英勇展露无遗，当时，他身下的战马被子弹射中——兰伯特是这场战役后期的重要指挥官，他的英勇表现甚至盖过了克伦威尔将军。到目前为止，克伦威尔和兰伯特在战场上断断续续厮杀已近十年，在这期间，他"没有一次败绩"[14]。

在英国议会议员看来，邓巴大捷和因弗基辛大捷是天意的安排——他们能取胜，确实是仰仗道义，而这只有借助"以色列的战车和马兵"才有可能。随着胜利的到来，克伦威尔致信未来的下议院议长威廉·伦索尔，他做出了一个预言，为这个政权的外交政策提供建议：

如果说是上帝让你的军队更有战斗力，那么请你一定要对这些事情上心，以彰显上帝的荣耀以及英格兰联邦的荣耀。除了令英国从中受益，你还应该把这种荣耀播撒到其他国家，这些国家也应该效仿这种模式带来的光荣，并且通过上帝的力量取得同样的成绩。[15]

换言之，努力建设一个彰显上帝荣耀的联邦，普天之下都应以此为目标。

克伦威尔从来没有输掉任何一场战役，他在上阵时通常都把兰伯特带在身边。兰伯特是唯一有资格在克伦威尔白厅办公室召开议会会议的议员；兰伯特也是克伦威尔唯一一位会登门拜访，或者邀请他以及他的妻子弗朗西丝·利斯特共同进餐的人。而且，兰伯特可以比肩克伦威尔，或许正是因为如此，他才成为最有可能挑战克伦威尔地位的人，并最终接替克伦威尔。因为已经有迹象表明，克伦威尔离开人世的日子不远了。在写给妻子伊丽莎白的一封私人信件中（克伦威尔把他的妻子看作自己最挚爱的人），他提到当他身体状况日渐糟糕时——"我变老了，明显感到病痛正在掏空我的身体"——自己"孱弱无力的信仰是怎样得到了维护"。当克伦威尔在远征苏格兰期间病倒时，有关他死亡的谣言甚嚣尘上。事实上，克伦威尔

3 月初就康复了，但更让他担心的是，军队查处了一桩保王党阴谋，叛徒布朗·布谢尔上尉因此被处决。当议会向克伦威尔颁发勋章，以嘉奖他在邓巴战役取得不可思议的奇迹时，据说他因为自己蓬头垢面的军人形象而不敢上前受奖。护国公时期发行的硬币将带有更多的帝国色彩。克伦威尔继续保持相对简朴的形象，尽管此时他已经不再是那位曾经敢于打破传统的革新者。克伦威尔甚至当选为牛津大学的校长。用历史学家威尔伯·科尔特斯·阿伯特的话说就是，在兰伯特的辅佐下，"他稳扎稳打地获得各种头衔，日益成为三个王国的核心人物与领导人"[16]。

　　击败查理·斯图亚特（即后来的查理二世）后，虽然兰伯特没有担任任何正式职务，但他是国务会议的成员，负责管理苏格兰和爱尔兰事务。1652 年 1 月，亨利·艾尔顿去世后，兰伯特被任命为爱尔兰总督，但被查尔斯·弗利特伍德给顶替了，弗利特伍德娶艾尔顿的遗孀、克伦威尔的大女儿布里奇特为妻。克伦威尔是否参与了这出荒唐的闹剧，已不得而知。现在看来，贝尔朋议会的组建对兰伯特不啻为一记重击，但对他的对手哈里森来说则是一场胜利——据 1653 年 11 月 24 日的一份报告透露，"兰伯特将军和哈里森后来开始交恶"[17]。兰伯特很少在议会任职，相反，他的大部分时间都在温布尔登的庄园里度过，在那里，兰伯特起笔完成了世界上第一部成文宪法——《政府约法》，这部宪法和所有新的成文宪法一样，倾向于当时政府的施政目标和意识形态。随着贝尔朋议会的解散，践行《政府约法》的机会终于来临了。

　　兰伯特试图将国王、贵族和下议院构成的古老"三位一体"宪政改造为由国王、国务会议和议会组成的新宪政，并为拟议的护国公制提供坚实的基础。《政府约法》和它的起草者一样，处处体现着精明。在这样的建构下，人们将看不到克伦威尔的独裁：立法权和行政权相互独立，立法权掌握在护国公和议会手中，而护国公和他的国务会议则负责行政权。国务会议的顾问官的薪俸为每年一千英镑，这么高的薪俸自然引起了争议，但考虑到国务繁重，也不是无法接受。新组建的国务会议将被赋予相当大的权力，这是查理一世时期的枢密院远远比不上的。议会休会期间，国务会议实际上全盘接手议会的职权。克伦威尔被迫要听从国务会议的建议，而且只有在国务会议大多数成员同意的情况下才能发动战争。国务会议负责政府的运行，维护国家法律和秩序，管理税收，处理贸易纠纷以及收集情报。国务会议还负责指定克伦威尔的继任者，当时几乎没人敢考虑这种处理危机的方式会带来什么样的后果——历史会证明，这样的疏忽代价高昂。

　　因此，兰伯特通过努力夯实这个政权的根基来给克伦威尔救急，这已经不是他第一次这样做。1653 年 12 月 16 日，《政府约法》被正式采纳。按照《政府约法》，"最高立法权应由一个人和议会共享"。这套约法体系受以前军队提出的国家治理纲要启发并以它们为蓝本，比如 1647 年提出的《建议提纲》[15]（兰伯特同样参与了这部提纲的起草），以及两年后军队向议会提交的《人民公约》。克伦威尔批准了《政府约法》，以此为手段推进"上帝子民享有的公正自由以及人民在这些国家享有的正当权益"。一位通信者从 1653 年 12 月截获的一封信中判断，克伦威尔对此很满意，"兰伯特的目标已经实现了"。对克伦威尔而言，《政府约法》概括的宗教信仰自由是一项基本原则。克伦威尔的许多支持者对此持反对态度，随着护国公制向前推移，这种反对也日益明显。对大多数支持这个政权的人，特别是那些支持单一国教的长老派成员来说，宗教信仰自由远不是他们优先考虑的事项，排在前面的有两个最重要的问题。

第一个问题是，按照《政府约法》，政府会回归一个更传统的立场。《政府约法》提议，克伦威尔应加冕为国王，这样才能巩固这个政权并按传统方法（即古代宪政方法①）指定继承人。但是，不论这种提议的实质还是国王的头衔，克伦威尔都无法接受。明确拒绝后，克伦威尔被授予终身"护国公"的崭新头衔。这次他接受了，1653 年 12 月 16 日，克伦威尔在威斯敏斯特大厅正式出任护国公。从那天开始直到 1658 年 9 月逝世，克伦威尔成为这个国家的最高领导人，他的权力根据需要受国务会议制约，国务会议由文官和军人组成，兰伯特排在国务会议成员的前面，至少在开始是这样。按照克伦威尔的说法，他成为护国公"符合上帝的旨意以及国务会议的期许"。虽然克伦威尔要"全方位"听取国务会议的建议，但谁

16

---

① 用约翰·皮姆的话来说，古代宪法是由"撒克逊人政体中那些法律的朴素而浅白的内容组成……其为威廉一世征服英国提供了范围和限制"，并"传给了他的王位继承人"。古代宪法规定的权利和自由在 1215 年颁布的《大宪章》等文件中得到了确认。然而，保王党将查理一世和他的继承人视为自由的捍卫者，并坚持认为一个不加约束的议会对自由构成了更大的威胁。

才是"第一元老"不言自明。正如路易十四的首相，枢机主教儒勒·马扎然观察到的，克伦威尔"对所有事都了如指掌"[18]。国务会议主席的任命、国务会议成员薪俸的规定、外交官的任免以及国务会议正式会议的召开，统统都是克伦威尔说了算。克伦威尔从来没有反对过自己一个人做主；表达了自己的意志后，剩下的事无非就是等国务会议盖章生效。

*

1653 年 12 月 16 日，在克伦威尔出任护国公的就职典礼上，兰伯特和伦敦市长伴驾左右，兰伯特手持国剑。护国公刻意没有穿着代表王权的皇家服饰，在这个算不上华丽的场合，他身着一件套装，肩披最朴素的清教徒黑斗篷，"丝毫不见正式场合的袍服"①。宣誓忠于《政府约法》后，克伦威尔发表了就职演讲（按他的标准，这次演讲时间并不长），在演讲中，他要求属下官员为今后的长期艰苦工作做好准备："这不过是站在了希望的门口，从此你们将蒙上帝的祝福，有朝一日尽享安宁与和平。但现在你们还没有进入这个境地。"

事毕，克伦威尔和他的一行随从返回白厅的国宴厅，聆听清教徒神学家托马斯·古德温的布道，布道的主题并不陌生：和以色列人的迦南之旅一样，到达上帝应许之地前，他们也要在荒野之中艰难前行多年。这群英国新晋精英头顶上方的顶棚留有一幅君主时代的画作——彼得·保罗·鲁本斯绘制的精美绝伦的《尊奉詹姆斯一世》，它见证了当年发生的一幕，查理

---

① 不无讽刺的是，由于当时染色工艺成本高昂，黑色衣物价格不菲。

一世在它的俯视下穿过巨大而空旷的宴会厅走向刑场。与白厅内稀稀拉拉的人群形成鲜明对照的是宴会厅一屋子神情严肃的议员：这里没有任何喧嚣，大多数伦敦人根本没有意识到正在举行的仪式。

没过多久，反对护国公制的抱怨声就冒出来。克伦威尔就职典礼结束两天后的一个星期天，千禧年教派牧师克里斯托弗·费克和他的威尔士再洗礼派同僚瓦瓦苏尔·鲍威尔，以充满火药味的腔调发声，谴责克伦威尔是一个"最善于掩饰作伪证的恶棍"，两人因此被短暂监禁。1654 年 5 月，身为诗人、政论家和小册子作者的约翰·弥尔顿，也是现政权的批判性友人以及截至当时对这个政权最雄辩的辩护者，提出了警告：

> 人们都认为这世上还没有什么人比他（克伦威尔）更公正、更神圣、更优秀，但是，如果他反过来开始颠覆自己捍卫的自由，那么，他的这种行为势必会危及自由本身以及所有事关美德和虔诚的事业，其带来的后果几乎是毁灭性的。

追随弥尔顿的激进分子，比如亚瑟·黑塞尔瑞格、亨利·范恩和约翰·布拉德肖，他们对护国公这种准君主职务的设立感到错愕不已。在他们看来，国务会议根本就不是一个独立的政府约束部门，反倒是一个"毫无主见的附庸，只会按照某个人的喜好见风使舵"[19]。这并不是一种国务会议在前、护国公在后的政府，而是"一种护国公排在第一位、国务会议排在第二位的政府"。在查理一世统治时期，他们曾经认为，国王是被议员引入了歧途；现在看来，是不是护国公牵着国务会议的鼻子走呢？这就是对以后为人们渐渐所熟知的"古老而美好事业"的背叛。但是，只要克伦威尔有军队的支持，他们便无能为力。

用前朝忠诚的资深议员埃德蒙·勒德洛的话说就是，虽然没有发生流血事件，但护国公制及其宪法（《政府约法》）这种"暗无天日的制度"是被刀尖推上台的。这一切全拜军队所赐，它在设计上就是为了竞逐野心。特别是，这种制度突出了对军队的两个根本要求：首先，军队应保证宗教信仰自由，当然，这里所谓的宗教信仰自由指的是"信仰耶稣基督的自由"（判断信仰耶稣基督的标准并不同，既可以依据公开宣扬的教义，也可以通过公开礼拜或严守的行为准则），信仰圣公会和天主教肯定是不包括在内的；第二，军队应保证资金筹措，维持军队时刻离不开军费，历来都是如此。自始至终，克伦威尔的权力完全依赖军人的意志以及供养军队和保证军队忠诚的价码。照此下去，不消一年，政府就将出现近七十五万英镑的财政赤字，这还是考虑了加重民众税收方案后得出的结果（比如增加消费税和直接入息税）。压缩军队规模是减轻财政负担最有效的手段，可现实却不允许这样做：克伦威尔和他最亲密的政治与军事盟友担心国内外敌人会出现反扑。最终，三个王国的"一万龙骑兵以及两万步兵"由国家财政永久供养。此外，每年还要追加二十万英镑的政府行政开支费用。

*

第一届护国制议会计划在 1654 年 9 月召开会议；要到那

个日子，克伦威尔和他的国务会议才能名正言顺地颁布法令，当然，这些法令需要事后通过议会的批准。他们马不停蹄地通过了将近两百项法令，其中就包括第一次面世的联合英格兰、爱尔兰和苏格兰三个王国的法令，以及成立高等法院的法令。克伦威尔最关心的要数"控制宗教资格许可证的实体"以及"执事纪律之官职"的设立，这是他施展"提高宗教指导效力"这一抱负的重要手段。前者为一个国家机构，负责监督新任牧师在宣扬教义上是否称职；后者以郡县为基础，有权弹劾不称职的牧师和教师，这里所说的不称职指的是牧师或教师在研习教义和传教布道时"有失德行，蒙昧无知，能力匮乏"。事实证明，两个计划相比，前者比后者更成功。

　　克伦威尔从未像议会开幕时那样热情洋溢，在那个场合，他的每句话无不昭示着希望对经验的胜利。1654 年 9 月 4 日，第一届护国制议会正式开幕，克伦威尔发誓要维护《政府约法》，并发表了一个按照他的标准很简短的演讲，在演讲中，他表达了希望他的追随者为未来疾风暴雨的形势做好充分准备。克伦威尔宣布说，只有成立议会，"英联邦共和国这艘船在它的指引下才有可能驶向安全的港湾；而我敢向你们保证，如果没有国务会议以及你们提供的建议，这一切就不会圆满实现"①。新议会要做的所有工作就是接受《政府约法》，但事实却并非如此。一个星期后，议会通过投票认为，政府施政的本

---

① 这句话预见了一个隐喻，现代保守主义哲学家迈克尔·欧克肖特引用过它。同时代的人认为，这是用比喻来指代国家之船，而被引向礁石的水手有权发起反叛，这种观点我觉得应该归功于乔纳森·希利。

质应"在一个议会和一个人的框架内进行，并受到议会认为合适的限制和约束"。几天后，议会中的传统议员抨击了兰伯特的新宪法以及宗教宽容这一敏感话题；议会试图削弱激进派的势力，计划成立一个由反对宗教自由的长老派成员组成的"宗教会议"。

护国公用长篇讲话做出回应，讲话的内容可概括为四个基 20 本原则，他明确表示，这些基本原则不容议会或任何其他人质疑：第一，议会不能一成不变，必须经常举行重新选举；第二，政府应受"一个人和一个议会"控制；第三，宗教信仰自由是被赋予的；第四，军队应由护国公和议会共同控制。原则就摆在这，任何想进入议会的人都必须承认这些原则。

凡是不同意这四项基本原则的人都在军队的"请求"下退出了议会，最后清理出去五十多名议员，其中就包括1649年以枢密院议长身份审判查理一世的约翰·布拉德肖以及亚瑟·黑塞尔瑞格，他们始终认为，克伦威尔为了一己权势的扩张而背叛了"古老而美好的事业"，他应该为自己的罪行负责。革命后出现的激进宗教团体，比如贵格会、第五王国派和浸礼宗，它们在军队有很深的根基，尽管其致力于宗教自由，但也感到被议会抛弃了。寻求男性公民更广泛选举权的平等派也同样感到不满。不论是谁，只要想继续留在议会当中，都被要求签署一份支持现政权的文件，有些人拒绝答应这样的无理要求。通过果断采取行动，克伦威尔摆脱了那些非常难缠的反对派，但是，想让议会批准《政府约法》依然困难重重，议会各方对该宪法的条款争吵不休，抓住不起眼的一点就不依不饶。

11月10日，德斯伯勒少将①质问议会为什么如此"不愿意相信护国公，协助他治理国家的议会人员已经减半，而就在不久以前还是满员，况且以后可能再也不会有什么反对者了"，他的这种干涉笨拙而蹩脚，给他日后的政治生涯蒙上了污点。德斯伯勒提醒议会——他并不是有意这样做，但如果议会真的需要有人提醒，他自然会站出来——克伦威尔和军队才是这片土地上的实权派，议会只有听命的份儿。德斯伯勒提醒人们注意下议院的权力限制，这显得很不谨慎，特别是因为下议院恰好有权将政府财政支出限制在每年略高于一百万英镑，而这仅为维持军队目前状况所需资金的一半。

　　尽管受到克伦威尔的训斥，第一届护国制议会还是继续像制宪会议那样运行，想方设法起草一份新宪法，力图削弱护国公及其国务会议的权力，增加议会的权码。这份宪法法案坚持主张议会的权力，非经议会本身同意，他人无权解散议会，且议会必须对军队拥有更大的控制权。由于议会中长老派成员占主体，议会同时还希望强化国家教会的地位，约束"无神论、亵渎上帝和可恶的异端"以及比比皆是的"教皇主义、高级教士、纵欲放荡和渎神行为"。种种挑衅、对立和矛盾的存在表明，第一届护国制议会不太可能持续下去。根据《政府约法》，议会的最短任期为五个月。这里，一个月通常按日历月计算，而不是较短的朔望月。但是，克伦威尔恨不得马上就能摆脱这个议会，因此，他不顾国务会议的建议，自行其是地按朔望月数着议会到头的日子。不出所料，到了1655年1月22日，克

21

────────────────

① 约翰·德斯伯勒是国务会议的成员之一，他娶了克伦威尔的妹妹简为妻。

伦威尔如愿以偿，按他的标准，这一天可能是满五个月的最早日子了。当天，克伦威尔对这个注定要解散的、充斥着分歧和满腹牢骚的议会轻蔑地说道："我有责任告诉你们，你们继续留在议会对国家没有任何好处，也不适合再为人民和公共利益服务。"[20] 英国护国公狠狠地表达了他的失望之情：

> 你们在位的这五个月比过去几年中的任何时候都要糟糕，在你们治下，国家满目疮痍，杂草丛生，荆棘遍地……争端和分裂，怨愤和不满，加之其对全民带来的实际危险，所有这些 [22] 无不成倍地增加。

克伦威尔认为，他的反对者都是一些"心中没有上帝的人，他们与上帝分道扬镳，不知道祈祷或信仰是什么，也不知道什么是上帝的回报，什么是与圣灵对话"。他们有谁会称"他发动的革命是为了人类大业"？他们有谁会洞察他的愤世嫉俗中蕴含的精神？"我代表上帝发声，而不是代表世俗之人说话。"克伦威尔提醒他们，这个政权上台执政靠的是"上帝的旨意"，它的存在只依赖上帝的宠爱和仁慈。

由于国内的形势悬而未决，克伦威尔身边有些亲信盘算着挥师海外，并对这个计划寄予厚望——这是一次军事上的冒险，将带领英国重温神圣的伊丽莎白时代以及他们自己在内战中取得胜利的辉煌岁月。这样的胜利会再次使他们确定自己是被上帝选中的。要想消除人们对短期挫折和受阻的疑虑，需要来自耶稣基督最高权威的长远保证。

第二章

新旧世界

> 我们英国穷吗？西班牙倒是很富有，因为他们
> 有我们的西印度群岛。
>
> ——约翰·艾略特爵士，1624 年 3 月

托马斯·盖奇过着他那个时代英国人最不平凡的一种生
活，在这期间，他的政治观和神学观发生了一百八十度的转
变。盖奇出生在一个根深蒂固的宗教反叛长久以来一直抗拒英
国国教的家庭，他的父母都因窝藏天主教神父而被判死刑，后
来改为缓刑。他的一个叔叔因参与 1586 年巴宾顿阴谋而被处
死，这个阴谋计划暗杀伊丽莎白一世，把查理一世的祖母、苏
格兰女王玛丽扶上位。耶稣会殉道者罗伯特·索斯韦尔则是他
的堂兄。

盖奇在大概十二岁的时候就已经进入法国北部圣奥梅尔天
主教神学院学习，那里是英国国教反抗者最聪明子女的默认目
的地。他的父亲想让他加入天主教耶稣会，耶稣会修行严格，
精英荟萃，其因殉道者埃德蒙·坎皮恩 16 世纪 80 年代以来的

传教运动而在英国臭名昭著。但是，盖奇没有听从父亲的建议，而是去了更远的西班牙，进入巴利亚多利德的英语学院学习。在那里，他加入了多明我会，这是一个成立于 13 世纪的古老教派，同样致力于高等教育。正是因为这一举动，父亲与他断绝了关系。

作为一名英国人，盖奇被正式禁止在西班牙哈布斯堡王朝 ²⁴ 的皇室领地内旅行，尽管如此，生性就不安分的他禁不住自己那永不满足的好奇心的诱惑，钻进一个干饼干桶里（至少他自己是这么说的），偷偷登上了停靠在加的斯港的一艘船（从某些或许是虚构的描述来看，盖奇当时很有可能过度沉迷于赫雷斯非常有名的葡萄酒）。这艘船是驶往墨西哥的，到了墨西哥，他本应该开启下一步前往西班牙属地菲律宾首都马尼拉的旅程，但这个转乘并没有发生。相反，盖奇（现在，他已改名换姓叫托马斯·德·圣马里亚，他将和一小拨儿多明我修士前往他的"第二祖国"危地马拉，接下来的十年，他将在那里度过。盖奇在学习语言方面非常有天赋，他混迹于玛雅族博克曼人中间，花了很长时间学习他们的语言。一路走来，他开始怀疑自己的宗教信仰是否正确。他承认，他对自己的信仰产生了"很大的困惑与动摇"。

1637 年 1 月，随着英国人向普罗维登斯岛拓殖接近混乱的尾声，盖奇开始了一段漫长而危险的返回欧洲之旅。在莫斯基托斯海岸现在叫伯利兹的地方被荷兰海盗打劫后，他一路穿行到达中美洲地峡的太平洋一侧，然后从那里坐船向巴拿马出发，最后到达西班牙大陆美洲的重要港口波托韦洛港（据说弗

朗西斯·德雷克1596年因患痢疾病逝后就葬在这片海域）。在
这里，盖奇将自己登记成为把他送回西班牙的船长的神父。由
于母语已经被他忘得差不多了，1637年，盖奇隐姓埋名来到
英国，秘密回到了他出生的反抗者之城。在这之后他又去罗马
游历，躲过法国海盗的魔爪后，于1640年再次回到英国。在
不到两年的时间里，盖奇皈依了英国国教的清教徒一派，他说
自己之所以改变信仰，正是因为受到"长期议会"承诺的宗教
改革的激励。1642年8月28日，盖奇在一篇布道词中公开宣
布了自己的改宗，这篇布道词后来以《在一个改宗罪人的眼泪
中发现的撒旦暴政》为名发表——盖奇可不是一个低调行事的
人。议会对盖奇的举动深感满意，随即派他到肯特郡的一个教
区主事，那时他已经结婚，这可以说是宗教改革运动赐予的毫
无争议的祝福之一了。当然，这只是个前奏，更重要的职位还
在后面，接下来他将到肯特郡迪尔港的圣伦纳德教堂任职。

　　在那里，他出于自辩，完成了自己扣人心弦的游记——
《英裔美洲人：他的海陆艰辛之旅》，又名《西印度群岛的新考
察》。[1] 这篇游记最终于1648年在英国出版，并在标题页注明
"谨以此书献给托马斯·费尔法克斯"（费尔法克斯是内战期间
带领议会军大获全胜的统帅），这么做无非是想获得进一步的提
携。这本书不仅是第一次以英国人的眼光来描述西班牙新世界的
生活，而且也是第一次由非哈布斯堡王朝臣民来写这样的主题。

　　甫一出版，《西印度群岛的新考察》就荣登畅销书榜单，
虽然书中到处都是长得喘不过来气的段落，但可读性却出奇的
好。食物可谓盖奇最喜爱的话题，这无疑是因为他忍受了太长

25

时间的困苦。他第一次用英语描写了墨西哥的经典菜品，比如墨西哥面卷（吃的时候"先蘸一下水和盐，再加点青椒"）和墨西哥玉米粽，而对那些为他们准备食物的印第安人，他的笔调也是感人至深且充满同情心。看起来他好像还发现了玛雅族博克曼人用有毒的蟾蜍泡酒，他们在宗教仪式上就喝这种酒求醉，以增加性能力。盖奇用了一章的篇幅写巧克力——"他们用一品脱以上容量的大杯子装巧克力，用来招待客人"。他对这种黑乎乎黏稠的调制食品很感兴趣，尽管他预感到"大量食用这种巧克力会让人变得又肥又胖"。盖奇的游记有一个特点，书中时不时就出现讽刺宗教的段落，比如他提到了一个天主教神父的故事，讲的是这位神父在做弥撒时，一只老鼠跑进来把圣餐饼给叼跑了，于是他不得不放弃仪式。　26

　　盖奇的性格也有不讨人喜欢的一面，这在内战期间暴露了出来，当时他积极地站在议会一边。盖奇出庭作证指控他的三位前同僚，分别是：托马斯·霍兰德，盖奇是在圣奥梅尔学习时认识霍兰德的，这位神父于 1642 年被处决；亚瑟·贝尔，他是盖奇一位表亲的随行神父，一年后因叛国罪被处死；第三位是盖奇在 1651 年指控的彼得·赖特，赖特是他哥哥的随行神父，他哥哥名叫亨利，为保王党的一名骑兵军官（亨利"努力消除对托马斯的所有记忆"，最后死在赖特的怀里）。最恶劣的还要数盖奇指控他的弟弟乔治，乔治也是一位神父，毫不令人意外的是，乔治给盖奇下了定论，说他是个"不光彩的兄弟"，他的所作所为"让我们全家人感到羞愧"[2]。

　　1654 年，盖奇发表了一篇名为《对锡安和巴比伦的全面调查》的文章，在这篇文章中，他以改宗者无限狂热的态度捍卫了护国公制的政治与宗教抱负。几乎在同一时间，在弑君者托马斯·查洛纳的怂恿下，盖奇向克伦威尔的间谍头子约翰·瑟洛提交了一份题为"关于西印度群岛的一些简要如实观察"的报告，建议英国人远征西班牙在加勒比海的心脏地区。据威尼斯共和国驻英国大使弗朗西斯科·贾瓦利纳讲，盖奇和护国公克伦威尔曾多次私下会面。这绝对是一个对未来影响深远的行动，用历史学家大卫·阿米蒂奇的话说，它将成为"英吉利共和国重现帝国时期荣耀"的奠基石[3]。此举将导致西班牙哈布斯堡王朝覆灭，同时给教皇制蒙上怀疑和不确定的阴影，最终让其彻底失败。

*

在这份报告中，盖奇摆出若干理由，他认为哈布斯堡王朝及从更广泛意义来说的教皇制，这两者的实力几乎完全建立在掠夺新世界帝国殖民地资源的基础上。盖奇断言，它们的财富和帝国强权蕴藏在它们的"美洲矿藏"里。如果它们失去了这些矿藏，"罗马教宗的三重冠很快就会从神坛跌落并腐烂"。 27

靠着卖弄教皇党人的陈词滥调，再掺和上约翰·福克斯的殉教传记，盖奇在狂热的新教徒和反西班牙者中收获了不少拥趸，其中就包括克伦威尔。盖奇斩钉截铁地说："西班牙人扛不了多久，他们懒惰而邪恶，像野兽一样中饱自己的贪欲，贪婪地蚕食着肥沃的土地，从来没有受过战争的训练。"[4] 盖奇的这番言论狂妄至极，凭一己之私鼓动克伦威尔的反天主教主义，而且更不可思议的是，这些话竟然出自一个曾近距离看到西班牙帝国主义虎口獠牙之人的口中。但盖奇只给出了部分关于英国顺承天意和西班牙吓得心惊胆战的谣言和预言："西班牙人自己早就开始疯传，从某些迹象来看……一个陌生的民族将打败他们，夺走他们的所有财富"。

　　这样的预言并非空穴来风。1623 年，白金汉公爵——第一世白金汉公爵乔治·维利尔斯是詹姆斯一世的宠臣，后来又和国王的王位继承人打得火热——乔装打扮一番后陪着未来的查理一世踏上注定没有什么好结果的马德里之旅，他们此行有个异想天开的计划，那就是向西班牙腓力四世的女儿秘密求婚。查理求爱失败，但却爱上了欧洲的艺术品，于是用船疯狂地往英国运送收集的艺术品。在马德里，一位名叫"唐·芬恩"的西班牙官员告诉白金汉公爵一个印第安人的传说，这个传说预言："未来将有一个民族来到这里进行统治，他们发色淡黄，皮肤白皙，眼睛呈灰色。"[5] 谁是美洲印第安人的解放者呢？他们是"唐·弗朗西斯科·德拉科"——弗朗西斯·德雷克——的继承人，他和沃尔特·雷利一起为反西班牙的"黑色传奇"拾薪添柴，让世人了解西班牙人在新世界的残忍和剥削行径。按照这种说法，西班牙不仅是英国的宿敌，而且还是"监护征赋制"①的一手缔造者，让新世界的土著人民深受剥削和压迫。西班牙恶毒的形象以及人们对这种说法的接受，又因为多明我

28

---

① 监护征赋制是西班牙王室在美洲进行殖民活动时用来管理和统治印第安人的一种主要的法律体制。在监护征赋制下，西班牙王室授予个人强迫印第安人劳动和收取金银或其他物品的权利。实际上，监护征赋制和奴隶制别无两样。许多印第安人被迫去做高强度的劳动，如果反抗的话，将会面临极其残酷的惩罚甚至死亡。

会修士巴托洛梅·德拉斯·卡萨斯英译本作品的出版而在英国人心中得到了进一步强化。这部著作名为《西印度群岛毁灭述略》，书中形象地描述了西班牙对美洲土著人民的暴行，在读者中引起了强烈的反响。盖奇指出，这本书之所以引发这么广泛的关注，其中一个很重要的原因就是它折射出1641年爱尔兰叛乱期间英格兰和苏格兰新教定居者遭受的暴行，教皇党人的类似作品对此进行了记述，虽然几乎总是存在夸张的成分。盖奇认为，"圣克里斯托弗岛、圣马丁岛、普罗维登斯岛……托尔图加斯群岛的英国人已被西班牙人驱离，那里的英国人受到西班牙人最不人道和最野蛮的对待"，我们英国人复仇的时机已经成熟，而且，如果我们在这个节骨眼上取得海外战争的胜利，就能在军事威力的彰显中让四分五裂的国家重新团结在一起。

*

克伦威尔上台之际，虽然普罗维登斯岛公司已经渐渐淡出人们的视线，但留存的记忆仍然激励着新统治阶级的成员。普罗维登斯岛公司之所以失败，其中一个原因就是公司的规模不大，资金有限且全部来自私人投资，而且没有和政府建立密切联系。试想一下，如果这个计划在背后能得到国家资源的全力保障，结果会是什么样呢？又有谁能挡住英国向海外拓殖的步伐呢？

克伦威尔赞成沃尔特·雷利在《世界史》（这或许是克伦威尔唯一读过的除《圣经》以外一本书）中表达出来的观点，即新生的英吉利共和国应树立伊丽莎白时代那种放眼世界的帝国主义思想。克伦威尔让他的儿子理查德谨记这种思想，因为"历史是造物主、上帝的意志和神圣的天意创造出来的"[6]。这种观点在《名人菲利普·西德尼爵士生平》一书中又得到了进一步的提炼与升华，这本书表达了对"基督教的斗士、完美的英雄骑士"的礼赞（这位英雄人物指的是诗人约翰·弥尔顿，他是新成立共和国的批判性友人，被誉为"比苏格拉底和阿奎那更好的良师"）。此书由第一世布鲁克勋爵、普罗维登斯岛公司最年轻创办人的养父富尔克·格雷维尔于17世纪10年代写成，直到1652年才出版。书中主张对西班牙应采取进攻性的积极外交政策，得到了现政府支持者的首肯。在内战过后国家处于分裂状态的悲痛时分，兜售安全、抚慰和爱国主义怀旧情调的出版商发现，重新出版德雷克和雷利探险的书籍有利可图。

克伦威尔一直都在寻找这样的征兆。在他与大西洋彼岸波士顿神学家约翰·科顿的通信中，这位圣经学者试图解答护国公提出的下列问题："上帝的所行所为是什么？""什么预言正在实现？"科顿劝告说，如果克伦威尔打算攻打新世界的西班牙人，他会"让幼发拉底河干涸"，他说话引用的是《启示录》中的一段话："第六位天使接着将他碗中所有的倒在幼发拉底大河里，河水立刻干涸，便为东方各国的王预备了向西入侵的道路。"这个比喻并不是很恰当，克伦威尔更感兴趣的是让向西班牙运送新世界财富的"幼发拉底河"改道，流到英国的地盘上，把西班牙架空，任其干涸下去。尽管如此，这个不完美的形象还是留下了。

　　断了哈布斯堡王朝的财路将推动西班牙政府走向破产，削
弱西班牙的军事实力，同时还能充实护国公制英国政府的国库
并清偿其债务。除此之外，通过斩断向教皇提供支援的"后
盾"——克伦威尔就是这样描述西班牙的——英国新教教义的 30
千年王国梦想就将得以实现。这种执念在克伦威尔对犹太人和
美洲印第安人的期许中也显露无遗：他渴望让英国重新接纳犹
太人，以实现圣经的预言；他还把美洲印第安人幻想成消失的
以色列十支派之一，据说他们的先辈会说希伯来语。他们被认
为以后将反抗西班牙人，因此是英国对抗西班牙的潜在盟友。

　　克伦威尔组建的政府对外正逐渐树立起实施宗教宽容政策
的声誉，至少以 17 世纪的标准来看是这样的，尽管这个政府
的法律条文将否认基督神性的人排除在外，正如克伦威尔将于
1656 年 9 月 17 日在第二届护国制议会发言时表明的那样："我
要向你们坦言，从上届议会的施政来看，它是想让全国人民看
到，无论怎样标榜宗教，只要他们不把宗教当作动武和流血的
借口，而保持缄默与和平，他们就可以享受良知与自由带来的
快乐。"

　　让犹太人返回英国是克伦威尔的个人倡议，而力促英国重
新接纳自己族群的犹太人代表，则是一位葡萄牙裔拉比①兼作
家玛拿西·本·伊斯雷尔。1652 年，他的著作《应许之地以色
列》被翻译成英文并出版发行，书名叫《以色列人的希望》，
出人意料的是，这本书在英国特别受欢迎。本·伊斯雷尔特别

————————

① "拉比"是犹太教宗教领袖，通常为主持犹太会堂的人、有资格讲授犹太
　教教义的人或犹太教律法权威。（译者注）

渴望能为犹太人找到一处庇护之地，当时犹太人正在俄国忍受新一轮的迫害。1651年，就在克伦威尔盘算着重新接纳犹太人能带来哪些宗教与世俗利益之际，伊斯雷尔在阿姆斯特丹与瑟洛会面。这位英国国务大臣将大量涌入的有关欧洲事务的新情报（这些情报可能来自犹太人的关系网）反复梳理，然后召集人员成立了一个委员会，就本·伊斯雷尔提出让犹太人到英国定居的申请以及他本人于1655年抵达英国进行磋商。克伦威尔盛情款待了本·伊斯雷尔，并将他的住所安排在靠近白厅行政中心的斯特兰德大街。但是，本·伊斯雷尔的目标并不仅仅限于解决犹太人重返英国以及与英国公民享有同等的自由贸易权利问题，他还要求英国赋予犹太人公开的宗教信仰自由以及允许犹太人死后葬在自己墓地的权利。克伦威尔的国务会议任命了一个委员会来专门研究本·伊斯雷尔递交的请愿书，当然，这个委员会对伊斯雷尔的请求颇为冷落。此外，法官、教士和学术界人士也共同召开会议，进一步审议这一问题。克伦威尔为了支持犹太人重返英国，在议会作了一番非常有说服力的陈词。虽然犹太人重返英国有着非常明显的商业吸引力，但克伦威尔的基本出发点主要还是宗教方面的考量。根据预言，只有犹太人改宗，才能实现地上的基督国度，而这个加速建立基督国度的机会就摆在面前。通过努力教导国人信仰真正的宗教，英国将成为最有能力向犹太人揭示真正宗教的国度，这是因为，克伦威尔认为英国是"世界上唯一一个用最纯粹的宗教来教导人们信仰的地方"[7]。虽然有些人仍然认为犹太人因杀死了基督而该受到永世的诅咒，但委员会中的大多数人并没有这样做，当委员会把讨论议题公之于众时，显然可以看出，英国民众的反犹主义还是根深蒂固。当然，真正的反对来自商人阶层，他们对犹太人的经商能力、经验和关系网心存恐惧（从古至今都是这个世俗的理由）。然而，克伦威尔是不会站在拒绝新的资金来源立场上的。

1290 年，爱德华一世凭借君主特权将犹太人驱逐出英国，因此，遵循先例，他们同样也可以在护国公的特权下重返英国。出席委员会的两名法官找不到任何正当理由反对英国重新接纳犹太人，因此，克伦威尔抛出了口头协议，坚决支持犹太人重返英国，针对天主教徒不服从国教的法律不适用于犹太人，犹太人可以购买墓地。新的犹太教堂位于笼罩在伦敦塔阴影之下的克里教堂巷，虽然有时也会提心吊胆，但犹太人还是开始在这里公开做礼拜。虽然克伦威尔从未正式颁布重新接纳犹太人的法令，但 1656 年通常被视为犹太人重返英国的日期①。

克伦威尔的外交政策含有很明显的道德成分，几乎看不出能产生什么实际效果。他曾经试图与荷兰人结成新教联盟，这引起了他的潜在盟友和教友国家的恐慌。他与葡萄牙人谈判，为英国商人谋求在里斯本的贸易权（以及新教信仰权），以此进入利润丰厚的巴西市场。但是他的外交政策最看重的是"两顶皇冠"，即法国和西班牙的天主教君主国。具有讽刺意味的是，被"黑化"的西班牙希望与英国结盟一起对抗法国，同时

①　英国的犹太人对克伦威尔的看法往往与爱尔兰人截然不同。西格蒙德·弗洛伊德并不是唯一一个给自己的儿子取名为"奥利弗"的犹太人。

又担心英荷海军再度联手——这是伊丽莎白一世统治时期西班牙挥之不去的噩梦。在马德里，没有人愿意看到"两个共和国的舰队共赴西印度群岛"，尤其是因为荷兰也与法国结盟。

和西班牙相比，法国首席大臣枢机主教儒勒·马扎然制定的外交政策显得更为老练而明确。1652 年，马扎然派特使安托万·德·波尔多·纽夫维尔抵达伦敦，当时克伦威尔正挑起法国西南部胡格诺派中的内部争端。1652 年以来，英国一直处于与尼德兰联省共和国①的战事之中；一旦这场第一次英荷战争结束，不仅西班牙人头疼，法国人的日子也不好过，他们唯恐游荡在英吉利海峡上无所事事的英国舰队找法国麻烦。从私下的关系来看，和波尔多相比，克伦威尔和西班牙驻伦敦大使阿隆索·德·卡尔德纳斯走得更近，马扎然对此心知肚明，他需要怂恿英国认识到，西班牙而不是法国才是英国的宿敌，这种观点被英国清教徒广泛接受并深以为然。法国外交官让 - 夏尔·德·巴斯奉命向克伦威尔表明这一点：西班牙占领的西印度群岛才是克伦威尔的海军最容易得手的目标，而这也进一步印证了盖奇的观点。33

英国军队是一支久经考验的军事力量，其保持欧洲势力平衡的能力可谓日益增长。克伦威尔将西班牙和法国玩弄于股掌之中，让两国陷入对立状态。他告诉卡尔德纳斯，只要西班牙肯拿出一百二十万英镑，他就会派出三十艘军舰和两万名士兵，在佛兰德斯与法国开战。卡尔德纳斯的出价不超过三十万

---

① 俗称"荷兰共和国"。（译者注）

英镑，对这个开价，克伦威尔表示他可能会考虑组织一场封锁战，仅此而已。但是，当他明显感觉到卡尔德纳斯连三十万英镑都拿不出来时，这位护国公便提议，要是没钱，让出领土也可以接受。如果西班牙能将敦刻尔克港割让给英国，虽然和谈妥的价格相差不少，但他会因此同意向佛兰德斯派出海军和陆军。卡尔德纳斯接受了。

与此同时，克伦威尔向法国也抛出了类似的承诺，如果能从法国那里租借布雷斯特港——这处港口显然比敦刻尔克港更诱人——而不是从西班牙人手中永久获得敦刻尔克港，他就将派兵支援法国在佛兰德斯的部队。这可谓典型的既阴险又狡诈的伎俩，时人无出其右者。

西班牙议会拒绝了克伦威尔关于敦刻尔克港的提议（尽管卡尔德纳斯此前表示赞成）；法国在与克伦威尔打交道时表现得更为强硬，压根儿就没把租借布雷斯特港列入讨论议题。西班牙卷入了佛兰德斯、加泰罗尼亚和意大利的冲突。法国在马扎然的得力指挥下应对自如，根本谈不上不堪一击，可动用的资源也没有那么捉襟见肘。

克伦威尔和他的国务会议认为，与法国开战"胜算不大，而且无利可图"。如果采取削弱法国（法国的高卢派教会对罗马教廷完全独立自主）和"扶持"西班牙的政策，这将对"整个欧洲的新教事业造成难以估量的损害"。在克伦威尔恢复伊丽莎白时代荣耀的世界观里，西班牙一直都是"全世界新教徒的最大敌人……也是横在英国迈向巅峰之路的宿敌"。未来"很麻烦"，特别是将不可避免地蒙受对西班牙贸易的损失，包括利润丰厚的毛呢出口，兰伯特对此尤为在意，因为他的家乡约克郡是英国毛纺业的中心。但是，与法国媾和的重要性远超这些损失，如果能缓和法国对英国的敌意，就不太可能让法国与相对平息的苏格兰重新结成"老同盟"①。

开弓没有回头箭。国务大臣瑟洛告诉保王党人、第一世克拉伦登伯爵爱德华·海德，卡尔德纳斯曾这样警告他说："想废除西印度群岛的宗教裁判所并取得自由航行权，你得先问问主人答不答应"。8不管有意还是无意，他这么说可看成是西班牙向英国挑衅的又一个例证。有人会说，为了迎合公众，推行反西班牙政策——这一政策将发展成为未来的远征西班牙西印度群岛殖民地计划——将被视为政府对诸如此类蔑视的报复，而不是先发制人的打击。

---

① 老同盟，是指欧洲中世纪时期苏格兰与法国之间长达两个多世纪的针对英格兰的同盟关系，包括一系列攻击性和防卫性的双边条约。同盟开始的标志是 1295 年 10 月 23 日在巴黎签署的条约，历经周折，直到 1560 年的《爱丁堡条约》才终止了两个国家之间特殊的、持续时间长达二百六十五年的同盟关系。该同盟曾被戴高乐将军称为世界上最古老的同盟。（译者注）

第三章

远征计划

> 上帝并没有带我们上天堂，而是考虑我们在这
> 个世界上能有什么作为，包括我们能为英国带来什
> 么福祉。
>
> ——奥利弗·克伦威尔

　　1654 年 4 月中旬，克伦威尔的国务会议第一次讨论了 35
"远征美洲印第安人"的问题，这次讨论恰好就发生在英国与
尼德兰联省共和国议会签署《威斯敏斯特条约》并达成和平协
议后不久。《威斯敏斯特条约》结束了第一次英荷战争，这场
战争的导火索是荷兰商船"拒绝向英国军舰降旗"——当遇到
克伦威尔海军的舰船时，降下他们的船旗，并放下上桅帆，以
此表达承认英国对其沿海水域的主权——由此引发冲突，随后
事态升级，两国正式宣战。其实，英国以前有一阵子曾酝酿过
签署停战协定；1653 年，英国再一次抛出建立两个新教国家政
治联盟这种令人不安的提议（最初是 1651 年提出来的），但再
次遭到荷兰的拒绝。尽管如此，荷兰人同意继续向英吉利海峡

英国军舰悬挂的国旗敬礼，就像他们在"伊丽莎白时代"所做的那样。

英国已经和尼德兰联省共和国达成和平协议，但还存在一些不安因素，不过接下来的问题是，英国现在坐拥"一百六十艘游弋在海上的装备精良的战舰"，到底该如何把这些经过战争检验的坚船利炮派上"一些新用场"呢？盖奇曾指出，"伊斯帕尼奥拉岛是西班牙人在美洲建立的第一个殖民地，因此，对他们来说，逐渐失去对这个殖民地的控制绝对是个坏兆头"。但是，除了伊斯帕尼奥拉岛①，古巴、墨西哥和其他地区也和巴拿马一样，都是秘鲁波托西银矿出产的白银向外运输的途经之地。盖奇最熟悉的危地马拉也在这个名单上。西班牙在危地马拉的驻军人数较少，防守薄弱，但英国远征军要想攻取这里，必须穿过沿海的丘陵山地，运送葡萄酒的骡队每年都穿行其中。这么做虽然危险，但收获可能会颇丰：在当地土著居民的帮助下——他们当然会把英国人当成解放者——英军就有机会一路向北，直抵墨西哥。

除了盖奇的报告，国务会议还有机会接触到了另外一份托马斯·莫迪福德上校提交的报告，莫迪福德是一位更具理性且善于思考的人物，国务会议相信，他提出的计划成功概率会更大。作为前保王派的上校军官，他和他的家人于1647年移民到巴巴多斯岛，由于荷兰蔗农的涌入以及非洲奴隶的输入，巴巴多斯岛正快速发生转型，赚钱的机会变得越来越多。莫迪福

_____

① 加勒比海地区伊斯帕尼奥拉岛的东西两部分现在分属多米尼加共和国和海地共和国。

德在巴巴多斯岛期间宣布放弃支持查理二世，恳请克伦威尔同意恢复他曾被免去的该岛管理委员会中的职务。现在，护国公就远征计划寻求他的建议。

莫迪福德认为，巴巴多斯岛作为一个英国据有的定居点和安全的属地，应该被用作一个补给站和招募中心，从那里出发，可以通过特立尼达对南美洲大陆奥里诺科河沿岸的西班牙领地发动六千人规模的强大攻势。英国人应该与当地的土著居民结盟，共同对抗西班牙人，虽然英国对西班牙存有偏见，但在他看来，西班牙是一个非常可怕的敌人。只有装备精良、资源充足、纪律严明的军队才能战胜西班牙，而护国公制下的英吉利共和国恰好具备这样的条件。莫迪福德警告说，疾病是这里最大的危险：任何像这样的远征作战要想取得成功，腌制好的牛肉和熟啤酒的重要性不亚于武器和船只，同样重要的还有适合热带地区的轻便服装。虽然美洲大陆是他最喜欢的目标，但他也愿意考虑攻打古巴岛这个西班牙帝国在美洲的"后门"。不管怎样，莫迪福德强调，周密的计划才是取胜的关键。他们不能仅靠天意。

莫迪福德提出的计划得到了非常认真的考虑。未来的沙夫茨伯里伯爵安东尼·阿什利-柯柏是克伦威尔国务会议的一位成员（曾为保王派），虽然他或他的同僚不大可能去过巴巴多斯岛，但他在那里拥有财产。两名曾到过该地区的海军舰长亨利·海塞尔和约翰·兰贝利出席了会议。海塞尔是驻普利茅斯海军委员会的委员，他的观念与克伦威尔政府更激进的成员保持一致。这位海军委员会委员"排斥"在他眼中并不怎么样的

37

教士，与克伦威尔的妹夫约翰·德斯伯勒同属一个阵营。兰贝利是英国海军后勤委员会委员。这两人都声称"曾在伊斯帕尼奥拉岛生活过，并在那里从事过贸易活动"。

海塞尔和兰贝利建议派出一支远征军分别占领伊斯帕尼奥拉岛和古巴岛，以此夺取属于西班牙新世界帝国的第一座岛屿及其行政中心。他们认为，英国人在伊斯帕尼奥拉岛定居的时机已经成熟，这座岛屿将成为英国在西加勒比海地区的作战基地，事实将证明这"非常可行"。一旦这座岛屿掌握在英国手 38 中，"我们来自新英格兰、弗吉尼亚、巴巴多斯岛、夏日群岛或欧洲的人民"就可以在加勒比海地区被西班牙占领的岛屿上定居。[1]

伊斯帕尼奥拉岛还有一个特别吸引人的地方。从地理位置上来看，这座岛屿是拦截返回加的斯港的西班牙"珍宝船队"的理想基地。1628 年，荷兰人派特·海恩在当时一次最负盛名的得到国家支持的海盗行动中俘获了"珍宝船队"，这让他自己和他的国家着实发了一笔天大的横财。英国凭借传承自德雷克和雷利的强大而富有作战经验的海军，自然也有能力重现这样的盛宴，难道不是吗？

1654 年 7 月 20 日，国务会议举行了第二次会议，探讨在新世界把海军派上用场的各种方案。关于这次会议，留下的唯一记录来自未来的桑德维奇伯爵，他非常程式化地记述了克伦威尔与约翰·兰伯特发生激烈争吵，一方是这个远征计划的主要支持者，另一方则是护国公制共和国的第二号强势人物，当然也是最优秀的军事战略家，他反对出兵美洲。[2]

关于如何使用英国的海军力量，克伦威尔和他手下二号人物爆发的争吵表明，这个政权内部存在根本分歧。克伦威尔站在帝国的立场上反驳兰伯特说："上帝并没有带我们上天堂，而是考虑我们在这个世界上能有什么作为，包括我们能为英国带来什么福祉。"他认为，英国向海外扩张，在全球发挥新的作用，这是不可避免的，"天意似乎在引导我们走向那里"。一支伟大的海军——"一百六十艘游弋在海上的装备精良的战舰"——正无所事事①，而除了荷兰，欧洲每个强国都把英吉利 39 共和国视为敌人或潜在的敌人。一股好勇斗狠的念头直抵克伦威尔胸襟，他暗自思忖，"我们最好的打算只能是保住这个名声"。撕下脸皮当坏人反而是好事。基于非常乐观的观察结果，再加上盖奇和莫迪福德的自信，克伦威尔表明了自己的坚定信念：这个计划的成本最多无非就是动用舰船，但却可以获得"极大的收益"。[3]

兰伯特对这种天意使然的观点持谨慎态度，同时对西班牙的实力也心存警惕，他重新开始思考国内遇到的麻烦。兰伯特认为，应该把国内事务摆在第一位，而且克伦威尔"对出兵的成本考虑得也不周全"。他问克伦威尔，怎么为"这个远征计划"筹措经费？"我们苏格兰的军队以及爱尔兰的军队和居民必须离开这个国家，换句话说，你必须找到更多的钱。"而且也看不出来很多人是出于自愿才去那里定居。"我们在新英格兰和巴巴多斯岛的臣民不会一呼百应地涌向伊斯帕尼奥拉岛"，

---

① 1651 年至 1655 年间，英吉利共和国建造的船舶吨位相当于 1588 年（西班牙打造无敌舰队那年）至 1642 年间在英国建造的船舶吨位。

除非我们能保证岛上的安全，但这又是一项既可怕又永无休止的任务，会吞噬掉大量的时间和金钱，试问，西班牙人会轻易地放弃他们在新世界的金山银山吗？他们一定会与我们英国鏖战下去。然而，克伦威尔占尽天意，就像他军事生涯中经常遇到的那样：这是一个能摆脱苏格兰和爱尔兰反叛者的地方，一个新英格兰人能征服热带气候并繁荣昌盛的地方，他们直到现在还远离与西班牙的斗争。而且，正如约翰·科顿的圣经释义表明的那样，上帝会眷顾他们。盖奇在他给克伦威尔和国务会议提交的报告中也使用了类似的字眼，他认为，在美洲的胜利将导致"罗马天主教在巴比伦统治的彻底坍塌，那里贫穷而单纯的印第安人也将皈依我宗"。

克伦威尔再一次回顾了德雷克和雷利那个辉煌的时代——当然，他刻意回避了伊丽莎白时代的英雄并没有征服过大量西班牙领土的事实——然后勾勒出他对未来的憧憬，到那时，共和国的"六艘护卫舰应列队墨西哥海湾，沿着海岸线敏捷地来回机动，寻找战机消灭敌方的舰船"，就像当年议会舰队那样 40 威风凛凛，它们在伍斯特战役后沿着北美洲海岸航行，打击宣布支持查理二世的六个英属北美大陆殖民地。这些话出自一个根本就不知道什么是军事惨败的人之口。盖奇竭力主张，克伦威尔绝不能错过这个具有世界意义的历史性时刻。他应该记得亨利七世那个"心胸狭隘的国王"所犯的错误，亨利七世拒绝了资助哥伦布远航的机会，痛失巨大的财富，而这些财富现在都收入西班牙囊中。盖奇干脆发出挑战，近乎哀求地说道："上帝不会像眷顾陛下这样垂怜那位国王，上帝已为陛下您铺就了通往前方荣耀的康庄大道。"

这个远征计划是怎样最后成形的已无从可考，但早在
1654 年 6 月 5 日，国务会议就秘密下令海军部和海军，为所
谓的"西征计划"准备十四艘战舰，这个宏图大略的名称就此
浮出水面。该计划决定，调拨二十四艘战舰"供罗伯特·布莱
克将军指挥"，布莱克将军是共和国最伟大的海军上将①，一旦
远征西印度群岛这个注定得胜的命令宣布，他将奉命封锁西班
牙的重要港口——加的斯港。

到了 7 月初，已有三十六艘战舰获准进攻西班牙的美洲属
地，具体细节和目标尚未确定。当然，舰队的指挥人员已经任
命完毕。这次远征将实行联合指挥：海军上将威廉·佩恩负责
指挥海军，罗伯特·维纳布尔斯将军负责指挥陆军。

1646 年，作为一名议会派军官，维纳布尔斯在围攻戒备
森严的保王派大本营切斯特时表现突出。身为一名上校，他参
加了远征爱尔兰的战斗，特别是 1649 年 8 月在拉斯莫恩斯之
战中大败奥蒙德侯爵，并在同年 9 月围攻德罗赫达时与克伦威
尔并肩作战。到了后来再次攻占阿尔斯特，维纳布尔斯对爱尔
兰人展开血腥屠杀（这场战役一直打到 1653 年），并因残酷无
情而饱受诟病，但克伦威尔却对他赞不绝口。后来维纳布尔斯
怏怏地返回英格兰。虽然他作战骁勇，饱经磨难，但"除了一
封感谢信，再也没有任何奖赏"[4]。

克伦威尔没有忘记维纳布尔斯，问他是否有兴趣在"西征

---

① 包括霍雷肖·纳尔逊在内的很多海军精英人物都承认，他们在英国海军序
列中排在布莱克上将的后面。

计划"中指挥陆军部队，这可是一步登天的好事，对维纳布尔斯而言，这是他期待已久的对自己战功的认可。当时维纳布尔斯刚结婚不久，促成这桩婚姻的环境很不寻常，他娶了一位名叫伊丽莎白·李的寡妇，伊丽莎白的脾气秉性以及政治和宗教观念都与维纳布尔斯相左。而远征美洲也将成为犒赏维纳布尔斯的"蜜月之旅"——伊丽莎白随同舰队一起启程，伊斯帕尼奥拉岛将由来自英国的男男女女永久定居。

后来，伊丽莎白对这个远征计划大放厥词，但不得不说，她的看法很有洞察力。伊丽莎白回忆说："派出去的这支军队简直就是在开玩笑，既没有武器，也没有给养。"她说的并没错。由于组织不力，舰队在后勤保障上犯了许多低级错误——这个责任最后由约翰·德斯伯勒承担——他们虽然知道这是在驶往热带地区，但把莫迪福德的忠告完全抛在了脑后，结果导致储存淡水的容器严重不足，粮食储备不够，也没有准备适合当地气候的着装。

佩恩当时三十五六岁，在家中排行老幺，而他的父亲也是伦敦城一位商人最小的儿子，这位商人（佩恩的祖父）对航海还算比较熟悉。佩恩的宏伟抱负将在相对而言靠能力晋升的海军中得到最大的施展。他的成长速度非常快，二十一岁时就已经独当一面。1644 年 5 月，佩恩被议会派任命为"友谊"号舰 42 长，到了年末，晋升为议会军爱尔兰中队的海军少将。佩恩在镇压威尔士西部一个日渐崛起的保王派中发挥了作用，在这期间，他对议会的忠诚受到了怀疑。

1650 年，佩恩在地中海没追踪到鲁珀特亲王 ①，但却收获了一大笔财宝。第一次英荷战争期间，佩恩成为布莱克麾下的海军中将，在 1653 年 2 月的波特兰海战中表现非常出色。在布莱克的举荐下，佩恩因"诚实能干"而被擢升为海军上将。1654 年 8 月 18 日，佩恩被任命为"西征计划"的指挥官，比维纳布尔斯早了三个月。

出征命令在 12 月 9 日下达，上面只有"四处搜寻"这样的字眼，并没有给出具体进攻目标。虽然佩恩获准可对该地区的西班牙舰船发动攻击，但维纳布尔斯接到的命令则更具体一些：获取西印度群岛西班牙属地的利益。西班牙属地指的是大安德烈斯群岛（包括伊斯帕尼奥拉岛、古巴岛和波多黎各岛）、牙买加岛、大陆地区（从与巴西接壤的大陆开始，经哥伦比亚直到巴拿马）以及"墨西哥"（巴拿马北部地区）。

按照命令，维纳布尔斯可采取三种可能的行动方案。第一个方案是夺取伊斯帕尼奥拉岛，以截断对西班牙控制大陆的增援。第二个方案根据莫迪福德制订的计划，在奥里诺科河的河口登陆，最终目标是占领现在哥伦比亚北部海岸的卡塔赫纳港，并拦截从波托西银矿以及西班牙在秘鲁和墨西哥其他矿藏运出的财宝。第三个方案把前两个方案综合在一起：夺取伊斯

①　鲁珀特亲王，英国内战时期最有才华的保王派指挥官。他胆略过人，在战争初期取得过多次胜利，但最终被纪律严明的议会军击败并被逐出英格兰。此后，他领导着一小队保王党军队从事掠夺英国船只的活动（1648—1650），被议会海军舰队司令罗伯特·布莱克赶入地中海，1651年到 1652 年他在亚速尔群岛和西印度群岛进行海盗活动，后来退出，前往德国（1653—1660）。（译者注）

帕尼奥拉岛，以此为基地发动对卡塔赫纳港的进攻。考虑到底
该向哪里进发的并不是只有前方的舰队。保王派的情报人员注
意到，这些战舰的船体已经加固，以防止热带水域发现的船蛆
蛀蚀船材，因此猜测加勒比海地区可能是它的目的地。在马德
里，西班牙对英国舰队的目的地有很多猜测，有些人认为英国 43
舰队可能开往马达加斯加岛，还有些人则认为可能驶往阿根廷
的普拉塔河。

　　进攻地点的最终决定取决于指挥机构，但这不是完全意义
上的军事行动。克伦威尔成立了一个五人委员会，每人每年领
取一千英镑的薪水，他们负责监督军事作战行动，并为英国毫
无悬念将夺取的西印度群岛新领地建立一套全面的行政体系。
五人委员会的成员除了佩恩和维纳布尔斯，还有爱德华·温斯
洛、巴巴多斯岛总督丹尼尔·塞尔及格雷戈里·巴特勒舰长。
温斯洛在荷兰莱顿的英国新教徒社区长大，是马萨诸塞州普
利茅斯殖民地前总督，他于 1620 年乘"五月花"号来到北美
洲①。作为一名年轻人，温斯洛在缓解英国人和万帕诺亚格部落
印第安人的紧张关系中发挥了重要作用，普利茅斯殖民地正是
建立在这些土著人的土地上。1621 年，温斯洛的第一任妻子在
普利茅斯去世后，他娶了一位寡妇苏珊娜·怀特，她是在新英
格兰出生的第一个英国孩子的母亲。温斯洛经验非常丰富且为
人可靠，随着英国远征南美洲西班牙属地计划的推进，他将成
为约翰·瑟洛在征战前方的耳目。

————————

① 温斯洛可能是那批先驱者中唯一有肖像画流传于后世的人。

　　塞尔是伦敦的一名商人，1651 年以来担任巴巴多斯岛总督，内战结束后，他曾随议会的舰队出行，驯服保王派在海外的属地。当远征南美洲的舰队抵达巴巴多斯岛时，塞尔将负责处理这个形势紧张岛屿的政治问题，一旦舰队从这里启程进入最后的航程，他发挥的作用也就不大了。在巴巴多斯岛补充人员和物资的过程中，塞尔将得到更隐蔽的巴特勒的帮助，巴特勒的作用是和理查德·霍尔迪普上校及爱德华·布拉格舰长一起，在圣克里斯托弗岛秘密做好重要的准备工作。当然，这是人们担心他酗酒之前的事了。

　　在这些新占领的土地上不得有抢劫和掠夺的行径，西班牙定居者的物资和财产将被扣押以供"国家使用"，这些措施和手段将为那些愿意在牙买加岛定居的人提供保证。务必想尽一切办法使当地土著居民站在英国一边。"禁止掠夺"的政策并不受水兵欢迎，他们习惯于以前那种在被占领土地上可以随便小偷小摸的规矩。但这次就不同了，此次远征代表的是背后的国家，不论这种规定明智与否，纪律和道德都比个人发财重要。

　　佩恩于 1654 年圣诞节那天从斯皮特黑德港乘装备六十门舰炮的"斯威夫茨尔"号起航出征，随行的还有其他三十七艘战舰、一些补给船以及大约两千五百名士兵。伊丽莎白时代侵掠西班牙船只的海盗霍金斯曾经这样写道："就像罗马人面对绞刑架上的死尸一样，伊斯帕尼奥拉岛那些可怜的民兵，也许会因为羞耻才不得不鼓起如此之大的胆量，因为他们要对付的敌人实在太伟大，根本招架不住。"人们期待得太多，因而不切实际的推测也太多。

第四章

傲慢与惨败

> "我们在一个陌生国度里行军，高温酷热与缺粮少水无时无刻不在折磨着我们，我们的心情低到了极点，实在太痛苦了。"
>
> ——罗伯特·维纳布尔斯将军

佩恩的"无敌舰队"于1655年1月29日到达巴巴多斯岛，在岛上居民的强烈反对声中，他们又在那里招募了五千五百名士兵。巴巴多斯岛自有一番历史，塞尔对此了如指掌。1650年，在维持数年的相对稳定后，普罗维登斯岛前总督菲利普·贝尔宣布反对英国议会的控制。在贝尔的安排下，一些被击败的保王党人通过购买种植园来到岛上落脚。在这些人中，汉弗莱·沃尔龙德尤为激进，他领导了一场针对那些更同情议会的"独立派"的骚扰运动，这些议会派成立了"威斯敏斯特七头龙"组织，其中詹姆斯·德拉克斯是核心人物。德拉克斯是被该岛保王党政权逮捕的一百二十多名定居者之一。德拉克斯被罚上缴八万磅蔗糖并流放到英国，回到英国后，他游说国务会议采取行动，建议他们任命能力颇强的普利茅斯殖民地前负责人爱德华·温斯洛为巴巴多斯岛新总督。

更糟糕的是，保王党人弗朗西斯·威洛比（帕勒姆勋爵）46 于1650年4月带着卡莱尔伯爵的委任书来到巴巴多斯岛任总督。用威洛比勋爵的话说，他此行得到了"查理二世"的许可，查理二世在1650年5月自立为国王。一时间，小得不能再小的岛上派系林立，这种局面恐怕持续不了多久。1650年，英格兰联邦任命乔治·艾斯丘爵士为巴巴多斯岛总督，率军平复这座混乱不堪的岛屿。在赶往加勒比海地区的途中，艾斯丘帮助海军上将罗伯特·布莱克为议会攻占了私掠船在锡利群岛的据点。[1] 九个月后的1651年10月15日，艾斯丘抵达巴巴多斯岛，要求该岛投降，此时克伦威尔已经取得伍斯特战役的决定性胜利。然而，威洛比领导下的保王派拒绝投降，双方陷入僵持阶段。正是由于克伦威尔及其加勒比海地区事务委员会的顾问托马斯·莫迪福德站出来，才打破了僵局，莫迪福德帮助艾斯丘的部队登陆，以武力迫使威洛比于1652年1月11日就范。艾斯丘总督宣布岛上实行宗教信仰自由，恢复行使地方增税权以及岛上居民与"英国交好"国家进行贸易的权利。

*

1655年1月29日，当佩恩的舰队抵达巴巴多斯岛时，虽然这里的政治氛围相对较好，但还是面临自己的独特问题。[2] 小岛经济单一，可耕种的土地全部用于种植甘蔗，这意味着岛上所需的大部分粮食都必须依赖进口，再加上岛上的人口在十五年内翻了一番，这让粮食短缺的状况变得更加突出。至于武器，能提供给部队的只有做工粗糙的藤制半截长矛，后来的事实将证明，用这样的长矛对付敌人简直就是在找死。 47

　　佩恩不顾议会的命令，扣押了一些荷兰人的船只，为此事，派驻岛上的塞尔委员特意召集了一个由充满怨恨的当地人组成的陪审团，为荷兰人和其他外国商人这样的"外来者"主持公道。维纳布尔斯对岛上延误军机的行为更是忍无可忍。在维纳布尔斯的眼里，巴巴多斯岛行政效率低下，组织混乱，这和让他声名鹊起的镇压爱尔兰残酷而高效的作战动员相比，实在差得太远。佩恩和维纳布尔斯率领的军队最终于 3 月 31 日从巴巴多斯岛开拔，但出发后不久却找不到理查德·福蒂斯丘上校在哪儿，因此不得不派一艘船返航去寻找他。

　　这支有史以来英国穿行于加勒比海地区的规模最大的舰队，向北驶向小安德烈斯群岛，它的最终目的地只有五位委员知道。途中与多米尼加土著卡里纳古人发生了一场小规模冲突："郁金香"号的三名船员受伤，作为报复，一名加勒比人被击毙[3]。但整体来看，行程比较顺利。舰队停靠在背风群岛补充给养，背风群岛由安提瓜岛和圣克里斯托弗岛（圣基茨岛）组成，这两座小岛都掌握在英国手中。巴特勒作为克伦威尔派驻圣基茨岛的英国代表（这片领地由英国和法国共治），他已经提前两个月抵达这里。巴特勒雇了两名非常熟悉这一地区的向导。其中一名向导是肯波·西巴达，他是一名驻安提瓜的弗里斯兰人，曾和那些前往莫斯基托斯海岸的居民一起在普罗维登斯岛服役。克里斯托弗·考克斯上尉以炮手的身份在西班牙人中混迹了十二年，这大概是因为西班牙人相信他是爱尔兰天主教徒；1641年爱尔兰爆发叛乱后，许多爱尔兰人因为生计艰难而逃往巴巴多斯岛，考克斯可能就在那些难民之中。考克斯无疑是一名经验丰富的向导，他的命运将与英国的远征计划紧紧交织在一起。[4]

　　一直都有传闻说，佩恩和维纳布尔斯很早就交恶，但几乎没有任何确凿的证据能表明两人存在严重的分歧。他们两人之间的不和可能是从维纳布尔斯在绝望中试图为自己辩解时开始的，维纳布尔斯因蒙受羞耻从前线返回伦敦后，被囚禁在伦敦塔，当时他肯定非常痛苦，自然也就会用笔倾诉一些僭越的想法，这是人之常情。然而，这次远征计划准备仓促，考虑严重不周，由此产生的混乱肯定无益于缓解这对搭档的工作关系。虽然佩恩奉命指挥海军，但他隶属于维纳布尔斯，而两人都受温斯洛和塞尔监督，他们都没有军事指挥经验。这两人则直接对克伦威尔负责。鉴于早期的通信手段非常有限，这无疑让军令的上传下达变得极为漫长。德斯伯勒作为海军部的特派员负责领导下一个委员会，专门负责远征计划的后勤保障。事后证明，这个委员会的后勤保障组织工作不够完善，甚至有人说，这位本应该高尚虔诚的护国公的姐夫竟然贪污军需品，干起了中饱私囊的勾当，尽管这样的说法并没有事实依据。总而言之，这次远征计划的后勤保障工作可谓是灾难性的，当然，造成这种结果的主要原因还是克伦威尔仓促下令，舰队"没做好准备就迅速倾巢而出"；他们看起来好像根本没考虑到远征军可能遭遇的各种状况：

火药在热带地区倾泻如注的暴雨中变得毫无用处，饼干腐烂了，最糟糕的是，淡水永远也不够用。[5]

*

1655 年 4 月，大安德烈斯群岛的第二大岛屿——伊斯帕尼奥拉岛终于进入舰队的视野。3 月 17 日，在巴巴多斯岛召开的一次会议最终确认了这次远征计划的目标，佩恩和维纳布尔斯以及塞尔委员都出席了会议。但是，直到 1655 年 4 月 9 日，也就是舰队离开英国本土四个月后左右，维纳布尔斯才向他的部下宣布了进攻目标。

伊斯帕尼奥拉岛占地近八万平方公里，但人口稀少，因此被认为是最容易征服的目标：弗朗西斯·德雷克不就是在 1586 年用少得多的兵力占领这里了吗？——尽管为时并不长。对于克伦威尔的最终目标——征服西班牙美洲殖民地，恐怕再也没有比伊斯帕尼奥拉岛更好、更轻松的跳板了。

舰队指挥官将选择和当年德雷克一样的登陆地点——靠近西班牙圣杰罗尼莫要塞的赛纳，进攻时采用在平叛爱尔兰战争中磨砺过的战术。特别虔诚且据称是再洗礼派教徒的海军中将威廉·古德森将负责把维纳布尔斯的部队于 4 月 14 日送上岸。古德森虽然是为数不多的几个在加勒比海地区有经验的指挥官之一，但他却发现，这里的海岸"礁石密布，激起滔天的海浪，远远望去，海水拍击岸边产生的浪花如同炮火的烟雾一般，虽然有风吹向岸边，但对登岛却不怎么管用"。这对整个作战行动是个不祥的开端。[6]

由于在赛纳登陆失败，古德森向西航行四十八公里到达尼卡约角，在那里，七千五百人的部队"登陆非常顺利，没有遭遇敌人的阻击，最终登上一片优良的沙湾"。第二天，锡利群岛前总督安东尼·布勒率领部队在古德森前一天尝试上岸的地方成功登陆，随行的还有霍尔迪普指挥的一些步兵。至此，这两支部队距此战最后的奖赏——伊斯帕尼奥拉岛首府圣多明各——分别为四十八公里和十九公里。两支部队计划在发动进攻前会合。

但是，由于指挥官根本不了解当地的情况，这些入侵部队的前景并不像想象的那样乐观。出发前，他们相信，食物和饮水的补给应该并不难，就像他们以前在熟悉的不列颠岛和爱尔兰作战那样，都是一边行军，一边就地解决补给问题，因此，两支部队出发时只带了三天的补给，包括饮用水。这样做真的是愚蠢到家了，当时正值旱季进入尾声，水道几近干涸，到处都是一片荒芜。

维纳布尔斯的部队距离圣多明各最远，穿过茂密的森林和开阔的大草原后，到第二天竟惊人地向前推进了二十九公里。他们只遭遇了小股西班牙军队的抵抗。由于水已经消耗得差不多了，部队在路边一处被遗弃的种植园里过夜。在那里，士兵们靠吃大量的柑橘来解渴，但这样做于事无补，这种水果只会越吃越渴。维纳布尔斯后来向克伦威尔报告说："我们在一个陌生国度里行军，高温酷热与缺粮少水无时无刻不在折磨着我们，我们的心情低到了极点，实在太痛苦了……我忍受着最无情的折磨。"[7]

与此同时，布勒的人马到达了约定的集合地点，在河边安营扎寨过夜。第二天，军中乱作一团。布勒派出一队人马侦探附近的敌情，结果他们误报军情，说看到了敌人的主力部队。听到这个消息后，布勒决定率领所有士兵向前迎战。因此，当维纳布尔斯第二天（也就是 4 月 16 日，星期一）到达指定的集合地点时，发现布勒和他的人马都不见了踪影。

维纳布尔斯的部队习惯于在不列颠岛和爱尔兰涉水渡河，现在则在一片炽热的大草原上彻底迷失了方向。缺水已经成为头等大事。最终他们在欣纳姆河发现了一个过河点，大约两千名士兵驻扎在那里守卫这个渡口，其他部队则留下来过夜。第二天，他们遇到两个非洲后裔，其中一个自称曾是圣基茨岛总督托马斯·华纳的仆人。下午四点，维纳布尔斯和布勒的部队终于会合，但这已经耽误了很长时间。就在两支部队碰头后没多久，他们就遭到了伏击。

英军朝着圣多明各以西圣杰罗尼莫要塞这个最终目标前进，前面是一条宽阔的大路，维纳布尔斯和其他高级军官带头走在最前面。当他们接近一处自认为已经被遗弃的定居点的出入口时，一名英国士兵突然发现，有一个匍匐的敌军士兵正瞄向他们这边。暴露的敌军士兵是爱尔兰籍骑兵唐璜·莫尔法（"莫尔法"可能是"墨菲"的变体），情急之下，西班牙军队发动进攻。多达三十名英军士兵在随后的交火中丧生，其中包括四名军官和对英军极其重要的带路人考克斯。尽管英国军队重新集结并击退了西班牙人，但波利特上尉指挥的火枪部队却"临阵脱逃，可耻至极"，相反，古德森率领的水兵表现得特别勇敢。据古德森说，他的部队冲到了圣多明各地界，然后在那里等待其他部队，但根本就没等到任何人。有传闻说，当水兵向前行进时，维纳布尔斯已经从他们侧翼超了过去，进入一片树林寻找自己的部队。不管这种说法是真是假，他的政敌都会在以后利用这个事件对付他。[8]

*

那天夜里，当陆军在睡安稳觉时，海军开始对圣多明各发起了攻击。部队将待在原地，直到下周一，享受"某种安静"，或许他们觉得，欣纳姆河的河水和海军通过岸边激浪送上岸的食物会让他们逐渐恢复体力。维纳布尔斯否决了分兵两路并以钳形攻势接近城镇的提议，尽管这种战术得到了军官的广泛支持。

4月20日星期三，西班牙军队又发动一次袭击，但"很快就被击溃"。领头的军官及六名士兵被击毙。"托马斯·华纳爵士的黑人侍从"对西班牙人痛恨至极，他一遍遍重复着"别给那些猪狗不如的东西留任何喘息机会"，因而得到了他主人的嘉奖。

虽然现在的形势令人振奋，但纷至沓来的疾病却让英国 52 士兵大受影响：他们驻扎在岸边的那条河很有可能被附近的一座铜矿给污染了。到了星期四，又下起了雨。一直等到下周二，也就是登陆过去十一天、士气已经变得低落时，他们才发动了对圣多明各的总攻。部队向前推进的速度非常缓慢，士兵的口粮已被削减了一半，最后以紧密的队形到达圣杰罗尼莫要塞。

先头部队是杰克逊副官手下大约两百四十名士兵，紧随其后的是返聘的退役士兵①，波利特率领的多少有些丢脸的火枪部队，以及卡彭特上尉的骑兵和副司令詹姆斯·希恩少将率领的步兵②。杰克逊看起来是服从了维纳布尔斯的命令，他无视希恩提出的从两个侧翼进攻要塞的建议，而是将部队集合在一起向前推进。英军遭到了正前方七门重炮的猛烈轰击，更糟糕的是，附近树林还有西班牙敌军伏击。英军齐射还击。当他们重新装弹时，西班牙军队发起冲锋，英国士兵"像狭窄航道中的激流一样"溃退。波利特在溃败中被击毙，而那些重新征召入伍的退役军人经验非常丰富，他们继续坚守阵地，但付出了沉重的代价：全部五十五名士兵只有十八人幸存。

　　希恩少将殊死抵抗，像英雄一样倒在阵地上，一起血洒疆场的还有他的少尉副官托马斯·博伊斯，死时他的剑还"插在敌人的腹中"。西班牙人手下有"屠牛者"之名的放牧者最具杀伤力，他们主要由非洲裔的男兵和女兵组成，以长矛为武器摆出凶猛的阵型，个个身手矫捷，战斗技巧非常丰富。而英国士兵的火枪需要重新装填火药，再加上巴巴多斯岛提供给他们的都是些拙劣的藤制半截长矛，因此几乎没有任何招架之力。英国部队多达一千五百人阵亡，更丢脸的是，他们因为士气低落竟然在战斗中丢了九面军旗。只有古德森的海军士兵打到了圣多明各的城门下。

　　维纳布尔斯在混乱中召开战时紧急会议，决定一旦炮兵的

---

① 这里指的是英军将那些退役的经验丰富的老兵在战时重新征召入伍。
② 希恩在 1651 年占领泽西岛的行动中发挥了主导作用，这为他后来攻占加勒比海诸岛积累了有益经验。

迫击炮弹消耗完就撤退。一位随军记者写道："除了殿后的部队，整个部队都乱哄哄地溃散了，迫不及待地去找水喝。"天又开始下雨。英国军队在伊斯帕尼奥拉岛登陆后不到两周，海军就在岸边发现了溃败下来的幸存者。两天后，英军残余部队放弃了夺取伊斯帕尼奥拉岛的企图。他们伤痕累累，处境很可怜：每天都有人死去，有些人被疲惫不堪的友军误杀；茫然不知所措的士兵试图捕杀家畜充饥；几乎没有人再有气力去战斗。舰队已准备就绪，5月2日晚开始登船撤退。整个作战行动损失多达两千五百人，其中许多人死于饥饿和口渴。就算有上帝的眷顾，英军在错误百出的作战计划面前恐怕也寸步难行了：从一开始就存在严重疏忽，组织非常混乱，而且后勤保障准备工作极度匮乏。

　　海军鄙视陆军的无能和怯懦 9，觉得应该丢下他们不管。军纪惩罚随之而来。有一个军阶较低的士兵据说在激战过程中叫嚷："赶紧都逃命去吧，我们全军覆没了！"为了杀一儆百，他被处以绞刑，并把罪状刻在了他前胸上。

　　虽然高级军官让军队彻底蒙羞，但对他们的处理显得更为宽大一些。舰队准备起航之际，杰克逊面临军事法庭的审判，据说他吓得"像只老狐狸一样钻进树丛"，这和英勇无畏的希恩简直就是天壤之别。维纳布尔斯对他满脸鄙夷，觉得他不过是唯克伦威尔马首是瞻的走卒罢了，杰克逊侥幸逃过一死，仅仅因为怯懦而被解除军职。为了狠狠羞辱他一番，杰克逊被命令去照料伤病员。10

*

　　吃了这场惨不忍睹的败仗后，佩恩和维纳布尔斯怎样才能挽回颜面呢？或许夺得伊斯帕尼奥拉岛南岸下风处的牙买加岛，勉强能算一点补救吧。一段时期以来牙买加岛偶尔会遭到英国的零星偷袭，特别是 1642 年的最近一次，就是由后来名誉扫地的威廉·杰克逊组织的（颇具讽刺意味），但在远征计划开始前，克伦威尔和国务会议组织的任何一次讨论中都没有把这座岛屿列为重点考虑对象。牙买加岛比伊斯帕尼奥拉岛小得多（其面积只有一万零九百平方公里，不到伊斯帕尼奥拉岛面积的六分之一）。岛上居民大约有两千人，包括西班牙人、葡萄牙人、非洲人以及少数土著人，在西班牙征服的新世界中可谓可有可无。夺取牙买加岛虽然无足轻重，但总比一无所获要强。

　　佩恩和维纳布尔斯以及他们的军队非常幸运，因为牙买加岛是加勒比海地区唯一一个没有任何防御设施的西班牙殖民地。这座岛屿归哥伦布家族所有（牙买加岛是他们在新大陆的最后一处私人领地），他们只收取租金，除此之外几乎没有别的，这个家族认为，西班牙皇家法律禁止他们未经授权修建防御工事。横在英国军队和加勒比海地区这处能带给他们些许安慰的小岛之间的，只有一道歪歪倒倒的围栏。[11]

　　5 月 10 日，四十艘英国舰船进入牙买加岛中南部海岸被称为"旧港湾"的地方，大约七千名士兵从这里登陆，他们只遭到了"配备三四门枪炮的小股部队"漫无目标的抵抗。岛上的防卫混乱不堪，仅仅一周后西班牙人就投降了，但投降之前各方游击部队已经撤到山里，要想彻底占领这座岛屿，估计要花几十年的时间。维纳布尔斯本打算率军清剿这些散兵游勇，他在爱尔兰曾与托利党匪徒交手多年，对付这些人很有一套，但不承想却因发烧而大受影响。看到夺取牙买加岛已经无虞，佩恩便扔下维纳布尔斯和他的部队，于6月25日起航返回英国，英国的新贵们正翘首期盼来自海外的好消息。

第五章

国王追随者

所有的惩罚都源自我们自己的罪恶。

——克莱门特·斯佩尔曼，1660 年

1651 年 9 月 3 日，查理·斯图亚特在伍斯特战役中被一举 57
击败，这标志着英国的保王主义已告一段落，至此，英国国内
的保王派已经基本被肃清（这些保王党人无法或不愿意流亡海
外）。查理打着苏格兰长老会誓约派"立约国王"的旗号挑起
战争，誓约派秉承加尔文宗原教旨主义，其背后有一支强大的
军队做后盾。但是，立约的双方从一开始就是在铤而走险，因
此，这样的联盟不大可能靠得住。随着查理麾下苏格兰长老会
军队的惨败以及他逃往欧洲大陆，保王党抵抗克伦威尔政权的
运动进入了一个全新而又截然不同的阶段。

英格兰的骑士党又恢复到依靠自己的状态，他们当中有些
性子更急的人怀着热情而兴奋的心态欢迎这种局势的到来。至
少在他们看来，命运又掌握在了自己手中。这个更好勇斗狠的
保王主义反对党对特立独行者颇有吸引力，它的目标主要有三

个：一是煽动起义和暴动，最好是能在全国范围内进行；二是
鼓励心怀不满的激进分子投身骑士党事业；三是要克伦威尔的
命。前两个目标虽然不是不可能，且这个队伍中有几个相当了
不起的人物，他们勇敢而又足智多谋，但事实将证明它们不太　58
容易实现。第三个目标虽然靠碰运气，但成功的可能性更大。
要知道，半个世纪前的"火药阴谋"①差一点就要了查理·斯图
亚特的祖父詹姆斯一世的命。

　　流亡法国巴黎的国王宫廷一直受卢浮宫保王党集团控制，
该集团以查理一世的妻子亨利埃塔·玛丽亚王后为核心。在自
己出生的城市，玛丽亚身边聚集了一批暴躁易怒的保王派成
员，比如皇家顾问杰明勋爵，这个人道德败坏，有传言称他已
秘密和王后结婚（当然没有任何证据能证明）；还有巴尔卡雷
斯勋爵，他原来是苏格兰誓约派，后来变成"勤王者"②。能够
接纳这些保王派的公民到处都是，他们支持那些多国参与者制
订的夺回王位的计划，宁可让他们之中的通权达变之人——
他们中的杰出人物包括哲学家、罗马天主教徒和酒瓶的发明者
凯内尔姆·迪格比）爵士——去培植教皇和王子、国王以及公
爵，也不指望土生土长的阴谋家。他们不知为何看好查理的表

---

① 火药阴谋发生于1605年，一群亡命的英格兰乡下天主教徒试图炸掉英国
　议会大厦，并杀害正在其中进行议会开幕典礼的英国国王詹姆士一世和
　他的家人以及大部分新教贵族，阴谋并未获得成功。（译者注）
② "勤王者"是苏格兰长老会成员，当国王被关押在怀特岛的卡里斯布鲁克
　城堡时，他们与查理一世于1647年12月秘密订立协定：苏格兰派军队
　帮助查理一世恢复王位，解散现存议会和军队，而查理一世则答应在英
　国全国推行苏格兰人信奉的长老会教义。

弟，他是罗曼蒂克式保王主义的神秘流星，莱茵河的鲁珀特亲王，一个在内战中指挥骑兵屡获荣耀之人，他更关心的是猎犬而不是平民，后来成为大西洋奴隶贸易的急先锋。但是，如果没有一个重要的欧洲大陆国家提供源源不断的财政和军事援助，保王党人反攻英国很有可能从头到尾都是一个充满危险的幻想，正如流亡在外的约克郡保王党人马默杜克·朗格代尔爵士向查理·斯图亚特本人指出的那样：

如果有可能得到外来者的帮助，那么，他们将成为陛下夺回英国行动最合适的帮手。陛下要知道，他们对那些佯装为陛下效力的人分成几派别并不感兴趣，也不关心那些人的双手是否已经沾染无辜英国人的鲜血。对那些向陛下进言，说陛下在英国的朋友是不会欢迎那些外来者的，这些人并没有和陛下站在一起，或者这些人并不了解英国的国情。看在上帝的份儿上，陛下一定要谨记，不要再让那些所谓你自己的朋友加入你的军队，除非他们背后有外国军队撑腰，或者能振臂一呼带来一支大军。[1]

朗格代尔爵士身材瘦削，素以"幽灵"著称，爱德华·海德很瞧不起他。海德把自己在1648年内战期间的伟大功绩抛在一边，说朗格代尔爵士是"一个很难伺候的人，理解力很差却又很自负，而且固执己见"[2]。朗格代尔在内战期间勉强站在保王党一边；战争爆发前夕，他领导东约克郡反对国王征收船税。但他在三十年战争中与欧洲大陆残酷的对手屡次交锋，

积累了很多经验，因此行事小心谨慎。如果内战不可避免，他
希望能把这场战争限制在英国南部，"我们的苦难就是从那里
开始的，而且在那里掠夺就足以支撑很多军队了"[3]。当内战
最终爆发时，朗格代尔努力维持现状，在马斯顿荒原战役中完
胜费尔法克斯，以实际行动证明了自己是名副其实的优秀骑兵
指挥官。第一次内战结束后，朗格代尔被流放到法国，但第二
次内战爆发时又把他召回参战。保王党在 1648 年 8 月普雷斯
顿战役中遭到惨败后，朗格代尔再次逃往法国。流亡期间，他
替威尼斯效力与土耳其人作战，后来改宗罗马天主教，成为一
个狂热的天主教徒。朗格代尔很看好西班牙，尽管和西班牙结
盟并不受欢迎。

　　支持外国进行干预面临的问题是，国王几乎得不到外国的
支持。法国路易十四的首相马扎然生于意大利，他赞同与克伦
威尔结盟，克伦威尔有一支久经沙场的陆军和海军的支持，他
的权力似乎很稳固。马扎然派到英国的特使和外交官向他报
告，据他们观察，克伦威尔的政权很稳固，也很强大，但他们
对保王党的努力极尽贬损之能事。西班牙在当时还没有察觉到
克伦威尔正紧锣密鼓地展开夺取其加勒比海地区殖民地的计
划，而且它在与欧洲各地的冲突中精疲力竭，因此，即便西班
牙非常有意愿，也无法为斯图亚特的事业提供任何帮助。荷兰
人不太可能加入反对他们新教伙伴的阴谋，至于丹麦和瑞典，
这两个国家向来是死敌，但现在达成一致意见，希望能与护国
公领导的共和国开展贸易，尤其是波罗的海的原材料贸易，比
如木材和沥青（柏油），这些原材料对克伦威尔建设强大的海

60

军至关重要。

卢浮宫保王党集团中的法国人和苏格兰人共同制定了"现实政治"政策，该政策有种孤注一掷的味道，想把苏格兰长老会拉过来，他们认为苏格兰长老会是最有可能将王位交还查理的盟友，但这种想法大错特错。在英国国内，国教圣公会（有时也包括天主教）保王党对玛丽亚王后和她的小集团普遍持不信任态度，将他们一干人等贬低为"苏格兰长老会中冲在前面的圣徒"，当克伦威尔把入侵英格兰的苏格兰人打回他们的老家，重新思考对待苏格兰的政策时，玛丽亚王后和她的小集团将成为许多幸灾乐祸之人的目标。[4]卢浮宫保王党集团已经受到轻视，他们的权威更多的是建立在血统上，而非实干的能力，因此日渐式微。

王后一党的失败为"老保王党"提供了机会，老保王党把注意力放在两个人的身上：一位是爱德华·海德，他是国王身边学富五车且能言善辩的财政大臣；另一位是奥蒙德公爵詹姆斯·巴特勒，他是爱尔兰保王党军队的前指挥官，曾率军抵抗1641年爆发的天主教叛乱。克伦威尔侵入爱尔兰后，爱尔兰人对奥蒙德公爵的高贵品质和军事能力产生怀疑，他于1650年12月逃亡海外。奥蒙德公爵在爱尔兰的经历让他变得谨小慎微，不大可能和老保王党结盟，双方也无法和谐相处，但他在行为举止上仍然不愧为一位欧洲贵族。这两人都要比卢浮宫保王党集团更忠于自己的原则，而且他们对与苏格兰长老会结盟感到不安。海德与杰明勋爵的恩怨可追溯到17世纪30年代，众所周知，海德对伍斯特战役的策略即便不是嗤之以鼻，也是保持高度谨慎。国王一回到巴黎——查理·斯图亚特能逃回来实属幸运，这多亏了他表现出来的某些个人勇敢和牺牲精神，他是伍斯特战役后少数几个没被克伦威尔绞杀的大人物之一——就抛弃了卢浮宫保王党集团，苏格兰人只能听天由命了，而海德和奥蒙德公爵提出的策略因为原则性较强，务实且不急躁，而被采纳为"官方"政策。

正如海德所说的，"不安、嫉妒和厌恶……左右着牛津的一切"，这里是第一次内战期间保王党的大本营，这种派系林立、四分五裂的局面将继续主导着那些支持"克罗斯先生"（流亡在外的查理二世的保王党代号①）事业的人。[5]这个保王党大本营没有全面的情报机构，也没有克伦威尔政府那样由间谍和特工组成的网络——这个网络最初由弑君者托马斯·斯科特和他的助手乔治·毕晓普组建，毕晓普是狂热的布里斯托尔独立派。他们有一个助手，即非常聪明的密码学家约翰·沃利斯，沃利斯是牛津大学几何学教授，他破译了内兹比战役后缴获的写给查理一世的龌龊信件，由此帮助他们获得了国家的大量资源，而这些资源很快将被约翰·瑟洛用上。克罗斯先生却没有这些手段。[6]

*

伍斯特战役之后，骑士党依然绞尽脑汁地在英国图谋不轨，其背后还有其他一些原因。1652 年 2 月 24 日，残缺议会通过了《大赦令》，赦免了伍斯特战役之前有叛国行为的保王 62

---

① 英文原文写作"Mr. Cross"，意思是跨过英吉利海峡逃亡在外。（译者注）

党人。很多以前支持国王的人与政府签署了忠于英吉利共和国的订约书，口头上宣布放弃支持斯图亚特的事业，以寻求平静的生活。丹尼尔·笛福就是事后做出这种承诺的保王党典型，他在回忆自己的父亲时说，他是一位"非常富有的绅士，每年靠地产有五千英镑以上的收入，他的家族和几个主要贵族都有联姻"[7]。像这样的人最患得患失，克伦威尔也非常渴望能赢得这些"举足轻重的人物"的支持，以此作为他"恢复和解决"计划①的一部分，而且这个计划的确表现出了很大的诚意。对保王党人来说，英国国内的气氛正在发生转变，而且是在向好的方向转变。内战爆发以来一直执行的扣押保王党财产的政策几乎完全被废除了。圣公会的礼拜仪式——祈祷书在礼拜仪式中是主角——几乎和以往一样频繁地进行，很少受到当局的干涉。即使是那些没有签署订约书的人，也逐渐开始受法律程序保护。总体来看，许多流亡的保王党人返回英国，"很好地被容纳到社会中，并得到了善用"。

　　克伦威尔政府颁布了《保护和平法令》，这项法令根据保王党人的威胁将其分门别类。其中最不受关注的一类人是那些在内战期间曾经"违法"的人，换句话说，就是那些曾站在国王一边战斗的人，但战争结束后这些人已经归顺政府。最麻烦的一类人是那些冥顽不化的危险分子，他们人数虽然相对较少，但不遗余力地妄图颠覆克伦威尔政权，这些人将被监禁或驱逐。到了17世纪50年代中期，英国国内绝大多数保王

---

①　这种措辞援引克伦威尔1654年9月4日在议会演讲中说的话。

家族本着务实的精神与政府达成和解，即便这种和解有些勉为其难。

保王党中这一"被动的多数群体"在英国得以安顿下来，甘心和平地生活在一个没有国王的国度，尽管他们仍然怀念过去那种封侯加爵、充满秩序和神圣的舒适自在且没有被彻底击败的日子。伟大的政治哲学家托马斯·霍布斯曾是年轻的查理·斯图亚特亲王的数学老师，也是一位服从王权统治的倡导者，他现在已经接受了克伦威尔的政权，并当着护国公的面为自己的归顺做出了辩解：

人们认为，臣民长久地对国王负有义务，且这种义务的持续时间不会比王权持续的时间长，国王正是靠王权才能保护臣民。人们天生拥有保护自己的权利，当没有别人保护他们时……服从就是为了保护①。8

对冷静的霍布斯来说，君主的血统无关紧要。查理一世被打败并处死，他的王位继承人流亡海外，看不出有卷土重来的迹象，他的臣民终于可以自由宣誓效忠任何能够保护他们的权力。支持君主政体的缄默派拒绝流亡，同时也否定悲观主义者对未来所持的停滞不前、日渐萎缩的态度。1653 年，艾萨克·沃尔顿出版了《钓客清谈：做人与生活的境界》，这本书

---

① 霍布斯从内战中得到了一个重要的教训：政治中的决定性因素是对拥有统治权的国家的需要。

成为保王派退隐到农村的一种宣言①，书中创造出了一个虽低调但绝美的英国版阿卡迪亚②，这片只存在于散文中的土地静静地闪着光亮，宛若它在水面的倒影一般。作为一名传记作家，沃尔顿还为难以预料的后世记录了四位著名人物的生活，而这种生活正是他试图维持的传统。他笔下的这四位人物是：约翰·唐恩、理查德·胡克、亨利·沃顿和乔治·赫伯特。正如历史学家朱迪思·马尔比指出的，一些英国圣公会教徒深深地凝望着英格兰的过去，他们从克伦威尔的胜利中看到了《解散修道院法令》带来的神谴——"所有的惩罚都源自我们自己的罪恶。"

64

克拉伦登伯爵爱德华·海德在他的《英国叛乱史》（这本书在17世纪70年代早期进行了修订，最终于1702—1704年间出版）中描述了一些失望的保王党人是如何慰藉自己的：

对那些因忠诚而让自己或朋友一蹶不振的可怜人来说，能相聚在一起，哀叹他们的不幸，真是莫大的安慰，而这引起了对克伦威尔一干人等的谩骂。他们以酒买醉，他们笔耕不辍，乐于注意到全国人民对他的普遍仇恨，幻想着消灭他该有多么容易。

---

① 《钓客清谈：做人与生活的境界》是重印次数排名第二的最受欢迎的英文书籍之一。
② 阿卡迪亚是存在于公元前6世纪的希腊大区，被誉为"伯罗奔尼撒的粮仓"，拥有半岛上最广袤的农田。西方国家广泛将这个名称用作地名，引申为"世外桃源"。

在威尼斯大使乔凡尼·萨格里多的笔下，海德和他的保王党同僚爱德华·尼古拉斯显得更清醒：

他们肩上的担子极为沉重，运气也背到了极点，如果没有资金、领袖或支援，他们与其为自己辩护，不如发发牢骚。[9]

历史学家大卫·昂德当说得更直截了当，尽管和实际分毫不差：大多数保王党人的才能"更适合在酒馆里发挥，而不是在战场上"[10]。

*

由于外国干涉的可能性很小，那些积极寻求支持这个一没钱二没权的国王事业的人，往往都是些持不同政见者：一帮"上校、少校和上尉"军官以及中等和低等贵族。要知道，一个人财富越少、社会地位越低，可失去的东西也就越少。这些人往往通过一个松散的关系网联系在一起，这个关系网中的成员都是一些无所顾忌的勇夫，但无不充满着浪漫情怀。总之，他们就是所谓的"骑士党"。保王党在作为其事业大本营之一的英国西南部各郡成立了"西部联盟"。1649年10月，未来的查理二世在泽西岛短暂停留，这给了西部联盟动力，他们策划了一些阴谋，但没产生什么效果。博尚勋爵亨利·西摩①是西部联盟中最有头脸的人物，他和联盟的其他成员都是赛马会的常客——借着赛马会聚到一起策划阴谋是骑士党的典型伎俩，

① 第二世萨默塞特公爵的第三子。

当局注意到他现身 1650 年 4 月在索尔兹伯里举行的一场赛马会。西部联盟虽频频活动，却收效甚微，慢慢地也就悄无声息地沉寂下去了，而国王则在卢浮宫保王党集团的坚持下，卑躬屈膝地谋求与苏格兰长老会结成注定没什么好结果的联盟。

克伦威尔的情报部门察觉到了都有哪些反对派存在，而且有时还故意对这种情况进行夸大。但是，反对派的发展也越来越小心谨慎，隐蔽得很好。1655 年 2 月 15 日，就在保王党准备起义推翻克伦威尔统治的前夕，这位护国公在一次演讲中警告说，那些致力于保王党事业的分子适应能力强，足智多谋，"他们一刻不停地在策划着阴谋"。爱尔兰人丹尼尔·欧尼尔就是这些图谋不轨之人中的一员，海德后来给他起了个外号叫"绝对的老狐狸"，还有就是保王党的间谍头子尼古拉斯·阿莫勒。

欧尼尔时年四十岁——他和蒂龙伯爵沾亲带故，而蒂龙伯爵这个头衔绝对是在反对派中脱颖而出的"响当当的名号"。[11]欧尼尔的父亲兢兢业业地管理着这个家族在爱尔兰的地产，而他则在英格兰成长为一名新教徒，就在这里，欧尼尔成了王权复辟事业不折不扣的阴谋家。劳德大主教支持这位年轻人，希望"能把不是因为这位绅士自己的过错而失去的东西还给他"。查理一世的爱尔兰总督斯特拉福德伯爵则不这么认为，他觉得欧尼尔就是个"叛徒，就像他们说的那样，这个人数典忘祖"。

但是，他的所作所为似乎并不是这样；尽管他在寻求推进复辟王权的事业时会面临一系列困难、绝望和消沉，可他对斯图亚特是全心全意的。欧尼尔曾牵扯到"第二次军队密谋"

中，这次密谋行动使国王躲过了议会激进分子的攻击，他事后遭到逮捕。1642年，他滑稽可笑地从伦敦塔逃了出来。逃跑那天，他身着女装，把床单绑在一起，然后从牢房窗口爬了下去。欧尼尔机智聪慧，招人喜欢，用海德的话说就是，他"处理任何事都非常机敏而理智，在敏锐性和理解力上远远优于任何一个爱尔兰人"。欧尼尔在海牙的流亡宫廷之所以能平步青云，自是少不了大献殷勤。海德注意到，欧尼尔"对奥蒙德侯爵和我本人表现得都非常诚实而善良"。欧尼尔一眼就发现，海德和奥蒙德侯爵这两位保王党老将才是国王最能干、最坚定的支持者；不仅如此，欧尼尔还有一位能力不俗的同谋。

尼古拉斯·阿莫勒"长着一副饱满的圆脸盘，面色略显红润……披着一头深棕色的头发"，他在国王的间谍特工机构中排名第一，负责探察仅靠英国保王党人推翻克伦威尔政权是否具备可行性。[12] 作为诺森伯兰郡一位贵族的小儿子，他曾在1641年镇压爱尔兰叛乱中为国家效力，因表现突出而深受奥蒙德侯爵的赏识。阿莫勒曾在第一次内战中为国王而战，他在查理一世被处决后流亡荷兰，并于1653年9月"因一些个人特殊情况"返回英国。在落款日期为11月24日的一封信中，阿莫勒给流亡国王的国务大臣爱德华·尼古拉斯写信，希望能批准他培养一批坚定的保王党成员，这批保王党成员将负责"处理"国王的事务，这样一来，在那些斯图亚特支持者中间"可能就不会发生冲突"。1653年11月至1654年2月，六名誓死拥护国王的贵族集合在一起，成立了所谓的"封印结"组织，到了春天，他们的暴动计划已经成形，暴动将主要集中在

英国北部和西部的保王党核心势力地区。1654 年 8 月，当阿莫
勒回到已迁往莱茵兰的四处流亡的宫廷时，他绕过爱德华·尼
古拉斯（这让尼古拉斯非常懊恼），单独向海德和奥蒙德汇报。
尼古拉斯确信，不管有没有说服力，阿莫勒避开他只不过是奉
国王之命行事罢了。

*

在今天，"封印结"指的是一群对社会无害的痴迷者组成
的协会，协会的成员致力于重现当年英国内战的历史场景。这
些人让游客兴奋不已。由于他们非常注意那个时代的服装、装
备和武器的各种细节，因此，他们组织的活动对研究早期现代
战争的历史学家来说有时也是一种重要的参考。历史上的"封
印结"是护国公时期出现的最重要保王党组织。海德当时与身
在巴黎流亡宫廷的国王在一起，通过一份报告，他被正式告知
了这个新成立的保王党组织的名号，这份报告的落款日期为
1654 年 2 月 2 日。提交报告的是"封印结"的一位领导人爱
德华·维利尔斯，他在报告中写道："'封印结'仍处在集合状
态，意图有所动作。"早在 1653 年 11 月，查理就和"封印结"
组织至少三位未来的领导人有过接触。他在一封用商业语言写
成的密信中，表达了他渴望"封印结"组织"在贸易上再做一
次冒险"的愿望。

"封印结"是由"更年轻的孩子组成的谋反组织"，其所有
领导人都是所在家庭中的次子或更小的孩子，他们几乎没有任
何土地，但有着大把的时间可挥霍。他们都是一些年纪轻轻的
冒险分子，不把危险当回事，虽然在内战中颇有建树，但在思

想上和智力上往往比较肤浅。除一个人以外，他们都来自清教徒的大本营英格兰东部地区，这在地理位置上就不平衡，以后这个问题会暴露出来，因为他们的组织缺少来自英国西南部各郡保王派的代表。西部联盟的领袖博尚勋爵本可以扮演这个角色，可惜他后来于 1654 年就去世了。

　　沃拉比的贝拉西斯勋爵约翰是这六位领导人当中唯一的天主教徒（他的父亲娶一个反叛者家庭的女儿为妻并改宗）。他还是唯一的北方人，因此，他有望成为与英国北部地区组织严密的保王党家族取得联系的重要潜在纽带。贝拉西斯勋爵在 1643 年攻打布里斯托尔时头部中弹，身体恢复后又重组约克郡的国王军队，之后于 1644 年 4 月在塞尔比被他的堂兄、议会军队总司令托马斯·费尔法克斯勋爵果断击败。为了表彰他为国王事业做出的贡献，他被擢升为贵族。

　　贝拉西斯勋爵在很多方面都非常典型地体现出了国家的四分五裂。他是极端保王党人第一世福肯贝格男爵托马斯·贝拉西斯的次子，而福肯贝格男爵的侄子也名托马斯，其在 1653 年继承福肯贝格爵位，后来在 1657 年迎娶护国公的小女儿玛丽·克伦威尔。此外，他还和费尔法克斯及约翰·兰伯特有亲戚关系。这就是当时英国社会复杂的纽带关系和互相矛盾的忠诚，在这样一个支离破碎的国家里，每个家庭都陷入了窘境，很难选择该站在哪一边或到底该抓住什么样的机会。在被流放到欧洲大陆期间，贝拉西斯经历过许多冒险，包括有一次觐见教皇。1650 年，当他回到自己在约克郡的庄园时，他发现自己已成为国务会议的通缉犯。被监禁的日子也将给他带来一个

68

积极的方面：1651 年向南入侵英格兰时，贝拉西斯勋爵成为领导北方英军的查理·斯图亚特的第一人选，但不幸的是，他在战斗中被俘，这意味着他在那场灾难性的战役中没有发挥任何作用。

　　拉夫伯勒勋爵亨利·黑斯廷斯则稍微显赫一些。他是第五世亨廷顿伯爵之子，出身莱斯特郡一个强大的家族，而且还是"封印结"组织领导层中除贝拉西斯勋爵约翰以外唯一的贵族。和贝拉西斯一样，他也是参加过两次内战的老兵，特别值得称赞的是，他在 1644 年解除议会军对纽瓦克的围困中战功卓著，包括他坚决保卫父亲在阿什比德拉祖什的宅邸，这处地方成为插在议会军在东米德兰的一颗钉子，直到 1646 年 2 月才被攻陷。就在查理一世被处决的前夕，拉夫伯勒勋爵从温莎逃了出来，最终在鹿特丹安定下来。1652 年的年底，他回到了英国。

　　威廉·康普顿是第二世北安普敦伯爵的儿子，他的军事才能很早就显露出来。康普顿家族是忠实的保王党，在沃里克郡和北安普敦郡的南米德兰地区拥有广阔的土地，没有受到内战分裂带来的任何影响，这一点很不一般。1643 年 3 月，年仅十八岁的他陪父亲一起参战，亲眼看到父亲被杀。到第二次内战时，他已成为一名少将。据说，康普顿很有魅力，才华横溢，甚至引起了克伦威尔的注意，克伦威尔称他为"虔诚的骑士党"。

　　与康普顿不同，约翰·拉塞尔是第四世贝德福德伯爵的第三个儿子，他的家族在德文郡拥有土地，受内战的影响，这个家族分裂严重。他的父亲在 1641 年去世之前一直坚定地站在议会一方，反对查理一世。然而，拉塞尔站在保王党一边，曾指挥鲁珀特亲王的步兵团，并在 1645 年的内兹比战役中负伤。拉塞尔与这场斗争的双方都保持密切关系，这就为他逐渐接受"中立"意见提供了一定的空间。

爱德华·维利尔斯是海德在"封印结"保王党组织中的主要联系人，他是白金汉公爵同父异母兄弟的第四个儿子，也是查理一世命运多舛的宠臣。维利尔斯与势力强大的霍华德家族（即萨福克伯爵）有亲戚关系，他娶萨福克伯爵的第二个妹妹弗朗西斯为妻。1643 年，维利尔斯在纽伯里遭遇战中受伤，1649 年逃到欧洲大陆，三年后返回英国。1645 年至 1646 年，他还曾在理查德·威利斯爵士的带领下参与纽瓦克围困战，是"封印结"保王党组织的最后一位成员，他对斯图亚特事业的忠诚最后遭到了怀疑。

威利斯约在 1614 年出生于赫特福德郡，是"封印结"六 ⁷⁰ 名领导人中唯一的平民，他为了成为一名军人而放弃了法律职业。威利斯曾于 1637 年在布雷达与荷兰人作战，参加过主教战争（这场战争是第一次内战的导火线），也是查理一世私人卫队的卫兵。1642 年，他在什鲁斯伯里战役中再次立下战功，这次是在鲁珀特亲王的骑兵团服役。1645 年，威利斯被俘虏，作为战俘被交换回来后成为纽瓦克的总督，就是在这里，他开始与贝拉西斯勋爵结仇，并成为"封印结"组织的成员。当威利斯欢迎鲁珀特亲王来纽瓦克时，这似乎违背了查理一世的命令，因为当时国王对鲁珀特亲王已经没有好感。威利斯正是因为此举而被免除总督职位，取而代之的是贝拉西斯，于是他向贝拉西斯提出决斗。国王最终原谅了威利斯，并在1646年册封他为准男爵，但他并没有在此久留，而是前往意大利过着悠闲的流亡生活。

不论他们彼此之间关系如何，这六位领导成员都被认为是"合适而忠诚的人"，有着良好的教养，出身名门望族，"在战争中肩负最重要的职责"。因为是军人出身，所以他们对不计后果的鲁莽计划心存疑虑。"除了奥蒙德侯爵和财政大臣海德之外谁也不知道"，他们公开表示的意图是等"第一次合理的机会"来到时，再向克伦威尔的政权发动进攻。海德试图保持对英国国内保王党的直接控制，并使他们的计划切实可行。他和"封印结"保王党组织的六名成员决心"阻止任何荒谬或铤而走险的企图"。他们会耐心地等待发动全国大起义的合适时机。国王找不到其他可行办法，"同意了他们的所有提议"。

虽然老谋深算且难以捉摸的阿莫勒最初引起了财政部长海德的疑心，但两人之间的关系有希望带来好的结果。他们是一对头脑清醒的搭档，不像1654年夏天那些鲁莽轻率的保王党阴谋家那样，就是"一群极端分子"聚在一起闹事，那些人把喝得酩酊大醉的骑士党冒险碰运气的原型演绎得淋漓尽致。这一切从两桩没有任何联系的阴谋策划中就可以看出，策划这两桩阴谋的骑士党把计划搞得既不严密，还弄得流言四起。在那些骑士党当中，主要代表人物就是"剑客"罗杰·惠特利，他是一位参加过伍斯特战役的精力充沛的退伍老兵，也是一位很了不起的日记作者，他搞阴谋的瘾头很大，在越来越不靠谱的鲁珀特亲王及愤愤不平且被边缘化的马默杜克·朗格代尔爵士的驱使下，屡屡做出危险举动。惠特利一伙谋事者不在"封印结"保王党组织的控制范围内，他们从1653年初开始就在老贝利街附近的"船家酒馆"和遍布伦敦大街小巷的其他酒馆会面。他们希望煽动伦敦城的年轻学徒工暴动。他们的"大议会"包括许多重要的骑士党人物，比如"封印结"保王党组织的朗伯勒勋爵很可能也在内，尽管他后来被证明并没有参与其中。当局的特工掌握了这伙人的计划。克伦威尔的国务大臣约翰·瑟洛——当时他刚刚接手负责间谍工作——故意让他们煽风点火，最后悄悄地一网打尽。

*

克伦威尔实施"恐吓统治"的特征就是利用盘根错节的家族关系。在护国公制统治的五年左右的时间里，克伦威尔国务会议的成员只有二十人，其中十三人自始至终都没有离开。其中就包括约翰·德斯伯勒，他是内战中著名的骑兵指挥官，议会舰队的前海军上将（尽管他从来没有登船指挥过），这可能就是他对"西征计划"的后勤补给缺乏足够监督的背后原因。正如我们所见，德斯伯勒娶护国公的妹妹简为妻。查尔斯·弗利特伍德是参加过内兹比战役的退役军官，熟悉军事指挥，他是护国公的女儿布里奇特的丈夫，他们在1652年结婚（他们的儿子在受洗时取名为"克伦威尔"）。布里奇特是亨利·艾尔顿的遗孀，艾尔顿在1647年"普特尼辩论"中以雄辩的口才坚决支持维持现状，他也是残酷的爱尔兰远征中克伦威尔的副指挥官。至于国务会议主席亨利·劳伦斯，他和克伦威尔的关系可追溯到克伦威尔最初在英格兰东部的时候，那时劳伦斯是未来护国公的房东。菲利普·琼斯曾是克伦威尔在南威尔士土地的一名佃户，后来成了护国公政府的审计长。

　　克伦威尔的间谍头子约翰·瑟洛也同样如此。瑟洛是埃塞克斯教区长的儿子，而且还是克伦威尔的表亲奥利弗·圣约翰"一手带大的"，把他培养成了一名律师。瑟洛最开始接触到克伦威尔可能是在他作为克伦威尔的姑姑琼·巴林顿夫人的财产受托人期间，以及通过为圣约翰工作（圣约翰与克伦威尔的一个表妹结婚）。瑟洛第一次为国家服务是担任议会特派员的秘书，1644 年，这位议会的特派员与查理一世在阿克斯布里奇谈判，双方最后陷入了绝望的地步。1650 年，瑟洛被任命为"探险者公司"的财务主管（克伦威尔也是这家公司的股东），负责排干伊利小镇周围的沼泽地（此举令许多当地人感到愤怒，而未来的护国公也卷入这场纷争中）。1651 年，瑟洛率领外交使团前往尼德兰联省荷兰共和国，提议两国缔结联盟。1652 年，瑟洛被任命为国务大臣，年俸六百英镑。瑟洛住在靠近政府中心的白厅，先后成为代表伊利镇和剑桥大学的议员。

　　瑟洛虽然负责国内外情报的收集和处理，但他从来没有被正式分配过这样的工作。这种点头眨眼式的任命是克伦威尔政权的典型特征，这个政权行事之所以神神秘秘、躲躲闪闪，就是因为它既不安全又不牢靠。护国公制下的英国很少向对其意识形态漠不关心的公众透露什么信息。威尼斯大使在 1654 年指出："这世上没有哪个政府比英国政府披露的信息更少了。"

　　他们都是在内部彼此相通的房间中碰面，房间没有门牌　73

号，所有的门都紧闭。议事是按照最有利于他们利益的形式操作，也就是很少的几个人（最多十六人）聚在一起开会，研究重大事件，并做出最重要的决定。[13]

　　然而，事情很快就会变得非常明显，用历史学家大卫·昂德当的话说就是，一位"天才"已经取代了瑟洛的前任乔治·毕晓普的"能力"。不论国内还是国外，人们都认清了瑟洛和克伦威尔的这种亲密关系。正是通过瑟洛，护国公的所有决策畅通无阻；也正是因为瑟洛，克伦威尔听不到任何反对的声音。[14]如果有人想领会克伦威尔的意图，那他就必须俯身倾听瑟洛说了什么，而瑟洛则与克伦威尔联手让国务会议措手不及。历史学家 H. N. 布雷斯福德曾写道，瑟洛建立的"高效的警察国家"像"我们20世纪任何极权国家一样高度中央集权"。[15]当然，他这么说是有些肆意夸大事实的味道。即使瑟洛有这样的野心和天分，当时也没有方法实现他的设想，因为通信技术远没有发展到这个程度，或者说根本就缺乏这样的技术。尽管如此，瑟洛还是发展出了当时高度发达的国家控制体系，与他的伊丽莎白时代的前辈弗朗西斯·沃尔辛厄姆不相上下。19世纪的托马斯·卡莱尔在一篇文章中认为，瑟洛是"任何一个国家或国王能拥有的最内行的大臣之一"。很少有人会否认他的判断力，当然，那些密谋参与保王党"杰拉德阴谋"的人也是如此，这个阴谋在1654年夏天浮出水面。

　　"杰拉德阴谋"是由一伙更广泛的持不同政见的保王党分子策划的，其性质非常严重。鲁珀特亲王身边的一个小集团在巴黎与三个流氓人物进行了接触，这三个人分别是：托马斯·亨肖，派到荷兰的前议会间谍，他放弃了在法国大孔代亲王军队中的雇佣兵职位（大孔代亲王是"投石党运动"期间反对马扎然的贵族领袖，"投石党运动"是法国反对专制王权一系列内战中的一场政治运动，发生在17世纪40年代和50年代的西法战争期间）；约翰·维斯马斯，托马斯·亨肖同父异母的兄弟，他也是一个逃兵；约翰·菲茨詹姆斯上校，另外一个议会变节者。这帮人的野心很简单：不择手段杀死克伦威尔。在保王党阴谋家采用的所有策略中，这是最容易实施的策略，而且如果能得手的话，也是对现政权造成最大损害的策略。至于这样做会产生什么影响，密谋者则根本不关心。事实上，结果将证明这会给国家造成致命伤害。他们这么做的信条就是把纸牌抛到空中，然后看花落谁家。毕竟，护国公是17世纪50年代英国动荡世界中的一个支点；把他除掉，所有的赌注也就烟消云散了。单单杀死一个人，尽管可以保护很多人，但这不仅会给那些头脑发热的阴谋家带来大肆宣传政变的口实，而且与协调全国进行成功起义相比，实现起来要简单得多①。

　　1654年2月，当瑟洛审问一个名叫罗杰·科茨的人时，"杰拉德阴谋"引起了当局的注意。科茨指认了许多意图谋害

①　1984年10月，布莱顿大饭店发生爆炸案，克伦威尔式的人物玛格丽特·撒切尔和她的内阁成员差点在爆炸中丧生。几个小时后，爱尔兰共和军宣布："今天，我们运气不好，但请记住，我们只需要走运一次就行，但你们就必须永远幸运才行。"17世纪中叶的恐怖分子应该也是这么想的。

护国公的阴谋者，其中包括约翰·杰拉德，布兰顿第一世杰拉德男爵查尔斯·杰拉德的堂兄，后者也同样受到了威胁。据科茨交代，这起阴谋涉及多达八百人，暗杀对象除护国公外，还有约翰·兰伯特和瑟洛，出于个人安全的考虑，瑟洛搜寻阴谋者也就更为卖力。

亨肖和杰拉德从巴黎悄悄潜入伦敦，悲惨的菲茨詹姆斯在路上淹死了。他们在首都散发了一份公告，称愿为暗杀"某位铁腕式人物"（克伦威尔）出资五百英镑。有一个人比较聪明，是有潜力成为杀手的人选，但他却警告他们"不要插手国家事务"，于是亨肖和杰拉德就把他忽略掉了。5月13日星期六，这些秘密策划者聚集在一起。亨肖将负责率领一支七百人组成的强大队伍（听起来不太可能）阻击克伦威尔的骑兵卫队。杰拉德将按计划赶到白厅这个此次行动的中心，在那里，护国公每周都会按既定的路线回到他在伦敦西部汉普顿宫苑的住所度周末。这时，他们会在伦敦市政厅所在地南华克区虚晃一枪，转移对方注意力，而杰拉德的亲戚弗朗西斯和萨默塞特·福克斯也同时会实施煽动城市学徒工暴动的计划（这个计划是他们在老贝利附近的"船家酒馆"策划出来的）。遗憾的是，克伦威尔在当天晚些时候决定经由泰晤士河向西改道。沮丧的刺客因而临时拼凑了一个计划，决定在马上到来的星期日发动暗杀，当克伦威尔去白厅的小教堂时刺死他，但他们最后还是被及时挫败，杰拉德和其他五人被捕。其余的同谋者在几天内相继被逮捕。"封印结"保王党组织的重要人物威利斯也在其中，他被关押在伦敦塔。意料之中的是，威利斯坚信自己被他的老对手贝拉西斯给出卖了，并请求护国公饶他一命，他公开声明："我将用归顺政府表达我的感激之情。"他甚至还向克伦威尔主动提出，只要将他释放，就会交代保王党策划的另一个疯狂计划：领导一支在威尼斯军中服役的爱尔兰军队对抗土耳其人。

　　6 月 5 日，杰拉德由瑟洛亲自提审。第二天，瑟洛审问了来自伊斯灵顿区的教师彼得·沃威尔，他被煽动军队暴动的约翰·怀尔德曼指认为同谋，而怀尔德曼则是在伦敦塔最高长官约翰·巴克斯特德的审讯下交代这些的，后者是位狂热的弑君者和克伦威尔的崇拜者。怀尔德曼长期以来一直是反对护国公制的平等派分子，他参与暗杀表明，保王党和平等派正在形成一个新的联盟。瑟洛发现自己和兰伯特也是暗杀目标后感到异常愤怒，他把那些密谋造反者称为"渣滓和粪便"[16]。相反，政府的反应却相对温和：杰拉德和倒了大霉的沃威尔于 7 月 10 日被处决，另外三名策划者作为契约劳工被发配到巴巴多斯岛。亨肖想办法回到了欧洲大陆，只要谁想听，他都会这么说：那个暗杀计划从头到尾就是克伦威尔派设下的陷阱。

　　或许只有清除这些莽撞急躁的人，保王党的事业才有可能成功。可问题在于，除了威利斯，维利尔斯和博尚勋爵等众多更清醒的保王党人也在随后的行动中被逮捕。这主要归咎于心怀不满的保王党人约瑟夫·班普菲尔德，他已成为克伦威尔安插在流亡宫廷里的间谍。班普菲尔德向瑟洛提交了一份秘密报告，其中披露了查理·斯图亚特完全掌握"杰拉德阴谋"的来龙去脉，指认了英国国内活跃的保王党支持者，并透露了"封印结"保王党组织的成员名单。鉴于夏季的密谋失败,这个保王党组织的行动变得更为审慎。

班普菲尔德是间谍的事让人几乎难以置信,这说明了流亡宫廷内部存在巨大分歧。[17]班普菲尔德谎骗他人的行径可追溯到 1644 年,当时查理一世要求他"刺探议会内部两个派别的计划"。保王党的事业被挫败时,他帮助组织国王的第二个儿子约克公爵詹姆斯逃往欧洲大陆。查理一世被处决后,班普菲尔德遭到逮捕,但他从威斯敏斯特的盖特豪斯监狱逃到了低地国家。1652 年,他回到英国,先是被逮捕,然后被"驱逐出境"——一旦瑟洛把嫌疑犯成功"转化",接下来就是这个套路,瑟洛对此乐此不疲。悄无声息地站在护国公一边后,班普菲尔德开始在苏格兰假装为国王服务。但是,他返回巴黎流亡宫廷的行程足足耽搁了大约五个月,这引起了宫廷的怀疑。直到 1652 年 12 月,他都被一些以前的同僚视为"无赖"。但到了 1654 年,不知出于什么原因,他又现身流亡宫廷,所有对他的怀疑都被一笔勾销了,这回倒好,他可以堂而皇之地给瑟洛提供情报,一封封蘸着柠檬汁写的隐形快信源源不断地汇总到瑟洛那里。此外,他还策反了国王的另一位大臣约翰·亨德森爵士,亨德森爵士曾经是纽瓦克的保王党总督。这两个人都不受查理和海德待见,他们警告宫廷的大臣说,班普菲尔德"对伦敦那边的宣传让我们有理由怀疑,他不可能和那边最有权势的人没有书信往来。"[18]然而,流亡宫廷内部的敌意反而帮了班普菲尔德的忙。财政大臣海德对他起了疑心,这一事实足以让海德的老对头——杰明勋爵和巴尔卡雷斯勋爵——对隐藏在眼皮底下的间谍采取更纵容的态度。

*

1654 年 7 月 6 日，查理给维利尔斯写了封信，用的还是商业行话拼凑在一起的暗语。信中写道："韦斯特伯里先生（维利尔斯的代号），我发现一个问题，最近我们的商品提价了，可我根本就没让你们这样做，这已经严重扰乱了市场，我们的货可能很长时间都无法出手。"这封信由约翰·史蒂芬斯送出，他是爱尔兰一名海关收税员的新教徒儿子，也曾在爱尔兰与奥蒙德并肩作战，然后跟他一起流亡海外。由于未能在法国军队谋得一官半职，史蒂芬斯决定与把自己的命运和英国保王党的地下组织拴在一起。

史蒂芬斯捎回来话说，由于最近发生的事件，"封印结"组织的领导层变得"如惊弓之鸟般小心翼翼"，而且根据他的判断，他们"决定不再进一步推动你（国王）的事业"。随着"封印结"组织打退堂鼓，国王的复辟大业开始出现真空，就在这时，一批新的保王党活跃分子冒了出来。如果说"封印结"组织是由阿莫勒一手促成的，那么这个"新顾问班子"的老底则可以归功于史蒂芬斯。1654 年夏天，史蒂芬斯开始负责向"封印结"保王党组织传达国王的指示和建议，当回到宫廷时，他带回来一个来自完全不同渠道的新计划。[19]

史蒂芬斯的"特别考虑"是试图在英国国内团结一个范围更广、人员更多的反对克伦威尔政权的圈子。它的目标不仅是吸引以前那些不太正派的骑士党，而且还包括长老会成员，甚至包括那些对背叛"古老而美好事业"心怀不满的激进军人。

这就是后来这类事的发端。这个团体的核心由"封印结"组织中更好战的成员（拉夫伯勒和维利尔斯）及威洛比勋爵组成。威洛比勋爵是一位非常有影响力的长老派成员及巴巴多斯岛的前总督，在17世纪50年代早期发生的加勒比海地区岛屿纷争中发挥了关键作用，他是阿莫勒在英格兰与威尔士交界的"边界地区"的联系人。这个团体的成立在某种程度上也要归功于查尔斯·戴维森造访国王在巴黎的流亡宫廷，戴维森是北方保王党的代表人物，他对海德和奥蒙德奉行的隐忍的实用主义方针持批判态度。1654年7月，史蒂芬斯向国王提出了一系列建议。

接下来的第二个月，阿莫勒又给查理写了封短笺，当时查理被逐出巴黎，暂住在德国亚琛。这封信给国王带来了一个振奋人心的好消息，"叛党的国务会议在继承人问题上产生分歧"。保王党终于找到了克伦威尔政权的软肋（这个政权从建立之初就根基不深）。作为回应，国王建议对那些与克伦威尔政府闹翻的前议会支持者予以大赦。需要特别争取的对象就是那些长老派成员，比如柴郡的显要人物乔治·布兹，以及身在首都的理查德·布朗少将，对他们来说，"普莱德清洗"和处决国王的痛苦一直萦绕心间。

克伦威尔以高压手段无视议会的存在，这就为保王党和有限君主制支持者结盟打开了大门，这种可能性非常大，因为他们都反对革命政治。双方都开始动作。威洛比在1653年年底就已经与流亡宫廷取得联系，随着史蒂芬斯集团的阴谋向前推进，1654年9月，威洛比再次主动联系国王一方。他在给国王的一封信中甚至声称，可以说服托马斯·费尔法克斯这位举足轻重的人物归顺。议会军队总司令费尔法克斯曾强烈反对审判并处死查理一世，后来他于 1650 年辞职，不愿领导议会对苏格兰的远征作战。有传闻说，他将支持英国北方地区（那里是他的老家）的起义，而其他人则担心费尔法克斯继续效忠护国公，尽管可能是迫于无奈。虽然费尔法克斯被大众认为是一个"值得钦佩的人"，不会背信弃义，但一些更狂热的保王党人置事实于不顾，强烈反对拉拢费尔法克斯。[20]

　　这位流亡在外的国王对费尔法克斯支持他复辟帝制的可能性抱以极大的热情。1654 年 7 月 6 日，他给费尔法克斯的妹夫亨利·阿灵顿写了一封信，信中承诺国王已经"忘记了他做过的所有错事"。尽管国王向他抛出了橄榄枝，但费尔法克斯的态度仍然让人难以捉摸，因此，查理在 9 月 26 日改变了策略，他致信约克郡的保王党人菲利普·蒙克顿，说也许可以通过罗切斯特伯爵与费尔法克斯接洽，因为罗切斯特伯爵一直想娶费尔法克斯将军的女儿威妮弗蕾德为妻。但这一切努力都变得有点让人失望。求贤若渴的查理降低了预期，坚持认为，"绝对有必要"派代理人与威洛比取得联系。然而，直到 1654 年 12 月 29 日，爱德华·格雷报告称，尽管他"预约了好几次"，但始终没见这位大人物现身，这让欧尼尔得出结论，他只不过是"不太愿意插手此事"罢了。精明老练的威洛比很可能认为，在目前这种形势下，这种计划成功的可能性不大。当然，也有可能是因为长老派的首脑们不太相信保王党许诺的赦免政策。海德在这种大背景下坚持他的原则，显得谨慎而务实。不可否认的是，也有一些长老派对这个阴谋很有信心，至少名义上是这样的；这些人当中就包括乔治·布兹，他的儿子约翰·布兹上校与罗切斯特和欧尼尔关系密切。

*

那么，克伦威尔政权更激进的反对者又怎么样呢？那些共和派与托马斯·斯科特和亚瑟·黑塞尔瑞格一样，对克伦威尔背叛"古老而美好的事业"怀恨在心。自从1653年4月克伦威尔驱散残缺议会后，这些"桀骜不驯的少数派"的代表人物就一直激烈地抨击现政权。尤其是理查德·奥弗顿，瑟洛对他越来越怀疑。奥弗顿1646年出版了《千万公民的抗议书》这本小册子，这被认定是平等派运动的创始宣言。奥弗顿在意识形态上拥护共和政体，对苏格兰的一切事物都怀有深深的仇恨，他对解散议会和处决国王都持批评态度。尤其是克伦威尔，让他感到特别愤怒，奥弗顿指责护国公是用一种"新君权"取代了旧君主制。在黑塞尔瑞格、布拉德肖和斯科特策划的新阴谋中，他们将首先控制住蒙克将军，把他指挥的这支驻扎在苏格兰的三千多人政府军交给奥弗顿，然后由奥弗顿率军南下，在多个地方与军队中较为激进的分子会合，会合地点中就包括备受崇敬的马斯顿荒原战役所在地。但这个计划最终没有成行。蒙克将军事先得知了这一阴谋，逮捕了奥弗顿，并把他押解到伦敦，由于伦敦的正当法律程序执行陷入停滞状态，他未经审判就直接被监禁四年。[21]

与此同时，奥弗顿的平等派同僚约翰·怀尔德曼（他是克伦威尔政府的眼中钉）写下了《军中几位上校的谦卑请愿书》，并四处散布，上面有约翰·奥基、托马斯·桑德斯和马修·阿留雷德的签名。这本小册子强烈批评克伦威尔绕过议会进行统治的决定，呼吁废除《政府约法》，实施 1648 年由激进的军官委员会起草的《人民公约》。1654 年 10 月，请愿书被截获，三名军官被捕。他们得到了宽大处理。奥基接受了军事法庭审判，被判无罪（支持者仅比反对者多出两票），他辞去了军中职务；桑德斯未经审判被释放；阿留雷德是唯一被投进大牢的人，这倒不是因为他在请愿书上签名，而是因为他煽动爱尔兰叛乱。

克伦威尔引用《圣经》中的句子这样形容那些秉承千禧年清教主义的第五王国派煽动动乱者，他们幻化出"所多玛的硫黄和无底坑冒出的烟"，对这个政权发动一系列暴力攻击。[22] 而且，收集的情报表明，保王党人组织的暴动迫在眉睫，在这个关头，克伦威尔召开两次特别会议，一次是把第五王国派的主要支持者召集在一起，包括哈里森、里奇、卡鲁、休·考特尼、亚瑟·斯奎布和亨利的弟弟克莱门特·艾尔顿，卡鲁在会上告诉克伦威尔说，当他解散贝尔朋议会的时候，他就"从耶稣基督的头上摘下冠冕，然后戴在了自己头上"。他们拒绝维持现在的和平状态，反对权力来自人民的议会，因为"所有权力属于基督"，克伦威尔肯定至少部分同情这种观点。这或许可以解释为什么克伦威尔后来的态度有所变化，即当他与国务会议商讨完此事后，克伦威尔提出，如果第五王国派悄悄告退回乡，就可以对他们免予起诉。不出所料，第五王国派拒绝了克伦威尔的慷慨提议。兰伯特的主要竞争对手哈里森少将则在斯塔福德郡被软禁，哈里森少将曾经与克伦威尔走得非常近，

一直都是反对派中引人注目且非常有号召力的焦点人物。哈里　82
森获释时，克伦威尔亲自警告他："不要对那些骗人的伎俩执
迷不悟，陷进去的结果就是自我毁灭。"但哈里森坚持这样做，
他于 1655 年 2 月 15 日再次被逮捕，并被送往卡里斯布鲁克城
堡囚禁，气数已尽的查理一世曾经就被关押在那里；在护国公
制存续的大部分时间里，哈里森一直身陷囹圄。[23]

　　仅仅十天之后，克伦威尔就接见了贵格会领袖乔治·福克
斯①。虽然福克斯从头到尾把克伦威尔呵斥了个遍，但克伦威尔
还是拉着福克斯的手说："下次来我家，如果我们能聊上一小
时，我们就能更加亲近了。"[24]鉴于人们对福克斯领导的宗教
运动普遍持怀疑和恐惧态度，这是一个非常不一般的表态。那
天晚上，在释放福克斯之前，克伦威尔甚至邀请福克斯在国宴
厅用餐（福克斯自然拒绝了），全然不顾弗朗西斯·哈克上校
等人的激烈反对，哈克上校曾监督国王的处决，现在负责福克
斯家乡莱斯特郡的安全工作。

　　克伦威尔希望能提醒公众，保王党和军队中的激进分子
（比如军中的平等派）之间可能结成联盟。对护国公和他的间
谍组织首脑来说，这并不完全是他们臆想出来的。苏塞克斯
郡的保王党人亨利·毕晓普上校是平等派怀尔德曼的朋友，他
声称自己已经被国王委以军职，"处理平等派相关事宜"。就连

---

① 贵格会创始人乔治·福克斯因信仰的神秘主义特色以及拒绝抵抗复辟王朝
　而遭到克伦威尔政府的屡次监禁和迫害，最后一次被捕是因为福克斯传
　教时经常吸引成千上万的人，当局害怕福克斯煽动如此之多的信众推翻
　政府，因此将他逮捕并带到伦敦与护国公会面。（译者注）

一向冷静持重的海德也认为，这支军队（保王派将其称为"阿切尔先生"①）可能会"为我们开创事业"。但是，除了激进的少数派的一厢情愿，国家的军队是不应该调转枪口的。瑟洛着眼的是更宏伟的图景，他高瞻远瞩地给出这样的判断："军队远没有落入这些人手中，这是毫无疑问的，但为了维持政府现在的稳定状态，他们将出生入死。"议会一直试图淡化《政府约法》，因为这部宪法与 1647 年军队的宣言——实际上就是1648 年军官委员会起草的《人民公约》——如出一辙。看到议会的议员不遗余力地想修改宪法，1654 年 11 月，陆军军官与克伦威尔会面，以捍卫《政府约法》。总体说来，政府的利益所系和军队是一致的。在此之前的 10 月份，克伦威尔用加薪这种最传统的方式解决了强大的海军冒出的不满情绪，此举也让海军忠于他的领导。这个政权几乎完全控制了这个国家，它的人民厌倦了战争，宁愿安定也不愿暴动。

---

① 英文原文写作"Mr. Archer"，在这里以"弓箭手"指代军队。（译者注）

第六章

惊天阴谋

我们期望陛下的那一派人马举事，但所见的却
是他们自取灭亡。

——"封印结"组织

1655 年年初，一场大规模的保王党暴动计划正式开始酝
酿，并由托马斯·罗斯通报给国王，罗斯是一部关于"布匿战
争"史诗般历史书籍的作者，也是查理·斯图亚特和威尔士情
妇露西·沃尔特的私生子蒙茅斯公爵的老师。这位流亡在外的
国王对听到的消息很是高兴。他们认为暴动的时机已经成熟，
为此还拟定了一份准备拿下的战略目标：北方地区的赫尔、纽
卡斯尔和卡莱尔；英格兰中部地区的什鲁斯伯里、拉德洛、沃
里克和诺丁汉；南部地区的肯特郡（这是夺取多佛港的关键），
以及英国西南部各郡的保王党要塞。没有任何记录表明这次暴
动成立了中央协调委员会，但在名义上任命了地区指挥官：卡
莱尔地区由菲利普·马斯格雷夫指挥；纽卡斯尔地区由爱德
华·格雷指挥；什鲁斯伯里地区由理查德·斯克里文指挥。罗

切斯特和欧尼尔将负责与其他重要人物进行联络，包括托马斯·佩顿、汉弗莱·贝内特、理查德·桑希尔、约翰·韦斯顿和托马斯·阿姆斯特朗。这些人大多是相对富足的乡绅，他们普遍缺乏大型战役的指挥经验，要说有什么区别的话，那就是他们在地方上可以独当一面，但无法胜任国家大任。而且，他们当中没有人和保王党最优秀的战略家海德或奥蒙德有什么密切的联系。他们每个人身上都有弱点，有些人的弱点比其他人更甚。佩顿的妹妹多萝西·奥斯本在写给威廉·坦普尔的信中用词很尖刻，但看问题也非常透彻，她在信中把桑希尔描述成"有史以来最凶残的人"，而韦斯顿的朋友阿姆斯特朗则是个雇佣兵，这个人历史不太清白，在经过神秘的马恩岛回到英格兰之前，他设法在爱尔兰佩尔地区攒下了大量土地。[1]

　　罗斯带着国王同意暴动计划的信刚离开，国王就收到了"封印结"组织的信，这封信是由保王党的信使詹姆斯·哈尔索尔带回来的，因为天气不好，他在送信的路上耽误了整整六天。信里的内容透露着不祥之兆："目前，克伦威尔政府内部的分歧得到了很大程度的缓和，看来指望不上政府的军队起义来配合我们了，而这又是我们全部希望的基础……我们期望陛下的那一派人马举事，但所见的却是他们自取灭亡。"这个忠告虽然不乐观，但不乏睿智，且马上就会变得显而易见。奥蒙德当时身在安特卫普，当两个信使罗斯和哈尔索尔在这里中转时，奥蒙德掌握了分裂成两派的保王党每一方的消息。他当即给查理写了一封加急信，大概列出了当前形势下的严酷选择：要么命令"封印结"组织全力支持行动计划，要么彻底放弃整

86

个方案。欧尼尔在暴动开始前把国王的最后一封信带到"封印结"保王党组织，信上写道："当他们（新成立的那派）开始暴动时，你们却按兵不动，那我就指望不上取得什么大捷了。"国王不愿意命令这个"封印结"组织采取"与你们的判断和意愿直接相左"的行动。人们已经感觉到，国王也知道这次的暴动计划只有一种结局。不论从哪方面来看，国王都是充满浪漫主义的骑士，但他大错特错。如果"封印结"组织不能全心全意投入到暴动计划中，国王是不会命令他们参与进来的。奥蒙德带着一丝绝望预言道："肯定要丢掉那些本应到手的胜利了"。[2]

*

3月初，瑟洛的一名特工写道，"有些惊天阴谋正在酝酿中"，瑟洛这个间谍组织首脑随即采取行动。[3] 海关官员收到入境管制命令，如果入境人员有可疑行为，不论是外国人还是本国人，可当即拘押。英国西南部各郡的保王党人遭到大规模清洗。由于苏格兰高地爆发冲突以及远征西印度群岛的需要，驻守英格兰的兵力前段时间有所下降，但现在重新开始增兵。1月15日，从爱尔兰调来的两千多名士兵已经在利物浦登陆。伦敦塔的守备部队兵力增加了三倍，达到一千两百人，伦敦城的民兵数量也增加了。私人住宅中的火枪和火药全部被收缴，马匹集中在白厅四周，火炮已经在这里就位。在乡下，与保王党集会密切相关的赛马被禁赛六个月。北威尔士的一个密谋计划被揪出来，登比城堡和博马里斯城堡是这个计划的袭击目标，约翰·史蒂芬斯为主谋，安格尔西岛的地主尼古拉斯·巴格纳尔提供协助。瑟洛还破获了一起盘根错节的军火走私案，主犯是弗吉尼亚州流亡少校亨利·诺伍德，他打着向巴巴多斯岛和弗吉尼亚出口武器的幌子，把武器卖给了保王党同谋。伍斯特郡郡长亨利·利特尔顿爵士和他的兄弟查尔斯及约翰·帕金顿爵士都参与其中。遭到逮捕的人多如牛毛。理查德·桑希尔是其中地位最高的人物；克伦威尔亲自审讯他，但什么也没问出来，不像两个来自北威尔士的保王党成员，他们奉命筹募骑兵团和步兵团，被抓后向护国公坦白了一切。这些叛乱分子和国内的保王党网络没有任何联系，但他们口风不严，加上爱尔兰军团的到来，使得威尔士和英格兰西北地区的任何暴动机会都化为泡影。

在 1655 年的整个前两个月，克伦威尔政府把抓捕的密谋 88 策划者名单刊登在政府的喉舌《政治快报》上，并定期进行更新，这份报纸的主编是政治立场忽左忽右的两面派马沙蒙特·尼达姆。需要报道的内容实在太多了。2 月 6 日，汉弗莱·贝内特因被指控对朴次茅斯袭击案负责而被捕，一起被抓的还有格雷、韦斯顿、特工詹姆斯·里德中尉以及陆军联络官克里斯托弗·伽德纳。里德被捕时，还从他那里起获了去年 7 月份收到的国王的信件，上面列着所有罪状。德文郡贵族领袖约翰·格伦维尔也被围捕。2 月 10 日，约翰·怀尔德曼在马尔伯勒附近的伊斯顿落网，被抓时，从他身上搜出了一份写着"反对暴君奥利弗·克伦威尔"的亲笔声明。至此，平等派和其他军队激进分子妄图制造更大破坏的所有苗头都被掐灭了。

2 月 13 日，也就是计划实施暴动的那一天，克伦威尔把伦敦市长和他的"伦敦议事会"召集到白厅，向他们通报保王党威胁伦敦的最新情况。护国公当面给他们宣读了从里德那里起获的查理的信件，以及怀尔德曼的造反声明。这样的证据太有说服力了，自然也让他们惊慌失措，这些伦敦城的头头脑脑们点头同意成立一支民兵队伍，任命斯基庞少将为民兵司令，嗜血狂热的巴克斯特德为他的副官。城里的马匹被征缴，骑兵在城中及其后方地区四处游荡巡逻。首都的安全得到了保证。

由于克伦威尔巩固了伦敦的防卫，保王党的暴动计划再次被推迟。虽然原定于 2 月 13 日举行的全国性集会已被取消，但并非所有参与者都知道这一点。沃尔特·斯林斯比已经带领一群人赶到索尔兹伯里，他们在那里被逮捕。一名在押囚犯约翰·斯特拉德林向当局告密，指认了负责萨默塞特郡暴动的领导人：特伦特的弗朗西斯上校，他是伍斯特战役后策划查理逃出重围的英勇人物之一；还有他的叔叔皮尔斯顿的休爵士。然而，令人惊讶的是，有些平等派人物也在 2 月 13 日夜间被逮捕，而且被捕地点也是他们早就选好的集会地点（马斯顿荒原和索尔兹伯里平原），这或许也能佐证军队的激进分子和保王党存在一定的相互勾结。他们可能对彼此的计划都了解一些，但还没有到完全互通有无的地步，因此让局面乱作一团，没有取得任何成效。

在奥蒙德和一名马夫的陪伴下，查理于 2 月 14 日秘密地离开科隆的莱茵兰城，尽管困难重重，仍满心憧憬着英国国内会有好消息传来。他们此行充满艰难：荷兰已经明确知会查理的妹妹——奥兰治家族威廉二世的王后玛丽公主，荷兰境内严禁查理通行。查理费尽周折最终到达位于斯海尔德河岸的米德尔堡，在一位英国妇人和她富有的丈夫的宅邸等待消息，这对夫妇和他的姑妈——波希米亚的悲惨"冬后"伊丽莎白有联系。海德当时在布雷达附近。国王满怀希望，敦促当时在法国军队服役的弟弟约克公爵詹姆斯做好战斗准备，时刻听从召唤，但这个召唤从未到来。凭借瑟洛的间谍网，克伦威尔对查理的行踪掌握得一清二楚。

丹尼尔·欧尼尔在国王启程赶往米德尔堡的同一天到达多佛。随后，欧尼尔在多佛城堡被拘禁了八天，然后在共同参与阴谋的海关官员罗伯特·戴的协助下逃往伦敦。具有讽刺意味的是，作为保王党"智囊人物"的欧尼尔从多佛当局手中逃脱，这让国王相信，这是暴动有望成功的"一个非常好的迹象"。同样，乔装成纽卡斯尔商人的阿莫勒也是先遭到拘禁，然后被多佛城堡的副总督威尔逊上尉释放，当然，威尔逊上尉也是在罗伯特·戴的默许下才这样做的。保王党的要人屡屡从英格兰的海岸线渗透入境，这证明暴动的阴谋即将达到高潮。 90
进入英国是一回事，但为斯图亚特索要英国就完全是另外一回事了。

欧尼尔开始明白（当然有点为时已晚），这个计划根本就没有希望成功，而集结完毕的暴动军队也是同样的命运。他之所以产生这样的念头，是因为阿莫勒的正确判断给他提供了依据。但是托马斯·阿姆斯特朗说服了他，不管有什么原因和证据，他认为，永远效忠斯图亚特的欧尼尔必须忠于国王赋予他的任务。"封印结"组织的康普顿向欧尼尔表明了自己的态度，即便他们怀疑暴动成功的可能性，也会倾其所有地支持他完成任务。而且，在这个节骨眼上，那个信口开河的浪荡才子兼讽刺诗人[①]的父亲罗切斯特已经到了；当他准备从佛兰德斯起航时——他获得国王授权，"帮助并指导"整个暴动行动——已经"把他的使命向身边的人宣扬了个遍，也就是那些他相信会陪他同行并患难与共的人"。其中一位愿意陪他的人便是约瑟夫·瓦格斯塔夫爵士，他以前是查理一世西线军队的少将指挥官，做事从不过脑子，被认为更适合"执行死刑而不是做国王的顾问"。罗切斯特与欧尼尔在伦敦见了一面，在这里秘密地待了五天，然后于 2 月 27 日前往约克郡。罗切斯特将负责控制英国北方地区的密谋行动。他始终相信，费尔法克斯也许会奇迹般地出现在这里，虽然这不过是他的幻想罢了，但这个幻想将一直萦绕在他脑海中。[4]

*

就在议会被解散六周后，克伦威尔曾向全国发出警告的保王党暴动突然爆发。一拖再拖的混乱过后——因为犯了"一些错误，而这些错误事先已经提醒过"——大幕在 3 月 8 日晚间开始揭开，而这一夜发生的事也正应了许多保王党人的警告。"封印结"组织依然隐藏在背后按兵不动。包括布朗、沃勒和威洛比在内的长老派没有现身。那些本应率队袭击南部港口的

---

① 罗切斯特伯爵的儿子约翰·威尔默特是英国宫廷诗人，查理二世的宠臣。他生性风流，成为浪荡子的代名词。在英国讽刺诗人中，他也是最有独创性和影响的诗人之一，奠定了英国讽刺诗的基础。1675 年因冒犯王室而被流放。1680 年因身患梅毒而英年早逝。（译者注）

人被拘捕了。从苏格兰南下的政府军队让赫尔固若金汤。而骑士党集结的地方与其说是炫耀武力，倒不如说是一场闹剧。满打满算就只有一百五十人（原来承诺的是一千五百人）响应罗切斯特的号召赶到马斯顿荒原集合，在那里准备发动对约克城的攻击。这些兆头对保王党来说绝对谈不上是好事，毕竟，那里是他们被迫放弃英格兰北部的地方。而且，此时的结果不见得和十一天前发生的事有什么不同。[5]

根据瑟洛的情报，阴谋叛乱者想"让约克城大吃一惊，为此，他们本来盘算着有四千人加入他们的队伍"。希望费尔法克斯率领一支部队加入他们这样的痴心妄想就证明了这一点。当暴动的队伍远远看到李尔本上校指挥的政府军队时，吓了一大跳，撇下四辆满载武器的马车就逃之夭夭了。李尔本抓获了一批保王党重要人物，其中包括一位弑君者的保王党儿子理查德·莫莱弗拉爵士（他后来从抓捕他的人那里逃脱了）、亨利·斯林斯比爵士和威廉·英格拉姆爵士，他们的住所是哈罗盖特附近的小卡特尔，这里是罗切斯特的约克郡指挥部。李尔本指挥官在这里没捞到什么好处，他"强征一些人入伍，还恐吓了一部分人"[6]。罗切斯特乔装打扮一番后与阿莫勒一起逃跑了。一个年轻的暴动者可能是患上了恐慌症（简单地说就是临阵怯懦），他在撤退时遇到了另一伙大概五十人左右的保王党军队正往前冲，那些人看到他这种状态，转身就跑了。一位当地的议会军官有些幸灾乐祸地看到，保王党人"被自己的影子吓坏了，真不可思议"。

切斯特长期以来一直都是保王党人聚集的大本营，发动袭击的暴动分子仅仅看到守卫城堡的哨兵就偃旗息鼓了，尽管他们比准备夺取赫尔城的部队的威胁性要大得多，后者其实根本就没有集结起来。什鲁斯伯里在地方长官麦克沃思上校率领的大约七十名士兵抵抗下仅进行了轻微的守城战；3月5日，克伦威尔曾有些夸张地警告他们说，保王党将"疾风暴雨般地执行一项非常邪恶的计划"。为此，威廉·克洛恩上校带领一个团奉命增援，以"保护正直的居民不受屠戮并确保什鲁斯伯里守军的安全"。在一次先发制人的攻击中，麦克沃思在距离小镇十八公里托马斯·哈里斯爵士的住处布雷顿将其抓获，在他的马厩里发现了二十匹备好鞍的马，谷仓里藏匿着火药。拉尔夫·基纳斯顿应该是哈里斯的同伙，他被抓后反咬哈里斯一口。[7] ⁹²

当晚在诺丁汉郡拉福德修道院集结的人算是最多的了，一共约有三百人，其中大部分是参加过内战的老兵。但他们名义上的指挥官拜伦勋爵和未来的哈利法克斯伯爵乔治·萨维尔，要么是不为所动，要么就是因为太害怕而不敢离开伦敦，萨维尔曾从伦敦为那些更想战斗的人调拨了三十六匹战马和一些枪支。集结地的暴动分子发现来的人远没有预想的多，指挥官也缺席，这让他们感到很困惑，加之约克城传来的震惊消息，这伙人干脆一哄而散，各自回家了。莫佩斯的情形也差不多，攻打纽卡斯尔及其泰恩茅斯港的部队只集结了不到八十人，他们在那里本来希望能有来自达谟郡和北约克郡的谋反者加入。大概熬到午夜时分，这里的暴动者也回家了。至此，暴动的重头戏就只能寄希望于英国西南部各郡了。

*

博尚勋爵去世后，西部联盟剩下的西摩家族成员基本上就没有了。温德姆一党和格雷维尔一党已经被逮捕，因此，萨默塞特郡、德文郡和康沃尔郡也就被排除在这场阴谋之外了。剩下的威尔特郡和多塞特郡深陷政府不断打击叛乱的泥淖，这也是预料之中的事。1654 年年底，布里斯托尔因狂热的贵格会传教和保王派起义的谣言四起而发生骚乱，这促使布里斯托尔驻军指挥官毕晓普上尉于 1655 年 2 月 14 日写信给瑟洛求助，他在信中说"敌人好像在策划什么阴谋，而且马上就要付诸实施……这里的乱党可能突然之间就形成让人无法接受的优势，甚至会起兵造反，他们既有武器又有弹药，人员和资金也不缺，还承诺提供战争抚恤金"。2 月 20 日，政府的两支骑兵部队进驻布里斯托尔，而在此之前一个星期，保王党人已经按约定的日子在索尔兹伯里平原和布里斯托尔附近集结，根本不知道国王已经推迟了行动。约翰·斯特拉德林是被俘虏的人之一，他把自己知道的一切和盘托出。暴动成功的可能性已经变得很小。虽然西南部各郡在悄无声息中度过了 3 月 8 日这一天，但在整个暴动期间，这里还是会听到零星的愤怒枪声。

*

走在西南部各郡暴动最前面的是约翰·彭拉多克，他是一位三十多岁的前保王党士兵，在内战中失去了在国王手下服役的弟弟亨利。他的家族于 16 世纪从坎布里亚迁到英国西南部，彭拉多克在 1648 年继承了面积不大的家族地产。他为了支持国王付出了巨大的代价：因为冒犯地方长官而被查封家产，又

"因为不缴纳税款而罪加一等"。1649年6月，他的财产被强占，同时被罚款一千英镑，这远远超出了一个经济并不宽裕的人的承受能力。

彭拉多克在表兄爱德华（曾被流放，现在返回了老家）和国王前外科医生理查德·派尔的鼓动下加入密谋暴乱的计划，派尔是查理在威尔特郡的重要特工人员。按照计划，英国北部和西部地区作为支持保王党的传统大本营，首先在这里起兵造反，将政府的军队从防守严密的肯特港吸引开，以便流亡在外的查理·斯图亚特重返英国。但是，彭拉多克对胜利的前景几乎不抱任何幻想。1654年11月，在起草1655年3月的起义计划时，彭拉多克用下面这段声明结清了自己的所有债务： 94

> 我写这段话一部分是为了我自己，还有就是为了我走后（如果上帝愿意带我走的话）我的朋友们，我欠下的债务在我即将赴死之前不应该让他们背负。我希望上帝保佑我，让我能度过这场大灾难；如果我不幸遇难，我毫不怀疑我的妻子和孩子会见证，我不会欠下任何人一分钱。[8]

和彭拉多克后续行动可能带来的结果相比，他做出的判断更接近"封印结"组织的现实性。

恰当地说，英国西南部各郡暴动的中心是国王在索尔兹伯里的力量，在那里，骑士党亨利·休伊特经营着一家小酒馆，这个小酒馆以圣诞狂欢和聚集着"一伙骗子"而闻名。

罗切斯特曾在伦敦与西部联盟代理人接洽，这个保王派现

在已谨慎地恢复行动。西部联盟任命约瑟夫·瓦格斯塔夫为自
己的军事顾问：瓦格斯塔夫虽然有弱点，但领兵打仗的经验非
常丰富。他曾在约翰·汉普登的议会军队中担任中校指挥官，
后来改变了立场，在 1645 年 7 月萨默塞特郡的兰波特之战中
为国王殊死效力。然而，瓦格斯塔夫的努力还是白费了：由于
兰波特战役的失利，保王党在西南部各郡的据点相继陷落。

　　最初的计划是部队于 1655 年 3 月 8 日进军汉普郡，然后
挥师温彻斯特，那里设有巡回法庭（巡回法庭是克伦威尔政权
在全国延伸的象征），法官正召开会议。然而，政府的一支骑
兵已经抵达温彻斯特，所以进攻焦点转移到了索尔兹伯里，四　95
天后将在那里举行巡回审判。为了制造混乱，来自福利的亨
利·摩尔将对索尔兹伯里附近的马尔伯勒发动一次进攻，以转
移政府军的注意力。

　　3 月 11 日，在全国性起义草草收尾的三天后，"西南部各
郡暴动"的大幕拉开了。瓦格斯塔夫和彭拉多克在索尔兹伯里
以西五公里的克拉伦登公园设法聚集了大约六十名骑兵。大约
还有四十人随托马斯·蒙佩森从索尔兹伯里城赶来，会合后的
部队向布兰福德进军，在那里又有大约八十名新兵加入，他们
于 3 月 12 日一大早返回索尔兹伯里，占领了市场，并在每家
酒馆的门前派卫兵把守。城里的监狱被暴乱分子打开，囚犯争
先恐后地加入暴动队伍（其中有些囚犯还戴着镣铐）；但事实
证明，当地人很难被劝说入伍。巡回法庭的两名法官——首席
大法官罗莱和尼古拉斯男爵及郡长约翰·多夫上校——在睡梦
中被逮捕。瓦格斯塔夫想当场绞死他们。这一派暴动者中的其

他人则继续坚称，费尔法克斯正率领八千人往这赶，还有前议
会议员威廉·沃勒也将率领四千兵马加入他们。多夫忠于克伦
威尔政权，他曾出席审判国王的法庭并参与出售前保王党人的
土地，他拒绝承认查理二世，因此遭到毒打；有人说他的脸被
剑割破，也有人说他被手枪打中了头部。一伙脱离大部队的暴
动士兵袭击了多夫的住处，亨利·万齐少校指挥大约三十人抵
挡了半个小时。多夫最终还是穿着睡衣被带走了，彭拉多克作
为令人尊敬的绅士，"假装对这位郡长极力示好，派人带一匹
马听候他的差遣，并给他带话说，邀请他周一一同用餐"。当　96
约克郡公爵詹姆斯带着他的一万人马赶来准备迎接国王回国
时，彭拉多克将两位法官释放了，并保证不会报仇。

　　瓦格斯塔夫的人马在索尔兹伯里增加了一倍，达到了四百
人左右，他带着他的队伍和郡长（一直都穿着睡衣）于上午八
点左右撤离。赫特福德侯爵威廉·西摩答应增援的部队并没有
赶来，但派他的特遣牧师亨奇曼医生过来了。彭拉多克带领其
余人马——萨里的一位绅士弗朗西斯·琼斯加入他的队伍——
折回布兰福德，在那里多夫上校被"允许穿上衣服"。他们在
布兰福德遇到的情况和索尔兹伯里一样冷淡；镇上的公告传报
员拒绝承认国王的统治，因此被威胁用火烧死，彭拉多克只好
自己向当地居民通报国王即将回归的消息。

　　克伦威尔的妹夫约翰·德斯伯勒被任命为"西南方面军少
将司令"（这个头衔似乎预示了后来的远征西印度群岛），他接
到的命令是"带领你的部队平复西南各郡"。德斯伯勒率部穿
过梅登黑德镇和雷丁镇，希望能与来自布里斯托尔的巴特勒部

队会合。彭拉多克和他的部下已经接到报告，获悉克伦威尔的
大部队正开赴过来，同时，由于摩尔对马尔伯勒的袭扰行动已
经因政府军队及时赶到而被放弃，因此，现在他们最明智的做
法可能就是在索尔兹伯里东北部等待增援。彭拉多克的这批人
马当晚兵分两路，分别驻扎在沙夫茨伯里和舍伯恩，然后在第
二天晚上（星期二凌晨）约一点左右在约维尔的巴比伦山集
合。预计的三四千人增援部队并没有赶到。

　　这支杂牌军穿过多塞特郡，向保王党的大本营康沃尔这个
大方向行进（康沃尔是王国内暗无天日的角落之一），政府军
正向他们逼近。他们可能已经抵达多切斯特，根据报道，那里
的监狱再次发生越狱事件，这不禁让人感到困惑，难道保王党
的军队欢迎蹲大牢的囚犯胡闹，并把这样的人征召入伍？3月 97
14 日，巴特勒的军队已经赶到沙夫茨伯里，请克伦威尔下令
进攻。巴特勒报告了他看到的反叛部队："他们做梦都没想到
我们竟然这么快就杀了过来……我会完全放开地大胆利用上帝
赐予的天意，我知道上帝将和我们在一起。"事实上，根本无
须上帝的眷顾。詹姆斯·贝里上校也不需要，他以前是英格兰
中部地区一家钢铁厂的职员，一直在沙夫茨伯里等着加入德斯
伯勒的队伍。[9]

*

　　瓦格斯塔夫在北德文郡的南莫尔顿停留了一晚，这里和密
谋者休·霍兰德爵士的住所离得比较近。此举对瓦格斯塔夫来
说太不幸了，就在 3 月 14 日晚上 10 点左右，驻扎在埃克塞特
城的贝里军团的昂顿·克罗克上尉只带着六十名士兵赶到南莫

尔顿，"决心不顾一切风险"阻击保王党的部队，不让他们相对安全地到达康沃尔。克罗克上尉描述了后来发生的事情：

> 感谢天意的指引和帮助，我率领手下的士兵痛击他们的老巢。他们在屋子里和我对峙了两个多小时，子弹呼啸着从窗户射出，一刻也没停。我们有七八人中弹，但伤势都不重……他们有些人投降了，请求我开恩。我答应他们，我会尽我所能为他们求情，保住他们的性命——主啊，他们都伤痕累累，被彻底打败，我多希望您能接纳这份荣耀。[10]

在这场遭遇战中，包括彭拉多克（他接受了克罗克的开恩）、琼斯和格罗夫在内的很多保王党人被俘，毫不夸张地说，克罗克抓获的俘虏多得都没有足够人手看押。据当地人讲，瓦格斯塔夫骑着马纵身一跃，跳过教堂的围墙才侥幸逃脱。

保王党的起义还没正式开始就结束了。正如克拉伦登伯爵 [98] 所说，"他们在采取第一次行动后就再也没什么建树了"。只有西南部的暴动放了几枪。议会军队冲入疑似密谋分子的家中俘虏了大概五十人，直到那些叛乱分子都"伤痕累累，被彻底打败"，最后把抓获的人投入埃克塞特监狱。

3月17日，德斯伯勒率军到达温坎顿后和巴特勒的部队会合，他在这里给克伦威尔写信汇报战况："我军抵达德文郡的莫尔顿，敌人于上周三晚被击溃。"一周后，克伦威尔向全国各地的民兵长官和法官发出通告，宣布国家已经挫败保王党暴乱，请各地警惕进一步的阴谋。德斯伯勒派兵追捕溃散的敌军，同时前往埃克塞特审讯犯人。

彭拉多克从索尔兹伯里被带到埃克塞特，"他一点儿都没被审讯吓倒"，尽管事实上大多数人都认为"他离死不远了"。彭拉多克自己也非常清楚，但至少他在私下里对国王和教会忠贞不渝。"主啊，求你怜恤我，"他写道，"请让我在你怀里暂避，直到暴政被打垮。"

虽然政府的军队不遗余力地抓捕保王党人，但海关的官员后来被发现工作不是很缜密，让包括罗切斯特在内的很多参与暴动的领导人逃回欧洲大陆。这或许说明了一个问题，与忠诚而充满激情的军队相比，政府官员对克伦威尔政权存在某种程度的漠不关心。护国公制下的英国警察部门效率低下，亟须铁腕式改革；这一天很快就会到来，德斯伯勒在西南部各郡采取的行动就是改革的参照系。

地方上的大部分居民依然暗中支持保王党。以瓦格斯塔夫的潜逃为例，海德断言，他能逃脱取决于"真心实意的当地人"，他们把他"藏匿起来，直到有机会把他转移到海外"。罗 99 切斯特伯爵"通过乔装打扮幸运地逃过一劫"，他甚至都不愿意离开让他安全栖身的住所，因为"那里好吃好喝地"伺候他，让他多次侥幸逃生。在艾尔斯伯里，有一个郡法官对罗切斯特起了疑心，命令一个酒馆老板把他扣下，罗切斯特用一条金链贿赂了那个酒馆老板，和尼古拉斯·阿莫勒一起跑了，行李和两个仆人都没管。一位调查此案的特工说："他撇下的东西可比他脑袋有用多了。"亨利·曼宁是一名潜伏在流亡宫廷很深的政府间谍，也是罗切斯特的一位密友，他提供了许多需要政府密切留意的地址，但让他大为光火的是，政府没有对这些地方采取任何措施。虽然在伦敦的突袭搜捕行动中逮捕了很多共谋者，但却怎么都搜不到罗切斯特；曼宁断言，他藏身的地点可能是"萨伏伊的马卡姆先生家、卢姆莱勋爵家，或者那些我掌握的他们经常出没的地方"，曼宁说的这些地方指的是考文特花园和德鲁里巷鳞次栉比的小酒馆。1655 年 7 月 12 日，国王派出去的主要代理人——欧尼尔、罗切斯特和阿莫勒——都已安全抵达海牙。[11]

*

埃克塞特监狱已经人满为患，有些犯人不得不关押在当地的小旅馆。对道德犯通常都是不管不问，但即使这样，德斯伯勒仍认为，他有的是办法关押囚犯，"可为所有其他监狱树立一个榜样"。大约三分之一的囚犯将面临审判。可以说，保王主义带来的威胁微乎其微，因此，许多参与彭拉多克暴动的人都按照克伦威尔提出的"治愈精神"方针，得到了国家相当宽大的处理。克伦威尔经常把这个挂在嘴边，尽管大多数情况下都没有奏效。在埃克塞特、索尔兹伯里和查尔德，对罪犯的审判仍保留陪审团制度，以什么罪名起诉罪犯的问题并没有实际意义。克伦威尔在执政初期发布的《叛国罪训令》尚未获得议会通过。爱德华三世颁布的法令把叛国罪定义为违抗王命。那么问题来了，如果违抗王命的国王已经不复存在了，会发生什么情况呢？

罗莱和尼古拉斯不得参加案件诉讼，以免他们被暴动军队俘虏过的经历有损司法公正。在选出最后十二名陪审团成员之

100

前，彭拉多克有权对多达二十二名的候选陪审员提出质疑。在三十八名被判处死刑的罪犯中，包括彭拉多克在内只有不到十五人被处决，没有一人被处以绞刑、开膛和肢解这些以往针对叛国者的行刑方式。其他人被流放到巴巴多斯岛。在北方地区，政府没有采取预防性的逮捕措施，而是课以罚金。克罗克后来被指控背信弃义，因为他曾经保证会让彭拉多克性命无虞，但这种承诺似乎无据可查。彭拉多克 3 月 17 日给他的妻子写信道：

> 事已至此，万幸的是我们落到一位名叫昂顿·克罗克的上尉手中，他很宽厚，也很勇敢，我把希望寄托到他身上，希望他能手下留情，毕竟我们没有像其他人那样恬不知耻地丢兵弃卒。

绝大多数参与暴动的人在略受惩罚后都会在 12 月之前被释放。护国公制政府手握重兵，而它的反对者则孱弱不堪，但护国公制政府在整个存续期间一直摇摆不定，施政理念变来变去。护国公制可以诉诸天意，但绝不能遵循先例："古代宪法"的相互制衡精神是一块基石，过去安全而稳定的社会结构正是建立在这块基石之上。直到护国公制走向完结，回首一望，在其整个统治期间，都缺乏沉淀已久的合法性。北方地区的三名政府长官对共谋者的行为是否构成叛国罪表示怀疑。质疑护国公颁布的《叛国罪训令》对他们没有什么好处；其中两名政府长官因事实上质疑现政权的合法性而被解职。叛乱者可能还没有达到颠覆护国公制的地步，但他们至少在这个政权和它的执法官员之间插了一个楔子。

此外，还有其他的法律难题和矛盾需要设法解决，比如乔治·科尼案件。科尼是一名伦敦的商人，他曾在5月因拒绝缴纳关税而被国务会议监禁，为此，科尼申请人身保护令，理由是他应缴纳的特别税未经议会通过。科尼认为，他遭到了非法监禁，并援引1641年的一项法令为自己辩护，该法令明文规定，枢密院（克伦威尔的国务会议后来改称"护国公枢密院"）没有司法权限。此前曾关注过彭拉多克刑诉案件的罗莱大法官对科尼的申述深表同情。不管是否有司法权，总之国务会议最后下令拘押科尼的律师，并对罗莱大法官做退休处理。护国公对此类事务的观点经常就是这样模棱两可。

保王党人，至少那些比较安分的保王党人，在这种含混不清中找到了发挥的空间。亚伯拉罕·考利是一名诗人和博学大师（他如今几乎完全被人遗忘，但在他下葬时，他的墓碑就位于威斯敏斯特大教堂乔叟和斯宾塞的墓碑之间），他曾担任杰明勋爵的秘书，但后来选择与克伦威尔政权休战，1654年从流亡地回到英国。考利最终在忧郁中归隐田园，他就像一位近代早期的地米斯托克利 ① 一样，遁入到一种恬静的失忆之中，自

---

① 地米斯托克利是古希腊著名政治家、军事家，他指挥雅典海军在萨拉米湾海战中击溃波斯舰队，使希腊在希波战争中获胜，并为雅典确立了海上霸权。胜利在为地米斯托克利带来极高声望的同时，也使雅典民众害怕他成为军事独裁者，于是雅典人通过陶片放逐法将他放逐出境。后来地米斯托克利逃到波斯，受到阿尔塔薛西斯一世的礼遇，最终客死他乡。（译者注）

我审视着他那政治的抒情诗。但在彭拉多克之后的清剿中，他被克伦威尔和瑟洛逮捕并审讯，送到伦敦塔关押，后被保释。第二年，他的《诗集》出版，并再次重申了他接受由"战事和上帝不可解释的意志"带来的一切。双方都信奉上帝的旨意，但保王党更确信自然秩序，他们可以更耐心地等待属于他们的 102 时机。其他人则持不同观点。死硬分子丹尼尔·欧尼尔把考利树为"死敌"[12]。

埃塞克斯伯爵的侄子、英格兰中部地区一位富有的地主罗伯特·舍里爵士曾是查理的财政代理人，1655 年，他也在彭拉多克案件之后被囚禁在伦敦塔。这位和保王主义走得最近的人开始成为一名深邃的政治思想家，舍里目睹了他的同党身陷囹圄，进而感到深深绝望，他看到的只不过是一群鲁莽冲撞、漫无目的、毫无思想的人。

舍里援引劳德大主教的指导精神，将英国国教和王权视为一个不可分割的整体，是所有潜在统一的源泉（尽管他经常会和再洗礼派和前平等派进行密谋接触）。经过适当的培训，主教会重操旧业，鼓励广大英国人民恪守宗教规训，这一点和长老派以及独立派试图引导英国人民一样，都令人印象深刻，尽管前者比后者更广泛、更深入人心且更美妙。舍里出资修建了护国公摄政期间唯一一座圣公会教堂——莱斯特郡的斯坦顿哈罗德教堂。这样的淡泊无为将在查理二世复辟期间获得回报，尽管舍里没有活到那一天——他被囚禁在伦敦塔，1656 年死于天花，时年二十七岁。

这个眼里不揉沙子却又遮遮掩掩的政权已经证明了它的实

力。但是，彭拉多克暴动还将带来更严重的后果，伸向国外的上帝之手很快就会收回。因此，克伦威尔和他的国务会议将考虑采取更深入、更广泛的安全措施，这在英国历史上是前所未有且无与伦比的。

*

1655 年初爆发的保王党叛乱在彭拉多克暴动时达到高潮，这让克伦威尔政府把注意力集中在事关政权存亡的各种威胁上，或者也可以这样说，这起暴动事件让政府采取更加损人利己的态度，把公众的恐惧合法化，而这种恐惧能让它加强对社会的控制。不受欢迎的政权往往通过夸大对其自身以及被统治者的危险来寻求合法性。从国内来看，保王派和平等派的威胁，或者说两个派别联合在一起的威胁的确存在，但这样的威胁可以说微乎其微，这从最近发生的事件就可以得到印证。然而，不管这样说是否言过其实，这些威胁终将促使政府采取一系列波及面非常广的安全措施，而且这些措施将在六个月内全面付诸实施。

克伦威尔政权面临四个问题需要解决。第一，议会不断削弱《政府约法》的宪法地位，最终导致克伦威尔于 1655 年 1 月解散第一届护国制议会，这让克伦威尔更加坚信一个不容否认的简单且粗暴的事实：军队比他所说的任何议会都更能成为他政权的堡垒；第二，克伦威尔担心的是国家的安全，而这个国家刚刚目睹了暴动以及保王派与平等派联合在一起带来的威胁；第三，沉重的财政负担严重阻碍了抵御国内外威胁的国防建设，并且带来了把护国公变成查理一世翻版的现实危险；第四是英国人民的道德改造问题，这个问题虽然不那么紧迫，但从长远来看却是最重要的，而且永远是最重要的。

解决这些问题的手段就是采取所谓的"少将军政官治国"①，从采取这种手段的那天起，护国公制便已蒙羞。[13]1655年10月起实施这种治国方略后不久，清教徒政治家和辩论家威廉·普林旋即预言，这种军事统治将"遗臭万年，它带给国家的是最可憎的伪证与背叛、虚伪与欺诈、渎神与叛教、暴虐与专横，以及上帝眼中任何基督教圣徒般军队和军官都视为有罪的无神论"。事实也证明了这一点，尤其是英国人长期以来对常备军的厌恶：自从克伦威尔执政以来，没有一个穿军装的人统治过英国。

*

"少将军政官治国"的思想是从哪里起源的呢？有人指出，约翰·兰伯特是这种治国理念和体系的主要设计师。兰伯特是敢想敢做、才智超群之人，他在罗伯特·达德利爵士的作品中找到了灵感，达德利是伊丽莎白时代的冒险家和制图师，是莱斯特伯爵和一位名为道格拉斯的女人的私生子。达德利写于1614年的《致陛下谏：关于约束议会的傲慢》，以《亲王如何使自己成为绝对君主的计划》为名于1629年重新出版。达德利所指的绝对君主带有强烈的军事色彩，支撑绝对君主的

──────────

① 1655年，担任护国公的克伦威尔为加强统治，将全国划分为十一个军区，每个军区由一名陆军少将领导，职衔定为"首席军政官"，后简称"少将"或"少将军政官"。统辖各个军区的陆军少将集民政权和军事权于一身，实际上施行的就是军事统治。该制度于1656年9月被废除。（译者注）

是"意大利人称之的'十一抽租律'①，这种制度在某些地方被采用，即成年男子每年将十分之一的财产作为租金付给国王"。这可能是臭名昭著的抽取税的最初模型，这种税制将被强加给保王党人，为"少将军政官治国"提供经费来源。也可能是这样一种情况，即兰伯特将他想要永久确立的"少将军政官治国"制度视为巩固他作为克伦威尔继任者权力基础的一种手段，这是护国公制发展到一定阶段时可能出现的一种情况。这当然也是爱尔兰议员文森特·古金信奉的理念，或许正因为如此，他才成为力促克伦威尔加冕和复兴"古代宪法"计划的坚定支持者。古金警告护国公的儿子亨利说："兰伯特非常推崇十一抽租律。"[14]

如果兰伯特是这种治国理念和体系的主要理论推手，那么其要素已经在实践中露出端倪：随着保王党人暴动线索的不断增加，1655 年 2 月，克伦威尔授权伦敦市长以及菲利普·斯基庞和约翰·巴克斯特德等忠于政府之人，命令他们组建民兵队伍以镇压骚乱，收缴政府反对派手中的武器，解除天主教徒的武装。虽然从 1654 年以来政府军队的实力有所下降（当年约有四万一千人），但伦敦依然保持着强大的驻军。首都伦敦成为一种新的行政理念的试验场，这种新的行政理念将扩展到首都以外地区，那里的政权将面临更多的问题。首先，治安法官

---

① "十一抽租律"译自"decimation"这个英文单词，该词最初指的是古罗马军团中对叛乱或者大规模临阵脱逃部队施以集体惩罚的一种手段——"十一抽杀律"。执行时每十人一组进行抽签，抽出的一人被处死，通常是用石头砸死或者用棍棒打死，极其残忍，威慑力极强。（译者注）

（他们是国家依法行政的中坚力量）、调解员和执法人员往往与现政权离心离德。一般来说，这些地方官员并不完全信奉清教徒的世界观，在颁发"麦酒馆"许可证（这是当地重要收入来源）以及审理更宽泛的道德败坏问题等方面相对宽松。第二，不受广大群众欢迎的常备军任务繁重：一方面要维护爱尔兰和苏格兰的和平，另一方面还要不断应对战争威胁——无论是与法国或荷兰，以及即将和西班牙开战的现实。在国内维持和平还需要采取其他手段。

自 1655 年 3 月也就是保王党暴动的前夕起，从达拉谟郡到多塞特郡，从兰开夏郡到南威尔士，政府在全国范围内任命了二十二名具有民兵组建权的地方长官。民兵的规模通常与该地区人口成正比。民兵长官的权力与伦敦市的斯基庞相类似，而且要求（也可以说是"鼓励"）民兵长官与当地治安官、治安法官和地方法官通力合作。这种将文官和军队组合起来的新模式非常大胆，其经费通过给那些拒绝承认现政权的顽固保王党人加税来获得。地方长官关注的主要是维护所在地区的治安。但是，如果武装叛乱的威胁再次卷土重来该怎么办呢？为此，还需要采取更多的举措，当然，克伦威尔政府已经制定了预案。

当彭拉多克暴动的消息传开时，约翰·德斯伯勒已经率领他的正规军赶到英格兰西南部，早已在那里等候的詹姆斯·贝 106 里上校的部队与德斯伯勒大军会合。德斯伯勒和贝里一枪都没来得及放，武装起义就被克罗克上尉给镇压了，两人与当地行政官员——例如治安法官以及多塞特郡新任命的地方长官——

共同开展了后续行动，追查并监禁那些参与暴动的保王党成员，许多无辜的人也受到了牵连。到了5月份，德斯伯勒给他的上级（尤其是他的姐夫克伦威尔）留下了深刻的印象，他被任命为"康沃尔郡、德文郡、萨默塞特郡、多塞特郡、威尔茨郡和格洛斯特郡内所有已经组建和即将组建的民兵部队的首席军政官"。至此，"少将"的典范——德斯伯勒为"西南方面军少将司令"——可以追溯到这里吧。

当德斯伯勒在他的埃克塞特基地巩固自己的地位时，其他人则被鼓励以德斯伯勒为模范，在当地与地方长官开展合作。贝里在林肯郡周边地区也建立了类似的模式，而参加过邓巴战役的退伍老兵希西家·海恩斯则在英格兰东部城镇贝里圣埃德蒙兹谋得了职位。这两个人都将在护国公的新计划中担任要职，发挥重要作用。

＊

1655年夏末，新的安排周密的治国体系已经成形，克伦威尔政府在远离公众视线的情况下将其正式推出。全权负责此事的分委员会由一小撮最了解情况的掌权人物组成，包括兰伯特、德斯伯勒和吉尔伯特·皮克林爵士（他是国务会议的一名再洗礼派成员①），其中兰伯特担任领导。他们在克伦威尔的领导下敲定了成立郡民兵组织的最后命令，到8月22日，兰伯特已经为十名新军事长官颁发了指示草案。他们的任务远远超出了军事范畴，这一点很快就会明确。除了与郡民兵密切协作

---

① 再洗礼派是反对人在婴儿时期接受洗礼的宗教团体。只有信仰基督并主动寻求洗礼的候选人才可以接受洗礼。

镇压暴动外，他们的职责还包括监视"心怀不满的人"，解除天主教徒和保王党的武装，以及防止非法集会，无论是在私人住宅还是在赛马会、斗鸡和逗熊等活动中，这些活动都会吸引骑士党和阴谋者参加并聚集。无业游民和其他"零散"人员可能会被逮捕并送去做劳力或逐出当地。

最后，除了负责治安保卫的总体职能以外，各地的少将还要"不断进行巡访和组织谈话，鼓励和促进辖下居民的虔敬和美德，劝阻和制止一切渎神和不虔敬的行为"[15]。对克伦威尔来说，这个政权的稳固最终取决于人民的道德重塑；只有当虔敬成为一种常态时，才能真正保证国家的长治久安。"我认为重塑道德和宗教信仰，让人民养成诚实和公正的品行，并一以贯之……这才是你最好的安全保障。"少将的作用是使人民习惯于一个崭新的、改革后的英国。礼教的改革与重塑会使人民和他们的国家变得高尚。从今以后，英国将对非法性行为宣战，对酗酒和赌博行为宣战。事后证明，监督英国人民的道德规范将成为护国公制政府政治纲领当中一个非常失败的补充。

1655 年夏末，随着世界另一端军事惨败的消息传回伦敦，少将领衔进行全民道德改造的艰巨任务将变得更加紧迫，因为英国的广大人民会以克伦威尔为例，痛苦地将这种失利解读为上帝对一个误入歧途的国家的诅咒与审判。

第七章

假消息与坏消息

上帝让我们知道了自己的罪孽。

——查尔斯·沃斯利少将

在英国的大后方，虽然当时有关"西征计划"命运的消息已经被封锁，但其依然成了各种阴谋、谣言和猜测的来源。"西征计划"大获成功是意料之中的事，但还没有得到证实。远征舰队离开英国七个月后，就像"西征计划"的起源和意图一样，它现在究竟已取得成功还是以失败告终，这一切仍然蒙着一层神秘的面纱。横跨大西洋的通信路途漫漫，而且也不安全。六个星期绝对是从英国到巴巴多斯岛的最短时间了，而就这六个星期内，一场传话游戏可能已经拉开序幕。关心这个消息的各方都会往里面添油加醋，其中既有政府官员急于塑造的正面说辞，也有流亡在外的保王党人的幸灾乐祸之语，他们自然乐意编造坏消息，好让他们鄙视的克伦威尔政权蒙羞，并预示着这个政权行将垮台。由于缺乏可靠消息，谣言、幻想和一厢情愿肯定会乘虚而入。国内外的报章杂志、外交官和情报人

员的网络以及克伦威尔政权的朋友和敌人，所有这些都为不实
信息的滋生提供了温床。错误消息和虚假消息源源不断地涌
来。有些报道盛赞了一连串的胜利，而其他报道则关注灾难和
失败。政府几乎和其他人一样对真相一无所知。消息的重要中 110
转人就是变幻莫测的小册子作者马沙蒙特·尼达姆。尼达姆自
创了一份名为《政治快报》的新闻周刊，后来成了克伦威尔政
府的喉舌，这份小报的报道严重缺乏客观性，可谓 21 世纪通
俗小报歪风邪气的始作俑者。

　　最开始的时候，连尼达姆也很少提及"西征计划"，他只
不过是写了一句"上帝继续引领他们远征的行程，一路顺风"。
西征的目标保密，背后的理由非常明显。威尼斯驻威斯敏斯特
使节洛伦索·保鲁奇似乎既先人一步又先知先觉，他报告说，
西印度群岛的一座"大岛"是这项"西征计划"的最终目标。
《政治快报》刊发文章，有些不情愿地承认了这个事实，文中
透露说，该计划"试图夺取西班牙国王的海外领土"[1]。有些
保王党人已经掌握了西征的最终目的地。瑟洛在马德里的间
谍报告说："西班牙大使听闻这个消息极为愤怒，并已将此事
报告西班牙国王，这一情况众人皆知。"西班牙国务委员会的
结论是："英国人对圣多明各所在岛屿有所企图。"[2] 他们的怀
疑一点儿也没有问题，但是，由于西班牙正与法国交战，他
们无法在铺天盖地的传闻变成事实之前召回西班牙大使阿隆
索·德·卡尔德纳斯，因为此举可能会诱使克伦威尔与法国公
开结盟。由此，克伦威尔得以在推进"西征计划"的同时继续
与法国和西班牙谈判，而不用担心他的计划会导致西班牙大使

离开伦敦。焦虑的卡尔德纳斯三番五次搅扰克伦威尔，但克伦威尔不为所动。护国公一方死寂般地没有任何回应，为了保卫伊斯帕尼奥拉岛，腓力四世向该岛派遣了一位新总督德·佩纳尔瓦伯爵，随行的是增派的两百名士兵。

克伦威尔对他的真实意图谨小慎微，而腓力四世对此又是 III 疑心重重，以至于当舰队在经过六周的航行于2月份抵达巴巴多斯岛时，参与"西征计划"的官兵对最终目的地基本上仍然保持一无所知的状态，据负责此次行动的委员温斯洛汇报说，他们一路上非常顺利。温斯洛给瑟洛的报告非常乐观，可以说是乐观得有些过头了。虽然后勤补给还没有到达巴巴多斯岛，而且集结在那里的部队人员素质也让人心生疑窦，但他们还是：

下决心将自己投入全能上帝的怀抱，我们相信上帝的旨意将永远于我们有利，上帝将以我们为化身，对那个充满暴虐、偶像崇拜和血腥的国家进行坚决的报复，这个国家已经让地上的民族吃尽了暴政的苦头。[3]

这样振奋人心的消息无疑很受威斯敏斯特的欢迎。胜利是有着坚实基础的。德雷克不就是用微不足道的小股部队占领了圣多明各吗？为了配合这一即将到来的好消息，盖奇的《对西印度群岛的全新考察》报告被重印，这一次还增加了一幅军用地图，以帮助读者找到他所写的那片遥远的土地，而这片土地很快就将被纳入英国的版图。在5月31日的《政治快报》上，盖奇成为佩恩舰队的新教牧师的身份得到确认，这个消息很是让人欢呼雀跃。然而，英国还没有人知道他已经在遥远的牙买加岛因痢疾客死他乡。

更多令人不安的消息很快将传到瑟洛耳中。5月，马德里的情报人员报告说，腓力四世已经掌握了英国"西征计划"的意图，为此做了相应准备工作，决定"要让所有入侵西班牙领土的英国人都遭受打击"[4]。两个国家开战貌似一触即发，英国国内的反天主教情绪因此高涨。在对"西征计划"大获全胜以及把爱尔兰天主教徒向西印度群岛迁移的期盼中，反西班牙和反教皇党人的言论达到了癫狂的程度。当两千名瓦勒度派新教信徒违抗萨伏伊公爵的命令——要么放弃信仰参与弥撒礼仪，要么离开故土迁至遥远的山谷——因此在意大利皮埃蒙特山区惨遭屠杀时，诗人约翰·弥尔顿满腔悲愤地用一首十四行诗表达了他的憎恶之情，向欧洲的新教徒发起了呼唤："复仇吧，主呵！圣徒们遭了大难，白骨散布在寒冷的阿尔卑斯山顶……"

到了1655年7月，伊斯帕尼奥拉岛已经被从西班牙人手中夺走的谣言开始在欧洲间谍和外交官之间疯传，保鲁奇自然也有所耳闻。保鲁奇与巴黎的同僚乔瓦尼·萨格里多通信，讨论英国在加勒比海地区的胜利对天主教欧洲会产生什么影响。如果英国在新大陆占据支配地位并抢夺西班牙"珍宝船队"的财富，这将会危及教皇的权威。流亡的保王党人倒是从中得到了慰藉。试想，如果克伦威尔治下的英国成为腓力四世的大敌，那么他们完全有理由相信哈布斯堡王朝和斯图亚特的结盟指日可待。在克伦威尔打破均势并把新世界的天意向新教英国倾斜之前，是时候联合在一起共谋大业了。

*

舰队的第一批战报于 1655 年 7 月 24 日抵达伦敦。有意思的是，他们把注意力集中在牙买加岛。特别是佩恩，他不动声色地把伊斯帕尼奥拉岛的惨败一笔带过，反倒是一篇接着一篇地把不足挂齿的小胜利大书特书。事实上，正如战报强调的那样，尽管在圣多明各"受挫"，英国军队已经重振军威，把西班牙加勒比海地区璀璨的战略和经济明珠夺了过来。

征服牙买加岛并没有给克伦威尔带来什么慰藉。这么多年来，他一直呼风唤雨，胜利不断，但上帝好像突然间毅然决绝地收回了帮助之手。庞大的舰队载着近一万名士兵直奔新大陆，竟然在一小股西班牙士兵和定居者面前遭遇奇耻大辱。他们已经证明，自己在德雷克辉煌的遗风面前一文不值，当年德雷克带着几个人就彻底击溃了圣多明各的守兵。为什么英伦半岛被上帝遗弃了？为什么是现在被遗弃了？为什么英国不再被天意眷顾？难道侵入加勒比海地区海域、推翻骄傲自大的西班牙以及荡平罗马天主教会，已经不是被上帝选中的国家的使命了吗？对克伦威尔来说，他再也不会有这么愉悦的自信了。远征军的成员被打上了"贪得无厌、盲目自信、错乱和放荡、渎神和邪恶"的耻辱烙印。必须重新塑造社会环境，让"美德和虔敬处处生根发芽"[5]。

7 月 25 日，也就是已获证实的令人沮丧的消息传来的第二天，白厅秘密举行了一次禁食祷告，参加者只有护国公和他的国务会议成员。兰伯特对"西征计划"的反对得到了应验。把伊斯帕尼奥拉岛惨败消息带回来的那艘船已被隔离，船上的任何人都不得上岸。这倒不是因为非常担心船上的人染上疾病，而是怕远征军战败的消息传播开来。尽管采取了这样的行动，还是有消息泄露出来，谣言和事实不可避免地交织在一起，并蔓延到白厅所处的狭窄而密集的街区以及其他地方。

两天后的 7 月 27 日，《每日情报摘要》承认了远征军失利，通报这条消息的用语很婉转，说战败的军队"用行动证明了他们的英勇无畏，不愧真正的英国人"，而这种措辞也成了英国以后报道虽败犹荣的经典代名词。然而，最巴结奉承护国公政府的《忠诚的童子军报》（时任编辑为丹尼尔·博德）继续坚持英国取得了战争的胜利，声称英国军队夺取了伊斯帕尼奥拉岛的很多堡垒，并俘虏了四百五十名西班牙人。其他报道则把伊斯帕尼奥拉岛和牙买加岛混为一谈，宣称牙买加岛是伊斯帕尼奥拉岛的一部分，就像怀特岛属于英伦半岛一样。这些虚假消息到底是出于无知还是人为的乐观主义，都无从可考，也许两者兼而有之。但是，征服牙买加岛本来就是"西征计划"一部分的这种说法却甚嚣尘上。¹¹⁴

到了 8 月初，尼达姆的《政治快报》刊文声称，牙买加岛是比伊斯帕尼奥拉岛更重要的首选目标，"西征计划"的指挥官"放弃了伊斯帕尼奥拉岛，而选择在牙买加岛登陆，成为这座岛屿的主人"。与伊斯帕尼奥拉岛相比，牙买加岛"日益得到颂扬，因为这里土地肥沃，盛产水果和各种作物"。事实证明，这种说法还真的不假——但这已是后话，当时支持这种说法的人死了很久以后，上述说法才成为事实——像这种情况以及其他许多情况，无心插柳柳成荫的事比比皆是。但是，对那些写下"牙买加岛有优势"的人，虽然他们都是事后诸葛，但做出的判断并没有错，即认为牙买加岛"当地出产物的贸易不逊于美洲任何一座岛屿……这是西班牙人为陛下的远征计划奉上的最便利的岛屿"，也是最适宜的定居地。但正如保鲁奇指出的，克伦威尔：

> 对美洲的战果极不满意，这远低于他的预期。为了避免英国人民泄气，他正努力让国内相信，英国舰队会继续征服那里的岛屿，此次远征获益巨大。[6]

英国将向牙买加岛殖民，正如《每周邮报》和《忠诚的童子军》的丹尼尔·博德在刊文中呼吁的那样，"让我们谦卑地服从护国公吧！"这些政府的报章对即将到来的冲突过于乐观，它们近乎哀求地为布莱克将军摇旗呐喊道："历史终将证明，布莱克将军和弗朗西斯·德雷克爵士日月同辉。"有关英国军队在圣多明各被击退的报道直到9月初才在西班牙得到证实。传闻已久的英国与西班牙开战成了板上钉钉的事实。至于这个消息能不能被控制在一定范围内，则是另外一个问题了。这个消息会传到欧洲吗？卡尔德纳斯在与瑞典驻伦敦大使克里斯特·邦德交谈时认为，这个消息肯定会扩散到欧洲。克伦威尔受到天意的驱使，而腓力四世则决心不惜一切代价保护和维持他的"西印度群岛宝库"。一旦英国未能夺取伊斯帕尼奥拉岛的消息变得众所周知，那么，英国人担心的是，西班牙会对"西征计划"产生怎样的反应，这种担忧肯定会引发谣言和猜测。

由于担心被滥用，克伦威尔的讲话自第一届护国制议会解散以来一直都没有被完整刊出；不过，他的所有讲话精神都被总结在《政治快报》中。这种偏执和多疑只会让"西征计划"的失利欲盖弥彰。1655 年 10 月 9 日，保王党人威廉·达格代尔致信圣保罗学校校长约翰·兰利，他认为："看来我们的'国家元首'不高兴把这些事情（"西征计划"）的更多内幕通过报纸杂志抖搂出来，因为他们查禁了《政治》期刊出版的所有小册子，并全部送到国务大臣（瑟洛）那里审查。"[7] 尼达姆在 10 月 4 日出版的《政治快报》上对这种新闻审查进行了辩护。他认为，以他创办的《政治快报》为例，限制保王党人获得消息的各种新闻渠道很有必要，这样就能防止"出现虚假消息以及由此引发的巨大混乱"，漫天的假消息和社会的混乱会导致"对民意的滥用，让国家蒙羞"。

但英国人遭受的挫折却越来越多了。威廉·古德森从哈瓦那出发，没有完成在加勒比海俘获"珍宝船队"的任务。布莱克是克伦威尔手下海军上将中最能干的一个，他奉命当"珍宝船队"抵达地中海时进行拦截。虽然这是一项绝密命令，但还是被看穿了：据威尼斯大使保鲁奇说，早在远征西印度群岛失败的消息传到伦敦之前，英国"对天主教信徒领土和财产的敌意似乎就在逐渐增加"。威尼斯驻西班牙大使魁里尼报告说："与此同时，在马拉加、加的斯、塞维利亚和圣卢卡，有相当一部分英国人，可能有五十多个家庭，带着他们的钱财，乘着夜色登上英国的军舰。所有这些都表明时局出现了动荡，英国做了最坏的打算。"

布莱克的行动一无所获。由于当时海上起了大雾，他的舰队没能追上西班牙的船队。据《情报周刊》等报刊上刊登的报道，布莱克捕获或击沉了"珍宝船队"十四艘西班牙船只中的十二艘，这全是子虚乌有的事。如果事实果真如此，克伦威尔早就跳出来大肆宣扬了，而不是像现在这样保持缄默。

即使是站在政府一边的《忠诚的童子军》，也开始对来自新世界的好消息不抱什么太大希望，正如它在 1655 年 9 月报道的那样："事实上，英国的损失比预期的要大得多，因为自从退出伊斯帕尼奥拉岛，转而攻占牙买加岛以来，许多勇敢的士兵殒命他乡，仅仅因为缺乏食物和补给。"保鲁奇大使一如既往消息灵通，他一针见血地写道：

虽然英国在伊斯帕尼奥拉岛遭受的损失被尽可能地掩盖了，但一封丈夫写给妻子的信却揭露了一切，从这封信的内容来看，他们的损失是非常严重的。在牙买加岛，他们缺少基本的生存必需品，比如面包、盐和肉，虽然岛上并不缺这些东西，但最后他们却惨到只能用武力去抢夺。[8]

当腓力四世宣布对英国实施贸易禁运时，加勒比海地区的英国商人开始变得忧心忡忡；作为回应，克伦威尔授权攻击西班牙的船只。英国商界认为，这种举措很难弥补失去西班牙贸易伙伴带来的损失，因为只要西班牙船长发现有被俘获的危险，他们立马就会摧毁自己的船只。"西征计划"的理想很丰满，现实却很骨感，执行过程中缺乏谋划，随意行动，在英国公众的眼中逐渐被看作是"枉费心机"的远征，让许多人"死无所值"。保鲁奇惋惜地写道："如果英国人没有去远征西印度 117 群岛，而是航行到黎凡特捍卫基督教信仰，那么他们就会荣耀加身，而且还会发现这是一个更容易实现的任务，也可能是一个更有利可图的任务。"[9]让保王党人津津乐道的是，那些曾经盛赞议会军队的报章杂志，现在却像曾经对国王那样追究克伦威尔的责任。这位护国公"现在想的是怎么压制它们，不让对他不利的内容见诸报端"。康沃尔郡的保王党人约瑟夫·简指出，尽管征服牙买加岛有积极的一面，但"不难看出，他们在这件事上只不过是自寻安慰罢了"。这么做也并没有堵住保王党人的嘴，因为他们有的是时间借机继续沉迷于妄想的阴谋论：马默杜克·朗格代尔爵士坚持认为，克伦威尔和腓力四世这两个不大可能结伴的人会让英国和西班牙联手瓜分加勒比海地区，这将损害法国的利益。[10]

事实上，虽然西班牙全权授予奥斯坦德港和敦刻尔克港的海盗去攻击英国船只，但腓力四世对英国侵略其加勒比海领地的反应是克制且深思熟虑的。腓力四世在与法国的长期战争中已疲惫不堪，这回他选择了一种精明的办法。腓力四世意识到，和英国护国公的强大舰队公开叫板肯定会让他负担不起；西班牙已经成了一个"既不能打，也做不成生意"的敌人。

前方的战报接踵而至，牙买加岛的形势越来越不容乐观，

尽管尼达姆还在不断地粉饰太平，他在报道中也承认目前面临
很严重的困难，但毫不怀疑"上帝还会保佑我们"。塞奇威克
少将和古德森中将在信中这样描述岛上的士兵，他们"一直悲
愤不已……和可怜的英国人一样……很多士兵倒下了，他们的
尸体散落在路上和灌木丛中"。那些还活着的人就像"行走的
僵尸"。在牙买加岛，每星期有一百多名士兵死亡，其中大多 II8
数死于疾病。如果这就是所谓的英国在新世界的明珠，看来需
要很多年才能焕发出光泽吧。[11]

　　维纳布尔斯对佩恩撤下他一个人率领舰队离开牙买加岛感
到很生气，他打算在乘"马斯顿荒原"号返航途中赶上这位指
挥官同伴。可惜的是他没能赶上，他回到朴次茅斯已经是 9 月
9 日了，"瘦得几乎成了一具骷髅"。维纳布尔斯和佩恩都被关
进伦敦塔（据瑞典大使称，他们是从叛徒门被押进去的）。维
纳布尔斯 10 月底被释放，遭到罢官免职，在波澜不惊的闲适
中度过了耻辱余生 ①。维纳布尔斯的妻子悻悻而归，此次蜜月
之行完全谈不上什么幸福感，她把失败归咎于丈夫之外的所有
人："用这么糟糕的手段不大可能完成上帝的伟业。这支军队
羸弱不堪，没有武器，也没有供给。"

　　沃斯利少将问道："上帝让我们知道了自己的罪孽，也让
我们知道了他的快乐是什么，我们就是在牙买加岛知道这一切
的。"敌人嘟囔着抱怨之词。亚瑟·范恩把克伦威尔比作征服

———————

①　罗伯特·维纳布尔斯生前还写了一本关于垂钓的书：《有经验的垂钓者：
　　或改善垂钓技巧》（1662 年），伊扎克·沃尔顿对这本书给出了高度赞誉，
　　在维纳布尔斯 1687 年去世前一共发行了五版。

者威廉一世、给英国带来"诺曼枷锁"^①的人以及平等派和共
和派的大敌：这个政权的根基建立在"征服者的私欲和意志"
上。克伦威尔也禁不住这种恶习的诱惑。克伦威尔和他的国家
成为全世界谴责的反面教材，因为他们的傲慢狂妄而令国家
蒙羞。

*

"西征计划"的失败彻底压垮了护国公，这是一位至今只
知道胜利的人。赢得内战的是"一支被我们的敌人鄙视、被我   119
们的朋友蔑视的军队"，但它却是与圣徒为伍的，士兵们在胜
利光环的照耀下转变成了圣徒。现在，这支军队第一次尝到了
败仗的滋味。这个"仅用三年就完成了英国国王一百多年都没
完成的大业"的人——征服爱尔兰和苏格兰——被拉下了马。

克伦威尔给海军中将古德森写信说："上帝用那场惨痛的
损失狠狠地羞辱了我们……我们惹怒了上帝，知道这一点对我
们有好处，我们也应该因此卑服于上帝。"[12]克伦威尔故技重
演，他再次从公众视野中消失，在与他的上帝一次次悲恸的对
话中，乞求上帝能让人民理解目前这种完全失败的事态是如何
发生的。他和他的政府是怎么有辱上帝赋予他们的职责的呢？

克伦威尔用天意解释他的惨败。上帝曾经在他无比惨烈的
战役中帮助他获胜，可为什么现在却抛弃了他、他这位上帝的
圣徒和他的被上帝选中的国家呢？克伦威尔看到，"上帝在这
次愠怒中不曾有一处明显地伸出他的帮助之手。"[13]新模范军

---

① 当时英国社会流行的"诺曼枷锁"说，是把英国人民被奴役归因于诺曼
人的征服，而不再引用上帝意旨和《圣经》教义。(译者注)

的圣徒被选为在地上执行上帝的旨意，他们在军事上的成功是他们所受内在恩典的向外分赐。只有神圣的天意才能解释克伦威尔在军事上取得的辉煌成就，切勿忘记，克伦威尔虽是位外行将军，却在后来的军事生涯中取得了令人眼花缭乱的成就。新模范军在内兹比战役中获胜就是仰赖"上帝之手"[14]。邓巴战役取得"奇迹般"的胜利是英国清教徒普受天意眷顾的顶峰，此战之后，西德拉赫·辛普森牧师对克伦威尔说："上帝已经走出天堂去审判他的敌人，甚至不惜召唤那些将死之人。"现在他又返回天堂，任凭他选中的子民自生自灭。很明显，英国已经把上帝的愤怒降到了自己身上。但是，英国到底是因为怎样的行为才使其与上帝对它的安排背道而驰呢？[15]

　　克伦威尔和他的众多清教徒同党之所以受到惩罚，有一个共同的原因，那就是他们没有完成上帝赋予他们的神圣使命，即对英国人民进行道德转化。克伦威尔给现任牙买加岛驻军司令理查德·福蒂斯丘上校写信说，要想重新获得上帝的恩宠，唯一的办法就是"彻底反对所有恶行并严惩那些犯下恶行的人；可尝试推行这样一种治理方式，让美德和虔敬得到应有的鼓励"。这是一项事不宜迟的任务。克伦威尔现在正在推行一个计划，那就是把英国每个地区交给那些以无比的热情让人民重新敬畏上帝的人去治理，这就能把清教徒的世界观推行给大众，拯救国家。他们不能依赖上帝的施与，而必须抓住每一个淳化道德的机会，这是因为，"上帝会劝诱我们忽视……侮慢或谴责任何合法的手段，如果一个人放弃一切手段而完全依靠天意，那么这个人就不会既真的相信存在至高无上的天意，也

不会去依赖天意"。1655 年 12 月 6 日这一天，克伦威尔进行
了庄严的禁食和蒙耻。克伦威尔承认，"我们已经触怒了上帝，
知道这一点对我们有好处，我们也应该因此卑服于上帝……我
们应该……在羞辱中……禁食"[16]。

神圣的天意已失去，必须重新赢得上帝的眷顾。

天意这种观点对现代人来说是难以想象的，尽管在诸如
"愿上帝""（上帝的）悲悯"之类的短语中，以及偶尔将成功
归因于神的干预的借喻中，仍然能觅得"天意"的踪迹。天意
能带来怜悯与拯救，天意也能因通奸、淫乱、渎神和酗酒而引
起瘟疫、饥荒和死亡。任何一个事件，无论好坏，都是有原因
的。万事万物都有其原因。法国神学家约翰·加尔文曾宣称，
世上没有机会这种东西，"但世上无论发生什么，都是上帝的   121
神秘旨意"。

也许所有的时代都是焦虑的时代，尽管有些时代比其他时
代更焦虑一些。借用凯茨·托马斯的话，17 世纪的标志就是
"重拾神权"[17]。上帝不仅介入世俗事务，而且是以无处不在、
无所不包、无法逃避的方式介入，特别是在更充满激情的清教
徒的生活中。加尔文的预定论教诲的是这样一种宗教理念，即
上帝在创世以前就已经预先选定一些人得救，并决定另一些人
沉沦。按照这种让人感到痛苦而恐惧的教义，上帝在创造人类
的同时就预定了大多数人将永远蒙受地狱之火的折磨。上帝的
注意力延伸到看似无限平凡的事物上，因为他"确信，没有上
帝明确的指令，一滴雨都不会落下来"。奥利弗·克伦威尔最
珍爱的圣经语录是《马太福音》第 10 章第 29-30 节："两个麻

雀不是卖一分银子吗？若是你们的父不许，一个也不能掉在地上。就是你们的头发，也都被数过了。"正是上帝之手介入了生活的细微之处，上帝才有如此之大的力量：他无法逃避、无所不在、无所不能，他的视野覆盖整个宇宙，没有什么能逃脱他的法眼。

美国历史学家威廉·哈雷曾说过，"得到上帝保证将蒙受恩宠的人，现在就有办法成就天下大业"，他用这些话语解释了清教主义的力量。清教徒在他们的世俗事业中寻找他们被上帝选中的证据，他们是上帝无比珍惜的选民。他们因自己的功业而得到评判，因为"没有什么比拯救信仰更勤奋的了"。正如加尔文写信给托马斯·克兰默——他是把加尔文宗神学和天主教传统结合在一起的安立甘宗（英国国教）的缔造者——所说，上帝"绝不会让这些人碌碌无为，他亲自在监视着这些人"。

这种关系是相互的。当上帝注视他们的时候，那些被注视的人也在试图揣摩上帝的意愿，这样一来，他们就能以彰显上帝恩典的方式行事，由此确信他们自己就是被上帝选中的一员。作为清教主义的试金石，《圣经·诗篇》第28篇警告说："他们既然不留心耶和华所行的和他手所做的，他就必毁坏他们，不建立他们。"另一句经常引用的经文是《耶利米书》第17章第5节："耶和华如此说：倚靠人血肉的膀臂，心中离弃耶和华的，那人有祸了！"在没有主教或牧师等代祷者的情况下，被注视的人同时也是注视者。事无论大小，都要在神的旨意的全盘计划中加以诠释。拉尔夫·乔塞林是埃塞克斯郡一位

122

同情护国公制的牧师，他记录自己的信仰说，我的一个孩子夭折是因为我"下棋时不理智"。清教徒充满了焦虑，他们把自己置于严酷而无尽的自省之中。然而，尽管生活遭遇如此重创，在伤心欲绝的时候，乔塞林仍然对"上帝的智慧和天意"心存感激。这是一个灵魂无不被监视的社会，难怪它会滋生出焦虑和偏执。[18]

不知疲倦地干涉和上帝无所不在的概念或许可以和现代社交媒体相提并论，其导致的焦虑和偏执程度相当。脸书、推特和照片墙这些社交应用软件全天二十四小时进行着监控，人们的思想和行为、信仰和外表无不被发布和保存起来，所有人都能彼此查看这些信息，并不断地评头论足。有时，社交媒体产生的这种羞耻感、报复心态和虔敬并不会让17世纪的清教徒感到格格不入。但不管玩这些社交媒体有多上瘾，人们都可以自由选择退出或卸载。可是，上帝创造的世界里并没有这样的选项，在来世也没有这样的选项。

因为事无巨细都体现出了上帝的造化，于是虔诚的清教徒把他们生活中的最细微之处记录下来，这样才能按照他们与上帝的关系行事，不出格，守规矩。克伦威尔在践行清教徒精神方面堪称典型。他会花上好几天甚至好几周的时间进行静思冥想，尤其是当坏消息传来，唤起他如耶稣受难般绝望的质疑时，他会一遍遍祈祷："我的神，我的神，为什么要离弃我？"

《圣经》和祈祷是给出解释的方法。"西征计划"的失败是上帝"出于自己最清楚的原因"行事的结果。克伦威尔和他的圣徒们遇到了挑战，这回该怎么揣摩出上帝在想什么？但造化偶尔也会弄人。《旧约》中到处都是上帝养育一个民族或一个人但却只为了毁灭的例子。"天意也并不都是出于上帝本意。"[19]

克伦威尔说，英国这个被上帝拣选的国家"是挪亚方舟，平安无虞，而所有其他国家都已被血海淹没"。但是，相信英国是上帝选中的国家，这种信仰也导致国家的治理存在随意性大、任意变通的特点。克伦威尔并没有"拘泥于政府的形式"。人的奖励从来都不是理应得到的，这其实是神恩赐的礼物；而不像苦难，这是人完全应得的。内战是一场由道德败坏、淫荡、酗酒和不虔敬造成的灾难。他们这个国家亟须修复和道德重塑。在 17 世纪中叶的英国，天意的观念达到了前所未有的强烈程度，其由冲动推动，诞生于新教改革运动，目的就是为了"重拾神权"。

克伦威尔的常胜不败让他步入傲慢狂妄。保王党已经因为他们罪恶的过去而被打败，他们都很清楚这一点，但克伦威尔和他的执政圈，特别是在邓巴战役以后，开始考虑这样一个问题，或许他们已经不像以前那么多地拥有上帝的旨意：他们被上帝拣选的确定性变成了他们失败的原因。他们的同胞根本就没有对此一探究竟。现代早期的大多数英国人都全心全意奉行一种平淡无奇的正统观念，这种正统观念建立在克兰默《公祷书》的慰藉、仪式和美感之上。虽然近几十年来有了修正，但人们还是恪守历史学家迪尔梅德·麦卡洛克的观点，即英国的宗教改革，特别是伊丽莎白时代教会倡导的宗教宽容这条"中庸之道"，已经取得了"巨大的成功"。但清教徒这个异类就不同了，它的严酷信条现在成了英国政治的中心。清教徒的信仰

既是关于内心的挣扎和永恒的警惕，也是关于外在的彰显，它
很容易沉迷于内心。他们脆弱的灵魂和上帝之间没有中间人。
他们倚靠上帝的恩典，担心上帝收回恩典而始终处于焦虑不安
的状态。他们的命运，无论是被诅咒还是被救赎，在上帝创世
之初就已经决定了。他们的得救将如何在地上得以彰显？

　　正如清教徒托马斯·泰勒指出的那样，新教教义并没有提
供"绅士般的生活或贸易，他们的租金收入由管家定期收取"。
你和上帝之间什么也没有，没有任何交易可以保证一个人得到
救赎。新教教义是一种积极的、使人受益的信条，尽管它可能
总会面临因焦虑而变得僵化的危险。但最重要的是，正如克伦
威尔最著名的一句话所说的那样："你笃信上帝，但保持火药
干燥则由你自己决定。"自助者天助之。克伦威尔出生于一个
清教徒家庭，他不仅仅是从吸吮母亲的乳汁中汲取了这些思
想。他的祖父在追击西班牙无敌舰队的岁月里曾写道："上帝
并不总是用奇迹来拯救他的子民，我们应该自我革新。"他的
孙子将接过改革国家的任务，而"西征计划"的失败让这个任
务变得更加紧迫。[20]

第八章

英国新贵

卑鄙且挥霍无度的无赖。

——罗杰·科克

直到 1655 年 9 月 21 日，克伦威尔才从病痛中恢复过来
（"西征计划"失败可能也是让他卧床不起的原因），他开始审
议兰伯特分委员会提交的两份文件草案。这两份文件草案是
关于成立少将军政官总委员会以及少将和郡委员会委员的任职
命令，少将军政官将与郡委员会一起开展工作。第一份文件指
出，把他们晋升为少将军政官的主要原因是为了防范"他们对
英联邦和平产生令人不安和无法消解的恶意图谋"。少将军政
官被赋予权力来维持属地民兵的"良好纪律"和"带领民兵与
所有敌人作战"。如果发生暴动或外敌入侵，他们可以"将上
述各郡居民组建成军，并对其进行操练、武装和集结，率领部
队按照我们发布的命令对叛乱进行移防"。

1655 年 10 月，克伦威尔政府共任命十九名少将军政官，其
中十六名少将军政官负责各自统领整个国家将要划分成的十个

"军区"中的一个辖区。少将军政官的人选都是与克伦威尔关系
最紧密、最值得他信赖的军事同僚，他们都是"忠心耿耿、文   126
韬武略和谨言慎行"之人。意料之中的是，兰伯特被任命为英
国北部地区的少将军政官，当然，按照要求，他经常需要参加
在白厅举行的国务会议，两名副将会辅佐他开展工作。这两名
副将是：查尔斯·霍华德，霍华德在两人中年龄最小，生于天
主教家庭，具体负责坎伯兰地区，诺森伯兰郡和威斯特摩兰郡；
罗伯特·李尔本，他是平等派活跃分子和理论家约翰·李尔本的
兄弟，负责掌管达拉谟郡和约克郡。同样，查尔斯·弗利特伍
德和菲利普·斯基庞在国务会议中也有一席之地，并有助手辅
佐：斯基庞和伦敦塔最高长官约翰·巴克斯特德联手，牢牢控
制伦敦城、威斯敏斯特和米德尔塞克斯郡；而弗利特伍德则有
经验丰富的希西家·海恩斯协助他治理英格兰东部地区，善于
挑起宗教争端的威廉·帕克协助治理牛津郡和赫特福德郡，他
的亲兄弟乔治协助治理白金汉郡。领衔柴郡、兰开夏郡和斯塔
福德郡的查尔斯·沃斯利疯狂推进宗教改革，不到一年就因劳
累而死。爱德华·惠利是他们当中罕见的宗教温和派，由其控
制东米德兰地区，残暴的威廉·博特勒负责贝德福德郡、亨廷
顿郡、北安普敦郡和拉特兰郡，托马斯·凯尔西执掌萨里郡和
肯特郡。千禧年教派的威廉·戈菲接手伯克郡、汉普郡和苏塞
克斯郡，而独立派的詹姆斯·贝里则继续负责威尔士及其下属
地区（由约翰·尼古拉斯和罗兰·道金斯辅佐），贝里曾与第五
王国派和浸礼宗教徒打过交道。约翰·德斯伯勒是"少将军政
官"这一头衔的原型，他倾向于信仰浸礼宗，仍然掌控着从康

沃尔郡到格洛斯特郡和威尔特郡的英国整个西南地区。[1]

　　这就是英国的新掌权人物，他们中的很多人从被扣押的保
王党人那里获得了大量财产，这让他们和内战中与他们并肩作 ₁₂₇
战的普通士兵产生了隔阂，据称，"气派的庭院、崭新的宅邸
和时髦的妻子让他们激动得忘乎所以"。普通士兵的这种不满
和嫉妒或许会把他们推向查理二世的复辟事业。最气派的当属
兰伯特，他在1652年5月以超过一万六千英镑的价格买下了
位于伦敦西南部的温布尔登府，这在一定程度上反映出他于政
治地位蹿升时在约克郡特别是苏格兰积累了万贯家财。兰伯特
尤其喜欢温布尔登的花园，那是全国面积最大、最美丽的花园
之一。兰伯特被戏称为"金色郁金香骑士"，他很擅长侍弄花
草，对根希百合尤为中意。具有讽刺意味的是，兰伯特在17
世纪50年代悉心照料的园艺景观竟然是亨利埃塔·玛丽亚王
后一手创建的。[2]

　　众所周知，查理一世的艺术品位相当好，他留下了数量惊
人的艺术和建筑遗产。伊尼戈·琼斯是第一位掌握意大利北部
伟大建筑师安德烈亚·帕拉第奥庄重古典概念的英国人，他为
亨利埃塔·玛丽亚在格林尼治建造了"王后宫"，白厅的国宴
厅也是他的手笔，天花板上装饰着鲁本斯绘制的《尊奉詹姆斯
一世》，带有苦涩讽刺意味的是，他的儿子查理一世正是从这
里穿过走向刑场的。然而，圆颅党 ① 和骑士党在品位之间的差

----

① 　圆颅党是指在英国内战时期发迹的国会党派，其成员皆为清教徒，皆剃
　　短发，与当时喜好卷发的传统权贵形象极为不同。由于短发将这些人的
　　圆形头颅十分明显地展现出来，故被称为"圆颅党"。（译者注）

异可能要比人们想象的小得多，当然，这只是对那些处于权力
顶峰的圆颅党而言。内战期间拙劣的偶像破坏动乱和甩卖"已
故国王藏品"这两件事可谓恶名昭彰，查理一世被处决后，他
收藏的出自欧洲艺术大师手笔的藏品被公开拍卖，流落到欧洲
各地。[3] 然而，在奥利弗·克伦威尔的"宫廷"里也有着一种
恢宏气势：1655 年，他下令刻制了国玺，上面雕刻着护国公自
己的盾形纹章和皇冠。"Oliver P"成了他的签名。

护国公的宅邸坐落在位于白厅狭窄而密集的街区以及汉普
顿宫苑宽敞河畔之间的中央地带。如果有可能，克伦威尔很少
离开伦敦及其周遭。1654 年 4 月，克伦威尔和他的家人搬进
了白厅内曾作为皇家公寓使用的套房，套房的各个房间可能是
在仓促中进行的豪华装修，因为自从 1642 年 1 月查理一世逃
离伦敦后，这些房间一直疏于看管。在护国公执政期间，他的
测量总监约翰·恩布里每年都要花费超过一万英镑的资金用于
宅邸翻新，这笔资金的数额大致相当于斯图亚特的年度支出。
翻修汉普顿宫苑是一项相当艰巨的工程，这座宫苑不仅屋顶漏
水，供水也不尽如人意，庭院已经废弃（兰伯特一定是有什
么想法）。但克伦威尔和恩布里却对这个地方寄予重望，为此，
专门下令把萨默塞特宫壮观的大理石喷泉迁到这里，成为克伦
威尔私人庭院最亮眼的景观。最初，这个大理石喷泉的中央安
放的是古典人物雕像，也是伊尼戈·琼斯在 17 世纪 30 年代专
门为查理一世设计的。这座"戴安娜喷泉"几乎完全按照清教
徒式的象征意义打造，上面装饰着仙女、海豚和海怪，掩映着
顶部的戴安娜雕像。清教徒玛丽·内瑟维对装饰上去的"那些

怪物"深感惊骇，于是写信给护国公提醒他说，"虽然圣像的
祭坛在耶路撒冷还没有被拆毁，但上帝对以色列人的震怒一刻
也没停歇"①。

　　克伦威尔对宅邸内部的重视一点不亚于室外。克伦威尔的
内务总管克莱门特·金纳斯利花钱一点也不含糊。1654 年 2 月
至 11 月间，他花了一万两千多英镑为白厅内的房间添置用品，　129
比如一张"具有印度风格"的卧榻，其中大部分用品都来自皇
家收藏，还有一系列令人印象深刻的绘画和挂毯。白厅毕竟是
展现这个政权公众形象的一部分，来自欧洲各地的大使和特使
将在那里觐见克伦威尔。不管克伦威尔政权的意识形态是什
么，它都会竭力向整个欧洲大陆的盟友和敌国展示和以往王权
国家类似的富丽堂皇：这里是国家元首的所在地。正如威尼斯
大使贾瓦利纳汇报的那样，在白厅举行的仪式表达的是"对当
下国王的谄媚和尊重"：大使们将以一系列事先编排的非常正规
的步骤觐见护国公，称他为"最安详的殿下"[4]。这种仪式不应
被过多地视为克伦威尔个人品位的反映，而应更多地看作一个
政权对外展示的排场，通过这种排场向遍及欧洲及世界其他地
区的传统宫廷看齐，以此谋求这个政权的合法性和正统性。在
鲁本斯绘制的斯图亚特王朝君主的巨大画像下向护国公殿下致
意，这对来访者来说一定是一次发人深省的经历。克伦威尔一
反外交礼仪常态，坚持让各国元首给他写信时以"兄弟"相称，
但一手缔造了绝对君主制的法国首相马扎然主教对此很反感。

---

① 这座喷泉目前仍在附近的布希公园展出，其于 1713 年被移到该处。

　　要想了解克伦威尔的个人审美观，汉普顿宫苑更能说明问题。这里是他静修的场所，也是他的家人和最亲密的盟友静养的地方。克伦威尔的女儿玛丽的婚礼就在汉普顿宫苑举行。它的内部更有可能是根据他的个人品位而不是出于国家的考量来装修的。汉普顿宫苑的装修风格并没有折射出清教徒那种刻板的审美观。

　　汉普顿宫苑的挂毯采用的是一种特别昂贵的装饰形式，上面描绘了维纳斯通奸的形象。此外，在一间名字起得很贴切的 130"天堂间"里，装饰画更进一步阐述了罪恶的故事——庆祝七宗罪的胜利。克伦威尔收集的绘画在主题上也同样堕落颓废。阿特米西亚·简提列斯基绘制的《沐浴的拔示巴》，其不大可能符合清教徒的礼仪要求，而安德里亚·斯齐亚沃尼的《圣母与圣子，圣伊丽莎白，幼儿时的施洗者约翰和圣贾斯廷娜》以及卢卡·坎比亚索的《圣母升天》则是天主教用于祈祷的虔敬作品，这与克伦威尔信奉的新教教义格格不入。

　　克伦威尔身边有钱有势的人也试图用豪华来包装自己。总检察长埃德蒙·普里多在多塞特郡的福德教堂建造了一座新的宅第，此处以前是熙笃会①修道院；建筑师彼得·米尔斯在克伦威尔堂兄奥利弗·圣约翰的指示下，设计并建造了位于彼得伯勒附近的索普府邸②；约翰·瑟洛在伊利重建并翻新了威兹比

---

① 熙笃会是罗马天主教修道士修会，又译西多会。修会于1098年建在法国第戎附近的勃艮第的森林里，其主要目的是复兴严格的本笃会规范。（译者注）
② 米尔斯后来为查理二世的加冕典礼设计了凯旋拱门，1666年伦敦大火灾发生后，他还是领衔重建伦敦城的四名测量员之一。

奇城堡。里斯勒子爵等显赫的大臣也积累了价值连城的艺术藏品，也许他们这样觉得，克伦威尔自己搞收藏就是给了他们也这样做的自由。重要的是要记住，这些人虽然不是贵族，但大多都是绅士阶层出身。因此，他们的品位自然也就和既有钱又有权的温文尔雅的绅士相仿。克伦威尔的御马官约翰·克莱波尔迎娶了护国公的千金小姐伊丽莎白为妻，他非常喜欢绅士的乡村逐猎活动，比如打猎和斗狗。

少将军政官都是年纪轻轻、精力充沛的人，他们中的大多数人不到四十岁，而且一般都和所辖地区有着盘根错节的联系。其中只有弗利特伍德、霍华德和李尔本三人来自富有的地主家庭，而沃斯利则是曼彻斯特大富商的儿子。这些少将绝大部分都是小绅士，虽然有些的确出身中上阶层家庭；人们从一开始就对这些出身低微的新贵阶层颇有微词，说他们自命不凡，其实是有一定根据的。巴克斯特德是"做顶针的手艺人"，凯尔西是伦敦商人。贝里曾是什罗普郡一家钢铁厂的职员。沃斯利1656年去世后，托比亚斯·布里奇取代他掌管柴郡、兰开夏郡和斯塔福德郡，被轻蔑地称为"平民龙骑兵"。

这些少将军政官的任务就是改造国民的道德观。他们不仅可以征召在初夏组建的新的郡民兵，而且从1655年10月下旬起，他们还可以"以保护英联邦和平为名成立特派员机构"，这个职位取代了年初设立的民兵长官。根据郡的规模和人口，将任命大约十至三十名特派员，特派员由文官和民兵担任，挑选的标准是"全心全意"支持现政权，心甘情愿充当政府的耳目，尽管这些外来的官员并不完全受当地民众的欢迎。戈菲指出，和少将军政官一样，特派员的社会背景也应该相对适中——"这个差事必须压在中等阶级的肩上"。有些特派员是来自各郡公认的实权人物，他们财力更加强大；当然，也有少数出身卑微的特派员，他们迎合了巴克斯特德和贝里的喜好。在柴郡，沃斯利招募的特派员中就包括一位"出身低微的要员"，他为揭露罗杰·科克等保王党人提供了更多有价值的证据，因此科克断定，在萨福克郡招募的特派员都是一些"卑鄙且挥霍无度的无赖"。

特派员非常好招，尽管有些人对这个职位非常谨慎；还有一些人，比如德比郡的托马斯·桑德斯上校，则直接回绝了。偶尔也会出现借故离开的现象，德斯伯勒向护国公报告说，他手下的两名特派员就是借着牙疼和痛风发作为名而辞职了。在某些情况下，出于对这种治理体系带来后果的深入思考，也出现了不少担忧的情绪。德斯伯勒手下有一位叫托马斯·格罗夫的人，他在德斯伯勒眼里是那种"脾气秉性比较和善的人"，他这样写道："除非我认真考虑过，并得出自己的拙见，否则不会接下任何差事，这样一来，我做什么都无愧于自己的良心了。"这样的好人做事都是前思后想，但很有可能成为一个比较差劲的特派员；从格罗夫的政治生涯就可以看出，他最后遭到了排斥。极个别的情况下，也会有人混进特派员队伍，目的就是为了破坏克伦威尔政府，为他们的政治盟友提供庇护。克里斯托弗·吉兹就是一例，他生在声名显赫的保王党家庭，但却离经叛道，怎么看都不会被误认为一名清教徒，他使尽浑身解数帮朋友逃避加在保王党人头上的抽取税，但几乎就没成

132

功过。吉兹的这种吃里爬外的勾当让德斯伯勒非常愤慨，在
1656 年 8 月举行的议会选举中，德斯伯勒下决心要对他进行
激烈的抨击，狠狠揍他一顿。然而，吉兹毕竟只是个例。大多
数特派员都像少将军政官一样，一心扑在他们的任务上；正如
英格兰内战研究方面最权威的历史学家塞缪尔·罗森·加德纳
所说，特派员和委任他们的人"做到了最大程度的步调一致"，
尽管这么说稍微夸张了一点。这个判断从少将军政官自己的评
论中得到印证。

　　这些一心想攀龙附骥的人和政府中因袭守旧的行政官员、
当地"土生土长的官员"、治安法官和地方执法官产生了分歧。
从新的治国体系公之于众开始，少将军政官就指责文职官员态
度冷漠、百般阻挠。早在 1655 年 6 月，贝里就向克伦威尔抱
怨说，他治下林肯郡的地方执法官"终日无所事事，人民昏昏
沉沉"。实际上地方事务非常繁忙，党同伐异现象也非常危险。
有些少将军政官，比如东米德兰地区的惠利将军，甚至自己委
任自己为治安法官的角色，这可能是因为他们对执行普通法的
当地官员几乎一点儿都不信任①。⁵

　　特派员似乎已经进入角色。负责赫里福郡的詹姆斯·贝里
提到了他们，说这些特派员"欣然上任"并"感到很满意"。
即便是生硬粗暴且要求苛刻的博特勒，也对协助他治理贝德
福德郡的特派员赞不绝口："上帝让我们这些身在异地的诚实
朋友心中充满活力，投身到这项伟大的工作当中；但我更觉得

────────────
① 也可以这样认为，惠利将军之流采取这样的行动，是想在地方政府传统
　机构内部及其之间达成和解。

这些绅士非常了不起。"他的特派员热切地"想找到一种方法，能让所有好人都安心静气地生活，而我们现在继续推进的事业正是一剂良方"。凯尔西谈到了选派给他的特派员"非常热情和亲切"。当然，在这里工作可能会有一些奉承的成分，这些新上任的人都心知肚明，他们也竭力想讨人喜欢。博特勒的特派员以同样的方式回应了瑟洛，他们给瑟洛写信说，自己之所以热情地接受这项工作，是想"通过这种办法让所有好人都安心静气地生活"。他们中的大多数人热心地执行任务，特别是和保王党打交道时更是如此。[6]

少将军政官肩负政府二十一项正式指示的落实工作，其中第二项指示将保王党人分成三类。第一类也是最紧迫的一类，就是那些在 1655 年 3 月的事件中积极活动的人，这些事件最终促成了彭拉多克发起暴动。他们面临的命运就是监禁、流放和扣押财产。被划入第二类的是那些"以言行来维护已故国王或他的儿子查理·斯图亚特利益"的保王党人。这些人也可以被处以监禁或流放，但除非他们未经允许从流放地返回，否则他们的财产不予以没收。到目前为止，这些分类中最具争议的是最后一个分类，其与 1652 年残缺议会通过的《大赦令》完全抵触，但还是得到了克伦威尔的支持，尽管"附上了许多限制条款"。按照《大赦令》，凡是在 1651 年 9 月伍斯特战役前有叛国行为的保王党人，如果现在同意与英联邦和平共处，则全部予以赦免。但目前的情况却是，应受惩处的保王党人被非常随意地追溯到 1642 年以来所有反对议会的人。虽然他们中的许多人并没有任何反对现政府的言行举止，但现在必须缴纳百分之十的抽取税，征税的起点是每年产出值达到一百英镑的土地或价值一千五百英镑及以上的财产。这笔税款将专门拨付给政府，以资助新组建的民兵。这对克伦威尔的"恢复和解决"计划来说做得有些过头了。

*

1655 年 10 月 31 日，克伦威尔政府发布了一份官方通告，宣布正式开始实行少将军政官治国体系："在内战的问题上，天意已经昭示保王党不得人心，胜利者用极尽温和的措施表达了对战败者的胜利。"这个所谓的"极尽温和的措施"就是政府颁布的《大赦令》。通告继续写道："所有的宽容和赦免都以未来的良好表现为前提。"参照彭拉多克暴动以及其他涉嫌谋反的阴谋诡计，可以判定"保王党以这种行为证明自己不想争取赦免，政府不必再采取宽大政策"。政府想当然地认为，对保王党采取更为严苛的举措得到了更广泛的民众支持："我们对保王党的部分个人财产课以重税，税率超过其他国民的标准，这是为了支付保王党当年发动战争时带给我们的支出，这一点应无任何疑义。"通告再次提到保王党与平等派结成罪恶联盟，为此准备"组建新的骑兵常备军"。而且通告指明，新组建常备军的军费将由"反叛者负担"。税收新政针对"全体保王党人实施，因为这次暴动显然牵扯到整个保王党"。而且，虽然事实上许多（或许是大多数）保王党人被动地接受了克伦威尔统治，但这只是因为他们没有任何其他现实可行的希望。

解除天主教徒和保王派武装的工作正在快速推进（这两者通常都是同步进行的，因为贵族信仰旧宗教的普遍程度是普通民众的四倍），其实政府在实行新的治国体系早期就已经为此投入了一定精力。据称，爱德华·惠利留给罗杰·伯戈因爵士的不过是一把"鸟枪或配剑"。有些当地特派员的行为带有报复的成分，他们不会放过这个和宿敌算账的大好时机。毫无疑问，博特勒兴奋地报告说，他手下的特派员非常高兴能"接手这项工作，把那些亵渎神灵和大搞偶像崇拜的市井乡绅以及给英联邦丢脸的人揪出来并报告给我"。像博特勒这样的强硬人物威胁到了当地的权贵。博特勒发现他的特派员一开始在征收抽取税时"有点胆怯"，但他很快就让他们顺着自己的意志行事，博特勒这样记录说："特派员让那些保王党人操起了犁头犁地，他们羞愧得不敢回头看一眼。"[7] 因行为不良而受到惩戒的保王党人有一万四千名，如果做错事，他们还要被额外罚款五千英镑。此外，伦敦还设立了一个登记处，任何到伦敦的保王党人都必须在抵达后二十四小时内进行报告。国内主要港口也实行了类似的登记报告制度。从 1655 年 12 月起，无论是否是外国人，只要来到英国，都必须向当地少将军政官或他指定的代表当面汇报，说明他们从哪里来，要去哪里，如果去伦敦，就要在当地登记，违者处以监禁。

*

即使对虔敬的人来说，钱也是头等重要的大事，因此，新上任的少将军政官及其特派员的首要任务就是对抽取税进行评估和征收，这是一项很有挑战性的任务，因为至少在理论上，他们必须在 1655 年 12 月 21 日之前完成全部征收工作。总的来说，特派员在稽查税款时可谓非常严格——一周内可能会有多达三十人被传唤和调查——特别是在与被稽查对象有个人恩怨时更是如此。白金汉郡的特派员坚持认为，征收抽取税并不是"敲骨吸髓"，而是"纠正他们体内紊乱的体液，使整个身体重新恢复正常状态"①。这只不过是治愈国家战争伤痛的口头说法罢了。许多特派员高兴地吹嘘他们战胜了自己的保王党邻居，把少将军政官的统治看作是"从那一代无情的人手中把他们解救出来的工具"⁸。特别是，抽取税被视为一种纠正手段，用以减轻"善良而爱好和平的人民（他们过去一直生活在水深火热之中）"的负担。柴郡的特派员向克伦威尔坦承，他们"一直都有这样的想法，那些不断破坏我们和平生活的罪魁祸首不应该和我们平等地分享自由，这个自由是我们以极其高昂的代价换来的"。诺丁汉郡也持同样的看法，该郡的特派员对"指控有罪者和宽慰无罪者体现出来的智慧和司法公正"称赞有加。保王党人爱德华·尼古拉斯在海牙的流亡宫廷报告说，他们一干人等"遭到痛骂"，特派员在追缴税款时"非常严厉"。他认为，一些保王党成员"正盘算着越快逃离英国越好"⁹。

　　然而，"复仇的热情"并不是十分普遍。例如，在萨默塞特郡，抽取税的评估是通过和执达官商议达成的，执达官代表的是当地强大的西摩家族，这个家族处事圆滑，不愿意为英国

---

① 这是一种改造保王党人的比喻说法。现代医学出现以前，西方盛行的治病理论是古希腊著名医生和学者希波克拉底（约公元前460—前377）提出的体液说，他认为人体含有四种不同的液体，即血液、黏液、黄胆汁和黑胆汁。四种体液配合恰当时，身体便健康，否则就会出现疾病。早期的放血疗法依据的就是这个理论。（译者注）

西南部地区的暴动出钱出力。特派员的回答"非常温和"，毫无疑问，他们对这个名门望族有些敬畏。斯塔福德郡的一位特派员托马斯·克朗普顿向他的社会地位较高的朋友理查德·莱维斯顿爵士保证，他会"按照任务和命令的权限以礼相待"，如果天气状况"比较糟糕"，他会主动登门处理工作，而不会给他的朋友造成不便。当然，这样友善对待保王党人的情况并不多见；清教徒特派员特有的激情并不会让他们觉得低人一等，也不会产生"欺世盗名"那样的想法。毕竟，他们是上帝的选民，胜过任何世俗力量赋予他们的地位。柴郡的特派员则更为彻底，毫无疑问，他们有精力异常旺盛的沃斯利在背后撑腰，将保王党人自己得出的财产估价与个人最近的财产调查进行比较，并在有争议时委托开展新的调查。[10]

　　根据现存的记录来看，在英格兰和威尔士大约三分之一的郡中，估计有一千五百至两千名保王党成员被征收抽取税，为政府金库筹措的资金大约为五万英镑。如果真是如此，那么新组建民兵部队所需军费的缺口仍有三万英镑左右。从一开始，政府似乎把注意力更多地放在对该政权俯首听命的"敌人"的惩罚上，而不是放在对税收或维持新军事统治体系所需的资金的管理上。虽然对保王党人的税收稽查不可谓不严，但这个国家的保王党人根本就没有多少钱能上缴，就算收缴上来，对国家庞大的债务来说也是杯水车薪。大多数保王党人都是真心实意地缴清了所有税款；拒不缴税的现象非常罕见，就算真有这种现象，惩罚措施非常严厉，有时甚至诉诸暴力。有些少将的受讨厌程度比其他人更甚。博特勒傲慢而专横，北安普敦伯

138

爵由于直到 1655 年底仍拒绝承诺终身安分守己，因此被关进大牢。事实上，北安普敦伯爵已经向克伦威尔提出申请，克伦威尔同意他可以提供一年的承诺，而不是通常的终身承诺。博特勒最终还是让步了，但却极不情愿，而且还是在国务会议一再警告之后才妥协的。让博特勒高兴的是，他的部下把贝德福德郡打造成了清教徒的据点，这些清教徒"以把那些亵渎神灵和大搞偶像崇拜的市井乡绅以及给英联邦丢脸的人揪出来并报告给我为己任"。直到少将的治理模式被废除，博特勒的名声依然存在：1659 年，随着护国公制土崩瓦解，一位议会议员宣称，博特勒的"罪行通常遍布北安普敦郡"[11]。

　　负责征收抽取税的人认为，这项税的起征点设置得"太低了"，沃斯利就曾向瑟洛抱怨过这一点。正如 1655 年 3 月发生的谋反事件揭示的那样，那些没有多少财产、没有多少土地或者根本就一无所有的人被认为"与那些较富裕的上层保王党人一样，对现政府心怀不满，伺机造反"。但令人惊讶的是，这些抱怨在靠近权力中心的地方收效甚微。保王党人要想合法地减少应缴税款，甚至有时候完全逃避抽取税，其中一个方法就是向伦敦政府求助，人们发现，伦敦政府对请愿和请求宽大处理的态度要比属地少将军政官宽松得多。德文郡伯爵威廉·卡文迪什就是个例证，对卡文迪什这样更有头有脸的人物，克伦威尔和他的国务会议采取的政策并不是那么严厉，尽管当地的特派员宣告暂缓对德文郡伯爵征税无效。像这样"不依不饶的官员"，他是不会为上级的纵容态度买单的。惠利提醒瑟洛说，他的特派员看到保王党人"在上帝真正改变他们并在他们心中施以恩典之前，投入你的羽下，特别是那些显赫人物的羽下，会非常恼火"。特派员有时会在当地对取得中央政府豁免的人采取行动：尽管国务会议已经暂缓对贝德福德伯爵威廉·拉塞尔的起诉，特派员还是向他追讨了应向伦敦城缴纳的三百英镑税款。

　　归根结底，在反对抽取税的斗争中，对保王党最有利的因素并不是克伦威尔和他的国务会议的宽大处理，而是他们为各地少将军政官和特派员制定的任务的艰巨性。他们可能使"整个保王党遭到了最残酷的迫害，这种迫害程度是保王党以前从未体会到的"，但设定的时间期限和能收缴的财富并没有如其所愿。

　　如果通过抽取税无法合理地筹措到更多的资金，政府最终可能就要被迫压缩耗资巨大的民兵部队的规模。而民兵规模的大小是和少将军政官所辖属地的具体情况相关的。有些将军没有多少保王党人可供其搜刮，比如统辖威尔士和诺福克郡的少将军政官就属于这种情况。而其他少将军政官（比如统辖地为林肯郡）面临的是庞大的反叛者人群，自然就能收缴上来数目可观的税款。虽然应对这种地区差异的明智做法是将一般性税收收入均等地供养各地区的民兵，但国务会议还是在 1656 年 2 月达成共识，应削减各地民兵的数量，每个部队的人数从一百人减至八十人。到了 4 月，这个政策已经贯彻到所有地区，少将军政官从抽取税中获得军费，维持下属部队的运转。这项制度的实施得到加强和集中，责任归属也更明确。少将军政官也被赋予相应权限，既可以确定征税的税率和措施，在时限上也可以自行确定。1656 年 4 月，惠利少将在诺丁汉郡写了一封信，信中提到他担心镇上的集市敲钟时间太晚："如果殿

下和国务会议在整个英国发布一个公告，命令所有市长、高级
市政官以及城市和企业的执达官最晚十点或十一点就要敲钟，
少将军政官们就会注意到这是应该遵守的规定。"

*

与无政府状态带来的动乱相比，人们更喜欢一揽子温和的
专制统治措施，这是一种并不限于17世纪英国的政治观念。
然而，强加的让人一本正经的虔敬则完全是另一回事。根据塞
缪尔·罗森·加德纳的说法，"（少将军政官）扮演的是邪恶的
劝阻者和美德的鼓吹者，这激起了人民最强烈的反对"，最杰
出的现代历史学家克里斯托弗·杜斯顿对此深表赞同。国家的
安全被广泛认为是极其重要的，虽然维持国家安全的这套体系
的财政负担是由少数人承担的，而且这个少数群体对国家"充
满敌意"，但总体上来说，这对该政权是有利的。特别是克伦
威尔，他对任何能缓和民怨的计谋都相当自豪。护国公宣称：
"我们要把责任推到肇事者（指保王党）身上，这是一件无比
正义的事。"

随着彭拉多克事件逐渐淡出人们的视野，国内没有出现进
一步的叛乱，这把克伦威尔政权引入到一条缓慢的去军事化道
路上，随之得到重新加强的是对国民行为举止的管理。少将军
政官从就职开始就接到命令，要严厉打击赛马、斗鸡和逗熊，
不仅仅是因为这些活动本身就不道德①，而是因为这些活动（包

---

① 克伦威尔政权反对这类运动的依据是清教徒不赞成赌博，而不是任何出
于对动物福利的关注。

括素有"罪恶之窟"之称的剧院）都藏污纳垢，骑士党的阴谋
诡计都从中滋生。由此便带来了新的紧迫任务。政府将提高国
民的虔敬和美德，"驱逐"精神贫瘠的牧师和教师，打击酗酒
和亵渎上帝这样的罪恶。然而，这种取缔和制裁并没有自始
至终一以贯之。1656 年 3 月，埃克塞特伯爵当面请示惠利少
将，"格兰瑟姆夫人杯"赛马是否按期举行。惠利给克伦威尔
写信报告了他的决定，按照他的推定，"殿下的意图不是……
剥夺绅士们的权利，而是防止势不两立的敌人纠集在一起"。
其他人则强烈反对少将军政官对此类活动的查禁。骑士党拉尔
夫·维尔尼爵士是一位曾被流亡和监禁的前议会议员，他对此
举不仅感到愤怒，更多的是一种深深的挫败感，他写道："我
非常喜欢古老的英格兰，但现在发生的事没法再让绅士从这片
国土中找到什么快乐了。"[12]

　　下层社会并不总是能得到这样的宽容。自都铎王朝时代以
来，酒馆的许可证一直都由治安法官管辖，他们对公共道德的
观点倾向于宽容。现在，酒馆将根据大小和特色受到更严格的
监管，甚至不再发放经营许可证。在考文垂，市长罗伯特·比
克对多达五十处无证经营场所进行了认真彻底的审查，这位市
长有一个习惯，那就是派民兵制裁在任何安息日外出的人。问
题是，当严格按照清教徒的清规戒律执行许可制度时，税收收
入就会下降，有时甚至是急剧下降。然而，少将军政官继续恣
意地一意孤行。伍斯利强迫切斯特的良民恭顺，他在 1656 年
2 月向瑟洛吹嘘说，有几种类型的酒馆很快就会难以为继："对
政府怀有敌意的酒馆，超过经营范围的酒馆，在开阔而阴暗角

落经营的酒馆，信誉不佳和妨害治安的酒馆，被怀疑声名狼藉的酒馆。

　　没有哪位少将军政官比沃斯利更热心地承担起道德改造的使命，他一度恣意弄权，对护国公的事业表现出一种失去理智的病态坚持。沃斯利曾要求柴郡、兰开夏郡和斯塔福德郡的独立派会众列出一份他们希望在本地区进行改革的愿望清单，并将之透露给周边不那么虔诚的郡镇居民。清教徒集美德和仇恨之大成的美梦终于成真。在兰开夏郡的奥阿尔瑟姆，基督教堂里特别热情的会众渴望清除教区内"渎神和异端牧师，他们遍布于全国绝大多数小讲坛"，反击那些不像他们这么热忱的人（实际上就是除他们以外的所有人），并阻止任何可能找到快乐的活动。毫无疑问，这是沃斯利在谈到"采取非常严格行动"的城镇时所指的解决方法之一。据扬扬自得的沃斯利说："上帝已经为这伟大而美好的工作，将祷告的圣灵赐给了他的子民。"[13]

　　在沃斯利到达兰开夏郡后的三个月内，那里的监狱里挤满了因违反规则而被关进来的人；而在该郡的奥尔瑟姆地区，有两百家未经许可的酒馆被关闭。临近的柴郡也是一样的景象。但在柴郡，令清教徒感到特别自豪的是，那里将给那些因按国教仪式结婚而被监禁的人一席之地，1653 年颁布的《国民婚姻法令》禁止了这种结婚仪式。沃斯利对自己成就的评价或许可以作为他的墓志铭："那些措施让好人欢乐，让坏人恐惧。"他很快就需要这样的人生结语了。查尔斯·沃斯利于 1656 年6 月逝世，他的死很可能是因为一心扑在公众事业上而操劳过

度，留给仰慕者的是对他"真诚、热心和诚实努力"的悲恸与
哀悼。

*

1654 年 8 月，克伦威尔政府通过了一项"驱逐不道德、
无知和不称职的牧师和教师"法令，并在郡一级设立了分委员
会，负责审理行为或布道涉嫌违法的个别神职人员的案件。不
过，那些驱逐者大部分都处于无事可做的状态。少将军政官治
理制度在全国推行后，被视为纠正这种状况的一个大好时机，
驱逐法令得以死而复生，少将军政官凭借这项法令便可以清除
不称职的牧师，并监禁那些拒绝停止布道的人。有些少将军政
官，特别是德斯伯勒、李尔本和海恩斯，对这项任务的重视程
度比其他人更高。海恩斯在埃塞克斯郡尤其冷酷无情，他乐此
不疲地向他的哥哥罗伯特征收抽取税。他的朋友拉尔夫·乔塞
林是埃塞克斯郡一位深切同情护国公制的科尔恩伯爵的牧师，
乔塞林在日记中记录了他对驱逐者的严酷性以及驱逐者对他和
他的牧师同伴表现出的敌意的关注（他的日记是这一时期最完
整、最透彻的原始资料之一）：

　　就我而言，我在那些日子里看不到任何美好，我也不喜欢
看到牧师受制于世俗的权力，进而被世俗权力压迫。这就是当
时可被看作上帝最早朋友的一些牧师的真实情感，上帝会希望 144
把我们从那里送到巴巴多斯岛。

然而，在邻近的萨福克郡（萨福克郡是清教徒人数最多的

郡之一），海恩斯与当地的权贵，如托马斯·巴纳迪斯顿爵士建立了友好关系。海恩斯甚至写信给瑟洛说："我没想到他们能如此痛快地接受驱逐法令。"

对虔敬的托马斯·霍尔比奇的迫害是一个特别令人震惊的例子，霍尔比奇是弗利特伍德辖区的一名教区牧师，他在内战初期被逐出埃平教堂后，从各方面反馈来看，一直都顺从政府。但恶毒的敌人揪着他的过去不放，向当局报告了他曾是保王党人，霍尔比奇再次遭到驱逐。尽管霍尔比奇向弗利特伍德提出上诉，但弗利特伍德对这起明显不公的案件无动于衷，霍尔比奇事后这样评价这位冷漠的少将军政官："这根本就不是他一个人所为。"像这种不公正的案例非常罕见，当然，背后的原因并不是清教徒特派员大发慈悲。事实上，调查程序往往被拖得很长，而且当地民众也很少支持这类调查，毕竟当地人都是隐藏着的英国圣公会教徒，不肯放弃公祷书。虽然有些特派员怀有敌意，但在少将军政官的统治下，牧师很少遭到驱逐。[14]

*

实际情况是，少将军政官及其特派员的道德监管引发诸多反感，产生的效果也非常有限。根据他们的统计，几乎没有任何证据表明性侵犯罪有所减少，或者乡村的斗鸡等活动被成功取缔。而且，英国在当时可以说拥有欧洲最成功的贫困救济制度（这多亏了伊丽莎白时代颁布的《济贫法》），但由于内战的破坏，流浪行乞者的数量大幅增加，一直都是一个需要解决的社会问题。有些少将军政官为解决这一问题付出了相当大的努

145

力，他们动用野蛮且有效的方法，将那些可怜的流浪者集中起来流放到海外，但他们发现中央政府无法凑齐所需的船只。结果，多数人重新流落街头。

不过，也有人认为这一治国体系正在发挥作用。惠利向瑟洛汇报说，东米德兰地区的人民"认为我们的存在对他们郡而言就是一种恩惠"。像他这么想的并不止一个人。在威尔士，罗兰·道金斯认为他们取得的成效"有目共睹"，南威尔士的良民认为他们的统治"非常有必要且公正"。然而，值得注意的是，少将军政官接触的最多的是围着他们团团转的特派员，特派员不仅和他们的看法相同，而且对他们取得的成绩也过于乐观。少将军政官和他们的特派员的治理效果到底如何，很快将由公众做出评判。

第九章

全民公决

我们的敌人吓破了胆，我们的朋友倍受鼓舞。

——罗兰·道金斯

少将军政官的统治体系似乎建立在牢固的基础之上，至少从那些最接近这个体系的人的观点来看是如此。将军和他们的特派员从很多方面改变了首都以外地区的行政管理。首都以外各个辖区都组建了民兵部队并进行训练，以保卫辖区的安全。这些辖区采取措施打击现政权的敌人，不管这样的敌人是否真的存在；完成了对保王党人抽取税的估税，并以一定的时效完成税款的征缴；驱逐了被视为不称职的教会牧师；用清教徒的清规戒律和伦理道德改造社会这个更艰巨的任务已经在全国展开。护国公目睹他们取得的成绩，心中很是高兴，至少从表面看起来是这样。

对于克伦威尔政权，财政危机始终如影随形，随着1655年10月英国正式宣布对西班牙开战（"西征计划"导致的不可避免的结果），这种危机变得更加紧迫。抽取税根本就无法为

民兵部队提供充足的军费。政府的债务不断攀升。此外，苏格
兰、爱尔兰和西印度群岛的守备部队也需要资金进行维持。到
了 1656 年年初，军费已达到政府年度开支的一半以上，接近
两百万英镑。按照《政府约法》，"一旦将来与外国发生战争，
应立即召集议会，听取议会关于战争的意见"。克伦威尔并不
想召集议会，他担心护国公与议会将形成相互掣肘的局面。

　　1656 年 5 月，克伦威尔在伦敦与国务会议的成员举行了
多次会议，所有少将军政官都到会。这些会议旨在解决财政危
机，其对政权的稳固，特别是对巩固该政权的军队带来严重威
胁。克伦威尔认为这些会议非常重要，重要到甚至把威廉·戈
菲控制在会场，不允许他告假回家处理紧急家事。

　　会议听取了许多增加财政收入的提议，比如大幅提高月度
入息税和延长抽取税征缴期限。征税计划很难令人满意，即便
征税的负担主要落在那些少数被打败的保王党人身上，特别是
如果征税由不负责任的行政部门强制推行，情况会变得更糟。
这就是为什么成立新议会的苗头又冒了出来，对某些人来说，
尤其是各地的少将军政官，新议会变得更有吸引力。克伦威尔
喜欢成立议会这种想法，但当议会真的成立时，他又心生厌
恶：选举总是会让那些令人讨厌的议员重新现身。贝尔朋议会
和第一届护国制议会两次让克伦威尔受挫，他不敢把赌注再压
在第三个议会上。

　　但他的少将军政官坚持认为，这次的情况会有所不同。将
军热切地宣称，他们对自己辖区的状况了如指掌，而且坚信国
家的道德改造正在顺利进行。他们的耳目遍及各处，相信新的

选举将改变议会的人员组成结构——这次回归的议员将比他们 149
的前任更加同情这个政权及其抱负。他们似乎没有意识到，他
们误读了这个国家，因为他们很容易受到与他们一起工作的那
些热心特派员的阿谀奉承：和许多新的掌权人物一样，他们很
少会突破自己业已形成的根深蒂固的观点，把思路放到更广阔
的外部。的确，新的治国体系已经产生积极的效果，即使对威
尔士这样的"黑暗角落"也是如此。据贝里的副手罗兰·道金
斯说，在威尔士，"我们的敌人吓破了胆，我们的朋友倍受鼓
舞。我们的和平……得到稳固，所有罪恶和淫邪都被抑制住"。
尽管少将军政官在属地的治理中一般都是采取高压手段，而不
是诉诸残暴统治，但他们在与当地风俗和社会结构融合时却不
那么机智圆滑。他们抛弃了古典宪法，而这是作为社会中坚力
量的稳定的绅士阶层所钟爱的宪法，绅士阶层长期以来一直对
地方政府负责，也是时刻需要补充的国库的重要税收来源。

　　克伦威尔身体状况很差，骑兵生涯中对身体造成的极大损
害正在显露，而"西征计划"的失败又让他陷入自我怀疑的痛
苦当中。护国公、文官委员以及少将军政官之间的辩论一直都
是充分而坦率的。据威尼斯大使贾瓦利纳说，开会时他们"针
锋相对，用词尖刻，从来没有达成过一致意见"。礼貌谦恭完
全被抛在一边，而且国务会议议事时也变成了只有少数几个人
聚在一起，争辩日益集中在兰伯特、弗利特伍德、德斯伯勒和
瑟洛之间，他们私下召开会议，在激烈而不愉快的争吵中表
达他们对相关事务的关切。但他们达成了某种协议。绝大多
数少将军政官对即将到手的成功和声望非常有信心，但也有例

外，比如德斯伯勒对此就不以为然，他的看法更悲观一些。他
们设法说服克伦威尔重新召集议会，到时候他们青睐的候选人　150
毫无疑问会在议会选举中取得压倒性胜利，克伦威尔会想起这
一幕，"根据他自己的判断，国务会议提出的决议怎么都不合
时宜"。有了选举机构支持所带来的合法性，他们将采取措施，
使政府的财政建立在一个更稳固的基础上，即使这样的基础并
不是完全可靠。而少将军政官的统治体系，即把英格兰和威尔
士"划郡而治"的现状变为半军事采邑，甚至都有可能永久存
续下去。

　　像亨利·范恩这样的共和派强硬分子，他们知道这个克伦
威尔政权陷入财政困难的焦虑之中，发现要求建立议会的呼声
越来越高，因此敏锐地嗅出恢复类似"残缺议会"这类事物的
机会，从而摆脱"军人治国和抽取税"。1656 年 5 月，范恩出
版了一本简练的小册子，名为《兹供考虑和解决的治愈问题》，
表达了他呼吁反对军人治国的思想，重申了对过去美好事业的
吁求：

　　　要想有公正和良好的政府宪法，
　　　首先，要将许多共识进行有序结合，
　　　作为公共的和共同的最高司法权或可见的主权，
　　　以自由和有序实践的方式设置，
　　　对统治权或军事权进行指导和运用，
　　　促进全体人民的利益和共同福祉，
　　　而不受任何内外部干扰或烦恼。

其次，所有单独的个人，

都要有一个类似的联盟并做好思想准备，

（尽一切所需的力量）执行和遵守

由他们自己的代表和受托人颁布的主权法律和法规。

范恩因自己的恶言恶语被传唤到国务会议，他被控颠覆国家罪，并处以五千英镑罚款，勒令他从此以后"不得做出任何有损现政府以及英联邦和平的事情"。范恩拒绝服从这样的规定，认为政府的这种行为无异于斯图亚特的专制和权力滥用。151 他在怀特岛被短暂监禁，人身保护令对此也无能为力①。1

其他主要的拥护共和政体的人和共和派也成为政府的打击对象。约翰·布拉德肖被免去切斯特大法官的职务以及他在威尔士的其他司法职位。埃德蒙·卢德洛在任爱尔兰陆军中将期间曾散发反对政府的作品，被带到克伦威尔面前单独进行质问。克伦威尔问他："你已经位高权重，还有什么不满足的吗？"卢德洛直言不讳地回答说："我们为之而战的国家应该经过这个国家自己同意才能施政。"然而，在这样一个派系林立的国家，到哪儿去找这样的同意呢？卢德洛认为，自然应该在"高级教士、长老派、独立派、再洗礼派和平等派"那里。但实际情况是，目前也只有克伦威尔才能保持这个脆弱的统一。尽管仁慈的克伦威尔允许他退休，到埃塞克斯颐养天年，

① 历史学家罗纳德·赫顿将范恩描述为："历史上最著名的一类人之一，这类人虽然生在权贵家庭，但却成长为激进的知识分子。"

那里远离他的西南部各郡大本营，卢德洛还是被命令缴纳五千英镑的保释金，但他没有支付这笔保释金。[2]

*

尽管克伦威尔顾虑重重，成立"特别"议会的书面命令还是于 1656 年 7 月发布，8 月举行选举。实际上，这成了对少将军政官治国体系的全民公决。虽然德斯伯勒警告说，虔敬之人"很可能面临巨大阻力"，但少将军政官和他们的特派员还是兴致勃勃参加竞选，清教徒牧师则全力支持顺从新秩序的候选人，规劝信徒投票赞成那些虔敬的人。威廉·古纳尔是拉文纳姆萨福克镇圣彼得和圣保罗教堂很有号召力的教区牧师，他认为，通过选举才能摸清"这个国家的性情"："我不觉得选举和我们承认或否认上帝有什么关系……哦，如果你仍然执着于是否拥有上帝的旨意，你的英国该有多么的不幸。"古纳尔的竞选发言既有可能疏远选民，也有可能吸引选民，他谴责那些投票反对清教徒利益的人，认为他们是"被抛弃的可怜虫"，是人民的敌人。[3]

事实证明，英格兰和威尔士的选民思想更独立[①]。尽管除一位将军（乔治·弗利特伍德）以外，所有其他将军都当选议会议员，但人们很快就会发现，克伦威尔或至少他的"虔敬的管

———

① 《政府约法》显著地改变了选举权和选票的分配。虽然利兹和曼彻斯特等城市首次获得了议员席位，但受到绅士阶层的影响，来自城镇和自治市镇的议员人数则被认为显著减少了，郡议员人数得到了增加。然而，与平等派的要求相反，选举权仅限于拥有价值两百英镑或以上的土地或财产的人。天主教徒、人人皆知的保王党成员以及那些被认为犯有"淫邪之罪"（这个词用来描述那些皈依极端教派的人），则被剥夺了选举权。

辖者"根本就不了解这个国家的民众情绪。

海恩斯已经变得不那么乐观，他写信给瑟洛说："我现在开始担心萨福克郡，那里的大陪审团竟然如此恶毒，它将有很大的优势去夺取国家。"在清教徒的大本营英格兰东部地区，出现了反对现政权的团伙组织，这个团伙"很明显"由骑士党和长老派成员组成，他们一起积极参加竞选活动。约翰·巴列斯顿是海恩斯手下的一名特派员，他写道："我们许多看起来像朋友的人表现得都很虚伪。"肯特郡情况也是如此，正如凯尔西所汇报的，保守的长老派与骑士党联合在一起。一些候选人，其中许多是当选的议员，甚至公开宣称"打倒少将军政官和新组建的民兵部队，废除抽取税"。对即将成立的议会，它的人员构成情况让人很担心，"清洗"这个词已经冒了出来。维护上帝子民的利益仍是克伦威尔和他的国务会议的责任，他们会在必要时不惜任何手段。在这个国家里，仍然看不到一点点"恢复和解决"的迹象；要说真有什么的话，那就是少将军政官的统治把旧伤疤又揭开了。[4]

少将军政官治国体系在本质上并不是军人统治，也不是全听伦敦号令，而是虔敬的统治，也正因为如此，才被绝大多数英国人和威尔士人坚决拒绝。像威廉·普林律师那些人一样，他们在表达批评意见时用的通常都是肺腑之言，这样的批评包含两方面：第一，少将军政官本身就是一些攀高结贵者，他们出身低微，靠战争出人头地并加官晋爵，他们对传统的社会结构缺乏理解，换句话说，他们缺乏"天赋的"权威，这些都是由来已久的论断；第二，他们所拥有的权力完全取决于军队，因此，他们是军事独裁国家甚至是专制国家的一手缔造者，他们采用的是中央集权，无视和蔑视地方政府及其各种各样很久以前就存在的社会习俗和社会关系。

普林再一次将少将军政官治国体系与过去威廉·伦夏的统治相提并论，伦夏是理查一世的副摄政官，他把"雇佣兵安插在每个郡，用以恫吓和奴役人民"[5]。事实上，克伦威尔的统治远没有他想象中的那么不安全，或者说，他有可能宁愿假装他的统治岌岌可危。克伦威尔手下有一流的情报网络和强大的陆军与海军，这让任何来自海外的威胁都变得不可信，而国内的反对派往往又是敢怒不敢言，根本谈不上有一丝乐观或主动出击的念头。第一位认真研究少将军政官治国体系的历史学家 154 是大卫·沃森·兰尼，他的开创性研究成果于 1895 年首次发表，直到一百多年后仍然令人信服。贵族阶层和绅士家庭的旧等级制度在地方层面保留了大量权力；少将军政官能采用的最好办法就是与治安法官、治安官、市长和警察所构成的传统社会结构相妥协。正如研究 17 世纪英国的一位现代历史学家安东尼·弗莱彻所指出的那样：少将军政官的"统治"从来就不是那样的；他们"从来没有统治过"。甚至连同情保王党的历史学家罗纳德·赫顿也认为，少将军政官"没有给被统治者造成太大的创伤"。具有不同政治倾向的历史学家巴里·科沃德认为，他们的作用"确实微乎其微"。但当时的看法并不是这样，少将军政官是政治博弈中非常重要的一环。因此，选举敌视克伦威尔政权的另一个议会也就变成了现实。

*

克伦威尔是英国历史中最具争议性的人物之一。在英国内战中击败了保王党并于1649年斩杀了查理一世后，克伦威尔废除英格兰的君主制，随后征服苏格兰和爱尔兰，在1653年至1658年期间以护国公身份出任英格兰、苏格兰和爱尔兰联邦的最高领导。

1637年，英格兰国王查理一世要求苏格兰长老宗在举行宗教仪式时必须采用英格兰教会的祈祷书，结果遭到苏格兰人抗议。1638年，苏格兰人订立《民族誓约》，对查理一世的宗教政策进行抵制。为讨伐苏格兰，查理一世被迫召开长期议会，结果又与议会决裂，导致英国内战爆发。

◀ 爱德华·海德是"大叛乱时期"第一位历史学家,也是一位务实的保王党人,在漫长的复辟王位斗争中最终取得胜利。

▼ 乔治·蒙克是苏格兰军队指挥官,也是一位"君主主义克伦威尔派"。他采取的决定性行动促成了查理二世复辟,他也因此获得了大量土地和公爵爵位。

◀ 因怀疑国会有人串通苏格兰军,查理一世在 1642 年 1 月 4 日带卫队闯入下议院,却扑个空。这一行为带来了一场政治灾难,因为此前从未有国王敢武装闯入下议院。1 月 10 日,查理一世被迫离开伦敦,逃往北方。在那里,他将组织一支军队对抗议会。

▶ 约翰·兰伯特是护国公制时期仅次于克伦威尔的二号人物,一直都被视为克伦威尔的接班人。兰伯特是一名杰出的军事家和政治理想主义者,但他的宗教信仰至今仍让人难以理解。

马斯顿荒原战役是第一次英国内战中的一个转折点。1644 年 7 月 2 日，国王军与议会军在约克城西郊的马斯顿荒原交战。在两个小时的战斗中，由克伦威尔指挥的议会军骑兵将国王军骑兵击溃，并歼灭了残余步兵。克伦威尔在军队中的声望也是在该战役中树立的。

在国王与议会双方都召集完军队后，查理一世在开战前夕召开了一次军事委员会，决定把军队集结在埃奇希尔的悬崖峭壁上。由于国王军和议会军的士兵都没有什么战斗经验，这场战役造成的拉锯势态使第一次英国内战持续了四年。

相比于保王党的军队，议会从民间招募的士兵作战能力较差，议会为此于 1645 年授权克伦威尔训练新军，即后来著名的新模范军。1645 年 6 月，新模范军在纳斯比战役中重创国王军，基本奠定议会胜利的局面。克伦威尔亦在此战中截获了国王的一些私人文件，这些文件证实了国王勾结爱尔兰天主教徒和外国势力的意图。

位于英格兰南部汉普郡的贝辛庄园是保王派的一处重要驻军基地。1645年10月，克伦威尔率军对贝辛庄园进行围困，并于10月14日成功攻破庄园宅邸。由于议会下令要将贝辛庄园夷为平地，所以就通告士兵和附近居民，任何人都可以随意拆毁宅邸并拿走所需东西。

查理一世被俘后，议会本想在以宪政限制王权的体制下恢复其王位，但由于其勾结外国势力的文件曝光，以克伦威尔为首的议会成员决定对国王发起审判，起诉的罪名包括叛国、战争造成的谋杀、掠夺毁坏以及对国家的损害等。

1649 年 1 月 30 日，查理一世被斩首。据说，由于天气很冷，他在上刑场时穿了很多衣服，因为他不想让公众看到他由于寒冷而发抖，由此误以为他很胆怯软弱。在短暂的祈祷后，查理一世把头放在刑台上，示意刽子手他准备好了。斩首干净利落。他的最后一句话是："朕将从肉身转变为不朽，不复蒙尘。"

一般来讲，被判叛国的人都会被公开处以绞刑，身上会写下诸如"叛国者鉴"之类的话。虽然查理一世的首级被当众展示过，但其尸体上没有写任何东西。克伦威尔还同意将他的首级缝回到尸体上，以示尊重。1649 年 2 月 7 日，查理一世被下葬于温莎城堡圣乔治礼拜堂亨利八世的墓穴中。

查理一世死后，保王党开始聚集在其子查理二世身边，并于 1650 年 5 月 1 日宣称查理二世而英格兰国王，随后便开始召集军队准备反攻。同年 9 月 3 日，克伦威尔率领议会军与国王军在邓巴交战，大获全胜。

在邓巴战役失败后，保王党在苏格兰重新集结军队，并于 1651 年 8 月由查理二世领军攻入英格兰。9 月 3 日，双方在伍斯特展开作战，最终克伦威尔率领的新模范军赢得了英国内战最后一场战役的胜利。此后，有组织的保王党抵抗运动瓦解，查理二世亦开始流亡海外。

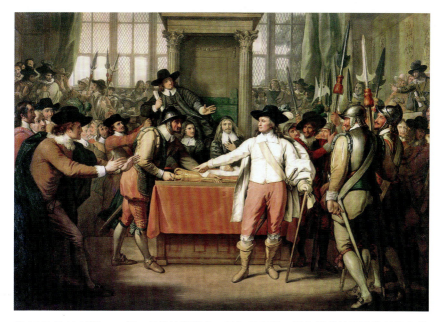

从 1640 年 11 月到 1653 年 4 月的长期议会，最初是查理一世为筹措镇压苏格兰起义的经费而召集的，然而议会与国王的矛盾却催生出英国内战。在内战过程中，长期议会因普莱德清洗而变为残缺议会。克伦威尔获得内战胜利后，残缺议会内部的分歧日益增大，其发挥的作用也日渐减少，对此感到愤怒的克伦威尔于是解散了残缺议会。

白厅得名于怀特霍尔宫，是自亨利八世至威廉三世英格兰国王的寝宫。1622 年，伊尼戈·琼斯设计建造国宴厅，为怀特霍尔宫的延伸。1647 年，克伦威尔迁至白厅，查理一世于两年后在国宴厅前被执行死刑，克伦威尔也在 1658 年于白厅去世。

国宴厅是英国伦敦白厅街上的一座建筑，是昔日规模宏大的怀特霍尔宫唯一剩下的部分，也是英国建筑史上第一座古典主义建筑。国宴厅始建于 1619 年，于 1622 年建成，耗资一万五千多英镑。《尊奉詹姆斯一世》是国宴厅中的著名壁画。

▶ 虽然有组织的保王党运动因内战结束而停止，但仍有一部分上层贵族暗中支持着国王，这群人被称为"骑士党"。他们有鲜明的形象特点，包括飘逸的长发，色彩艳丽的衣服，以及蕾丝制的衣领和袖口等。

▼ 与骑士党形成鲜明对比的是圆颅党。身为清教徒的圆颅党人将头发理短，外貌与当时的权贵极为不同。由于没有长发或假发，头颅显得相对较圆，因而得名。主张共和制的圆颅党与暗中谋求复辟的骑士党在英国共和时期一直针锋相对。

贵格会，又称公谊会或教友派，由英国人乔治·福克斯于17世纪中叶创立。该新教教派在初创时强调"内心灵光"，反对律法主义，同时抨击英国圣公会和清教徒，而福克斯和一些贵格会早期成员也因此遭到圣公会和清教徒的迫害。

成为护国公的克伦威尔实际上已经是共和国的独裁者，随着身体状况日渐糟糕，政府中的一些领导人希望克伦威尔能戴上王冠，使其统治能以世袭的方式长期延续下去。这一想法遭到克伦威尔的严词拒绝，他明确表达自己"不会谋求戴上那顶天意已将其摧毁并丢弃于历史尘埃中的王冠"。

1657年4月20日,英国海军名将罗伯特·布莱克在获悉一支西班牙珍宝船队驶往加那利群岛的圣克鲁斯-德特内里费港口后,率舰队前往捕获该船队。在圣克鲁斯-德特内里费海战中,布莱克重创了这支珍宝船队,并使西班牙的岸防炮台遭受严重破坏,为英国赢得了作为欧洲主要海军强国的声誉。

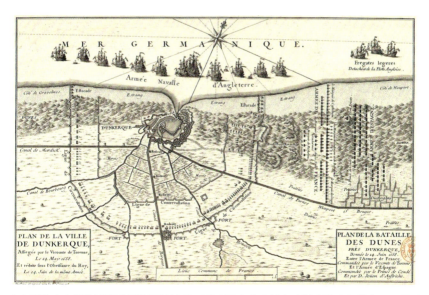

在本国的珍宝船队遭到英国海军劫掠后,西班牙决定支持在欧洲大陆流亡的查理二世以对抗克伦威尔政府。1658年6月14日,西班牙的老对手法国与英国结成联盟,围攻被西班牙占守的敦刻尔克要塞。英法联军获胜后,敦刻尔克作为法国给英国的酬谢而归由英国统治。

◀ 随着 1658 年克伦威尔去世，其子理查继任护国公，因无力镇压反叛势力，理查继任近一年便辞去护国公的职位。出于对无政府状态的担忧，新议会于 1660 年 4 月 25 日召开，不久便发布了表示欢迎查理二世回归的《布雷达宣言》。厌倦了清教徒禁欲生活的英国人以热切与爱戴的心情支持查理二世登基。

❶ 约翰·瑟洛在克伦威尔执政时期负责掌管情报工作，是伊丽莎白时代间谍组织头目当之无愧的接班人。据称，他是一位天才人物，各方面的才华都很突出。

❷ 罗杰·博伊尔在领导议会方面的才干非常突出，他希望能够广泛推行保守的新教，但这招致了军队激进分子的反对。

❸ 威廉·佩恩在远征西印度群岛中的表现算不上出色，回国后便被关进了伦敦塔。他的命运因查理二世复辟而发生改变，后来他被委任为海军特派员，塞缪尔·佩皮斯在日记中经常提到此人。

❹ 伊丽莎白·克莱波尔是克伦威尔最喜爱的女儿，她嫁给了克伦威尔的御马官约翰·克莱波尔。1658 年 8 月，伊丽莎白在痛苦中病逝，年仅二十九岁。一个月后，护国公也去世了。

1660 年 5 月 29 日，也就是在自己三十岁生日时，查理二世在伦敦接受公众祝贺并坐上了圣爱德华宝座，史称"王政复辟"或"王室中兴"。查理二世的复辟结束了英国共和时期，英格兰联邦灭亡，英格兰重新成为王国。

1656年9月17日，克伦威尔在兰伯特的陪同下参加第二届护国制议会开幕典礼，三百名士兵先行为他们开路。十点钟，新当选的议员在威斯敏斯特大教堂集合。在那里，他们聆听了克伦威尔的神学顾问、牛津基督教会学院院长约翰·欧文所做的布道。随后他们来到绘厅，在令人窒息的闷热中，克伦威尔发表了一篇冗长的讲话。讲话时间长达三个小时，期间伴随着语无伦次，不知道他到底想说什么。但是，尽管全体选民的呼声不是那么响亮，但克伦威尔的开幕式讲话肯定让少将军政官把心放到了肚子里。他的讲话充满了担忧和警告，再一次营造出"天主教徒和骑士党"与平等派勾结在一起的画面。讲话的大部分内容都是关于"安全"的。克伦威尔回顾了1654年的"杰拉德阴谋"和1655年春天的彭拉多克暴动。他把他的少将军政官统治这个"不起眼的小发明"夸上了天，竭力迎合着台下的听众，提醒他们说刺杀他的密谋或威胁武装入侵英国的消息"并非空穴来风"。他把少将军政官分片治理全国的方案说成是他能想到的最实在的应对策略。克伦威尔承认，道德改造计划的确遭到一些抵制，"国人认为不应该禁止他们举行赛马、斗鸡等类似活动"，但他声称，提出道德改造计划的都是"众所周知的正直而忠诚的人"，反对这些人就是"违背英国的利益"。他们的统治事出必然，需要他们去应对一场迫在眉睫的保王党叛乱。

克伦威尔狠狠地驳斥了反对少将军政官统治的意见："如果有人胆敢扯下脸皮反对少将军政官统治，我就敢把他定性为违背英国利益。"[6]对抽取税合法性的严重担忧被轻快地抛在了一边："如果什么都不应该做，只是按照法律法规办事，那么要一直等到我们派人去制定法律，国家的威胁才有可能解除。"除此之外别无他法。

克伦威尔为与西班牙开战极力辩护，为此，他的军队将获得战争补贴，直到 1657 年 1 月。"西征计划"的失败使他设想的自筹军费计划同样破灭，克伦威尔认为，"既然公正被破坏，我觉得我们有责任拿起刀枪，用武力去匡正其他方式无法实现的公正。这就是英国人的精神"[7]。伊丽莎白时代靠私掠船填充国库的精神一直延续至今——"你最大的敌人是西班牙人"。克伦威尔把外交政策和国内政策混为一谈，强化了他的反天主教言论。当他指责西班牙人是"我们这些真正的上帝子民"的敌人时，他影射的其实是西班牙对国内产生的影响：那些"非英国"的天主教徒和骑士党"不会在英国联手吗"？道德改造 156
必须继续下去："国家的自由和繁荣取决于道德改造，要让看着别人堕入罪恶和渎神中而无动于衷者感到羞耻，上帝会保佑你的。你将成为这个国家的恩宠。"

如何分辨诚心诚意者与利用他人者、夸夸其谈者与实事求是者是一件很困难的事，克伦威尔就经常面临这个问题。有人想知道护国公是否有更简单的方法去识人辨人。克伦威尔宣称，"如果可以重来，我会这么做"；但他的行为又会另有所指。

新当选的议员最终到达下议院时，首先迎接他们的是荷枪实弹的士兵，这些士兵由三名激进上校领导，分别是比斯科、拉戈和米尔斯，只有经过批准的议员才可以进入下议院，其他议员则被拒之门外。在第一届护国制议会的清洗过程中，只有十二名议员被清洗，因为根据《政府约法》第十四条和第十五条的规定，只有在当选议员是积极的保王党人或天主教徒的情况下，这些议员才可以被驱逐。但这次出现了一个重大变动，《政府约法》第十七条规定，如果不具备"众所周知的正直、敬畏上帝和谈吐良好"的品性，也不得进入议会。这种标准模糊不清，议员是否被排除在外完全取决于执行人员的一时兴致。因此，这次被排除在外的议员虽然从未得到证实，但实际人数超过了一百人，另有大约六十人出于抗议拒绝出席。

被排除在外的议员很少是保王党成员。他们大多数都是对现政权没有表现出忠心耿耿，但却忠于"古代宪法"的贵族或绅士；还有就是长老派成员，自从查理一世被处决以来，长老派从来没有完全参与到这场表演秀中的感觉，但他们对克伦威尔政权的基本忠诚倒是毋庸置疑的。尽管很少有人直言不讳地说出来，但被排除在外的议员无一不反对少将军政官统治体系。此举引发社会各界广泛的愤怒和沮丧，许多评论人士不安地将这种做法与 1642 年查理一世试图驱逐五名议员相提并论，而后者正是内战的导火索①。重新召集议员的理由大同小异，无 157 非就是国家财政吃紧。可是，如果结局同样是行政部门蔑视自由选举产生的议会，那么为什么英国还是经历了十多年的四分五裂呢？幻想的破灭远远超出了政治层面，遍及社会各个阶

---

① 多萝西·奥斯本早在 1653 年就将两者相提并论，当时她这样问道："我不知道他会怎么看待这些程序，而且，这是否会像对待五名议员那样严重侵犯议会的特权。"

层。这种排除议员的做法既随意又违法，说明克伦威尔政权根本就没能赢得国民的积极拥护，而国民表达愤怒的方法就是在选举中根本不投军人候选者的票。

如果革命要达到它的目的，圣徒就必须继续统治国家；如果有必要，他们就单独统治。《政府约法》的起草者兰伯特说，"想想你可能会有一个怎样的议会吧"。

如果一个议会应该根据民族的一般精神和气质选出，并且不对这样的选举设置任何阻力，那些人就有可能悄悄地渗入这个下议院，他们可能会端坐大堂，充当我们的裁判员，取代我们为这个议会做的一切，或在任何其他时间或地点所做的一切。[8]

兰伯特和他在国务会议的军事盟友——德斯伯勒、弗利特伍德和斯基庞——已经向他们摊牌。上帝的选民清楚什么才是对被上帝选中的国家最好的。那些不被看好的外人在国家的政治中不会有任何位置。统治阶级的军队阵营已经发声，他们摊牌了。但是，这将让他们走上不归路，因为他们的对手正在集结部队，这些部队在劝说与鼓动中暗中策划，其与整个国家的愿望更契合。这场冲突终将在1657年春天达到高潮。

1656年9月发生的事件让克伦威尔的一批文官支持者（"新朝臣"）相信，根据《政府约法》的条款，不可能达成稳妥的解决办法。克伦威尔一般已经不参加什么会议，对少将军政官的成竹在胸也变得含含糊糊。他的表现至少还算顺从，虽然没什么证据能明确证明，克伦威尔本人很可能反对清除议员，这是他后来在 1657 年 2 月的"百名军官"会议上提出的一个要求。他肯定已经和全国的其他人一样，不再对少将军政官统治抱任何幻想，因为他们就算使尽浑身解数也无法筹措足够的资金，甚至无法为当地的民兵部队提供军费。但至少可以相信，他们会放手一搏。[9]

*

第二届护国制议会很容易驾驭。尽管出现了一些官方抗议，但克伦威尔的公开反对者——黑塞尔瑞格和范恩——都已不见了身影。在议会开幕典礼的第二天，乔治·布兹爵士领头提交了一份由七十九名被排除在外的议员签署的请愿书，这导致后来开展了为期五天的辩论，在辩论期间，国务会议成员参照《政府约法》为自己的行为辩护。大多数留下的议员看起来还算满意，或至少默不作声。事实上，至少在第一次会议召开时，议会就向护国公提出七十一项法案，比他的第一届护国制议会提交的法案多很多，其中许多涉及道德改造方面的诉求。克伦威尔对此很快表达了他的赞许："虽然你们在议会时间不长……但你们制定了很多好的法律。"克伦威尔太渴望这届议会能给他筹集经费，以应对和西班牙令他挠头的冲突。他也需要证明自己那个"不起眼的小发明"——少将军政官统治——是正当的，这不仅是向他自己证明，也是向议会证明。当然，安全仍然是众人关切的话题，他们几乎立即就对该政权的敌人采取了行动。这么做的背景源于一个困扰克伦威尔许多前朝王室统治者统治的问题，对伊丽莎白一世来说尤为如此：护国公

的头衔已经得到议会的合法确认，但继承人这个英国国家治理
的老大难问题该怎么解决呢？

1656 年 9 月 18 日，也就是议会开幕的第二天，议员查尔
斯·沃尔斯利提出了一项法案，要求"废除查理·斯图亚特的
虚假头衔……以便更好地巩固英联邦的和平"，这项法案几乎
没有留下任何模棱两可的表述，将"完全、自由、绝对和永久
地否认和放弃所有假装对查理·斯图亚特的忠诚、敬意或宣誓
效忠"，以及那些因成为"大不列颠"统治者而得名的人。任
何企图支持王朝复辟的人都将以"叛国罪"治罪。为了强调
这一点，五天后又出台了另一项立法——《保护护国公人身安
全以及维持国家和平与安全法案》。该法案直接解决了伊丽莎
白时代王位继承权不确定带来的危险，以及国家和政权的命运
"严重依赖……一国之主的安全和保护"这一严峻现实。根据
该法案，政府设立了一个由特派员（而非法官）组成的部门，
该部门被授予和处置"叛国罪"相同的权威与权力，对那些
"图谋、策划或臆想护国公之死"的人进行定罪和判刑。正如
威尼斯大使弗朗西斯科·贾瓦利纳所意识到的那样，其意图非
常清晰明确，那就是"巩固政府，使其长治久安"，也就是在
护国公克伦威尔逝世后继续保持政府的存续。[10] 提及克伦威尔   160
的死亡，这多少有些尴尬，至少沃尔斯利的法案要面临这样的
尴尬。议会需要遵循他的解决方案，但事实证明，这项法案将
带来不和与伤害。尽管被排除在外的议员人数很多，但第二届
护国制议会仍受到意见无法统一的困扰，特别是在信仰自由问
题上，正是这个问题导致第一届护国制议会的解散。克伦威尔

以及和他最亲近的一些国务会议成员仍然主张对异见派别采取容忍态度，比如独立派和浸信会，甚至包括贵格会和其他边缘派别①。但其他国务会议成员则持不同意见。克伦威尔政权内部的分歧已经开始显现，同时又有新的面孔冒出来，这些人开始为一些越来越紧迫的问题寻求解决办法。

*

为了解决英国面临的危机，杰出的政治哲学家詹姆士·哈林顿在其《大洋国和政治体系》一书中提供了一套非常详尽的激进的政治经济解决方案，他向克伦威尔明确阐明，他提出的"新君主制"至关重要。1656 年 9 月 19 日，哈林顿向英国文书厅正式提出了他的主张，希望新一届议会能就这个问题展开讨论和辩论，但直到 11 月初左右，这一问题才见诸报端，而他的手稿已被暂时收缴。不管怎样，他的主张被采纳的可能性都不大，无奈只好坐失良机。但是，作为一份文献和一个政治建议，这部手稿堪称精彩绝伦。《大洋国和政治体系》反对揪着"古代宪法"的怀旧思想不放，提出了一种建立在"强大根基"上的新制度，这种新制度集古代和现代最优秀的政治制度范例之大成。以色列是后世所有联邦政治体的"肇始"，斯巴达同样如此，这些都在《大洋国和政治体系》一书中得到了赞

---

① 克伦威尔对宗教自由（以及饮酒）的态度反映在一封他批评狂热的苏格兰盟约派行为的信中，在这封写给爱丁堡城堡总督的信中，克伦威尔写道："你假装害怕，唯恐犯一丁点儿错误，这就好比一个人把所有的酒都拒之国门之外，以免国民喝得酩酊大醉。如果想当然地认为一个人可能滥用自由，据此就剥夺他的天赋自由，这么做其实完全就是出于一种有失公允的嫉妒之心，事实将证明，这是非常不明智的。"

许与肯定。与此同时，哈林顿提出的方案还处处体现着权力的制约与平衡以及无记名投票，这些思想深受威尼斯共和国的影响。对当时正慢慢陷入政治泥淖的英国而言，哈林顿的方案虽然对解决时弊几乎毫无用处，但不啻为将奇妙的想象力与渊博的知识调和在一起的上乘之作。

1648 年国王被囚禁期间，哈林顿曾一直担任查理一世的贴身侍从官，心怀促进基督教各派实现大联合的普世理想。他认为，财产分配决定了一个国家拥有什么样的政体，无论是君主政体、贵族政体还是共和政体，概莫能外。都铎王朝统治下的英国土地分散，因此只能组成联邦制国家。随着"政府的声望"扩大到贵族以外的自由民和拥有财产者，用经济手段平衡政治权力就开始变得非常重要。哈林顿建议，应制定一部"土地法"，用法律禁止每年价值超过两千英镑的土地继承，从而减少国内的经济与政治竞争。另一更为平等的解决方案与威尼斯政体相结合，即将立法机构分为两院：大约由三百人组成的上议院，议员的遴选标准是每年收入超过一百英镑，上议院负责立法工作；由一千多人组成的下议院，议员在遴选上对财产要求更宽松一些，下议院对上议院的提案进行投票表决。这套体系以参政者的"完美轮换"为标志，每年都会有三分之一的议员被换掉。君主将不复存在。这一体系在复杂性方面多多少少可以和拜占庭帝国（即东罗马帝国）相媲美，在承认人性天生存在缺陷的同时倡导共和美德，并使大洋国意义下的英国成 162 为一个"秩序井然"的政体，并终将证明自身"万古流长，与日月同辉"。

尽管《大洋国和政治体系》构思宏伟，闪耀着寓言式的光辉，但其缺点也并不难看出。首先，有人认为，如果下议院只负责按部就班地工作，而不考虑意识形态如何，这只不过是个一厢情愿的空想罢了，特别是考虑到目前存在的种种分歧。下议院的运作依靠一种严格的轮换制度，这种制度不太可能吸引国家的精英人物，更何况这些精英已经被将军统治给排挤掉了。最糟糕的是，这种制度假设了一千多名议员在审议上议院提案时愿意保持默不作声。诗人约翰·弥尔顿以典型的蔑视语气把这个不太可能的过程描述为："这就好比要求每个人把选票投进箱子里，却不给出任何理由或进行彼此共同审议。"[11]

*

盎格鲁-爱尔兰贵族布罗格希尔勋爵罗杰·博伊尔成了一个日益活跃的人物，他的重要性正稳步上升，虽然这个人略输文采，但他对未来的展望却更加务实。[12] 作为一名年轻人，他在沃特福德郡利斯莫尔城堡的防御战中证明了自己的实力，在1642年爱尔兰联盟战争期间，他指挥城堡的守备部队顽强抵抗芒特加勒子爵的进攻。历史学家休·特雷弗-罗珀认为，布罗格希尔勋爵颇有组织能力，没有任何犹豫不决，尽管他有时会绕开克伦威尔自己下令。克伦威尔自己"造成了一个领导真空"，相比之下，布罗格希尔勋爵"领导议会的才干非常突出"，他在第二届护国制议会陷入困境时处理问题精明而谨慎，丝毫不亚于1640—1641年议会斗争中的沃里克伯爵和贝德福德伯爵，后者是他父亲科克伯爵理查德·博伊尔的朋友。布罗格希尔勋爵在爱尔兰、苏格兰和威斯敏斯特的事务中穿针

引线，支持他父亲致力于博伊尔集团和爱尔兰独立派事业的梦 163
想，通过将爱尔兰纳入"英格兰帝国"，最大限度地实现新教
教徒在爱尔兰的利益，从而使克伦威尔对爱尔兰的统治成为可
能。布罗格希尔勋爵从来都没有支持过克伦威尔提出的宗教信
仰自由主张，但他个人绝对忠于护国公。他憧憬的是全爱尔兰
大主教，集保守和广泛的新教主义于一体，这个愿望体现在他
和理查德·巴克斯特以及厄谢尔主教的友谊之中。顺从而温和
的多数派将被欣然接纳，激进而狂热的少数派将被拒之门外。

　　布罗格希尔勋爵对爱尔兰的关注是显而易见的，但他也同
样致力于与苏格兰结盟。他的母亲萨福克伯爵夫人是苏格兰
人；他的妹妹将嫁给未来的纽堡伯爵；他的哥哥金阿尔梅基
子爵已经娶汉密尔顿侯爵夫人的妹妹伊丽莎白为妻。1655 年，
当他受克伦威尔委派来到爱丁堡担任苏格兰议会主席和爱丁堡
议会议员时，他发现了一块被内战蹂躏的土地，这片土地被英
格兰人征服，其新教教徒分为两派：一派属于"附议派"，这
派新教教徒赞成宽大对待他们的保王党同胞；另一派属于"抗辩
派"，这派人信仰坚定，想方设法将他们以前的敌人从教会和
国家中清除出去。布罗格希尔勋爵圆滑的实用主义在他私下促
成的一桩协商中表现得淋漓尽致，在这个秘密协商中，他召集
致力于为查理·斯图亚特公开求情的附议派成员和议会议员坐
在一起，共同拿出一个让双方都不失面子的解决方案。瑟洛就
是被他的领导才干深深打动的人之一，他告诉护国公的儿子亨
利·克伦威尔说："苏格兰议会在劝说大臣不要为查理·斯图亚
特求情时，创造了一个巨大的奇迹。"布罗格希尔勋爵追求的

目标是建立一个广泛的联盟来支持护国公制政体，或者至少是
支持护国公本人，这也导致他树敌颇多：爱尔兰军中的激进分
子及他们的威斯敏斯特盟友联合起来反对他；在苏格兰，他
遭到克伦威尔派驻苏格兰军队总司令蒙克将军和抗议者的反
对。布罗格希尔勋爵通过他在苏格兰的工作表明，建立一个温
和的政府是可能的，在这个政府中，军队易于控制，宗教狂热
分子可以被平复，保王党人可以被重新收编。他在爱尔兰也进
行了类似的尝试。但英格兰的情况就不同了，激进分子掌握了
实权。少将军政官统治体系是英国历史上前所未有的"激进创
新"，控制这个体系的是背景不明的"社会地位不高"之人，
他们完全违背先例和传统社会结构。苏格兰和爱尔兰的治理受
到了英国革新派的严重威胁，布罗格希尔勋爵深知这一点。由
于弗利特伍德仍然是爱尔兰总督，蒙克仍然担任苏格兰军队的
总司令，因此，布罗格希尔勋爵及其最重要的盟友（亨利·克
伦威尔）的温和目标不太可能实现。温和派和激进分子之间虽
然是通过政治渠道进行角逐的，但这种冲突根深蒂固，显然有
可能会突然转向暴力对抗。研究克伦威尔议会的历史学家帕
特里克·利特尔曾指出，布罗格希尔勋爵认为未来可能爆发战
争。1656 年 9 月，当他从爱丁堡返回威斯敏斯特时，布罗格
希尔勋爵呼吁他的亲戚和盟友沃里克伯爵以及萨福克伯爵（他
们都是长老派成员）考虑三个王国的未来。布罗格希尔勋爵已
经成为一名真正的英国政治家，也是第一个这样的政治家。他
的政治目标包括三个方面：一是建立一个英国民族教会；二是
削减军队的权力；三是使政府回归古老而稳定的宪法的制约，

包括最终恢复君主制，可能是以奥利弗国王的名义。这神圣的
"三位一体"将是实现国家安定下来并休养生息的第一个基础，
其不仅是克伦威尔的愿望，也是国家的愿望。更重要的是，它 165
将确保后斯图亚特时代的纷争得到永久性的稳妥解决。

　　布罗格希尔勋爵的光芒将一些重要人物也吸引到他身边。
尽管他的大部分政治网络都分布在爱尔兰和苏格兰，借此可
以得到新议会中近五十名议员的支持，但现在他正踏入白厅
"最里面的走廊"，与瑟洛密切合作，这是通向克伦威尔的"大
门"，克伦威尔的亲密政治伙伴布林斯东·怀特洛克以及爱德
华·蒙塔古都将被悉数纳入他的朋友圈。值得注目的是，查尔
斯·沃尔斯利爵士保住了斯塔福德郡的议员席位，对布罗格希
尔勋爵的政治观点表示同情，并将成为第一位朝着与布罗格希
尔勋爵设想相符的解决方案迈进的议员 ①。战线正在拉开，一边
是那些"文官"，他们的理想是建立顺从的国家教会和传统形
式的政府；另一边是像少将军政官那样的"武官"，他们将强
硬地为自己的利益而战，并坚决捍卫他们的胜利果实。

---

① 沃尔斯利秉承基督宗教合一的普世思想，他的父亲被查理一世擢升为男
　爵，他本人娶塞伊 - 塞里勋爵的小女儿安·法因斯为妻。

第十章

贵格会崛起

对长老派成员来说，没有比这群他们自己制造的敌人更危险的了。

——《贝希摩斯》，托马斯·霍布斯，1668 年

虽然克伦威尔政权内部的分歧在不断扩大，但这一点一直 不为外人所知，直到 1656 年的最后几个月终于因为一出露天表演而大白于天下。当时，一位虔诚的贵格会教徒无所顾忌地表演了一幕宗教场景，而这出表演就是在那个千禧年主义盛行的年代都显得绝非一般。[1]

雨水对英国西南部各郡来说并不陌生，1656 年 10 月 24 日，一场暴雨袭击了布里斯托尔港，这个港口所在的城市布里斯托尔是 17 世纪英国最大和最繁荣的城市之一。黎明时分，一群男男女女在城南一公里外萨默塞特郡的贝德明斯特村相聚，他们总共有八人，穿过"雷德克利夫门"后来到"满是

烂泥"的布里斯托尔街道，口中高呼着"和撒那"①，挥舞着手
掌。刚从埃克塞特监狱释放出来的詹姆斯·内勒骑在一匹马上
（他曾被当作流浪汉关押在埃克塞特监狱），前面带路的是他左
右两侧各一名的女信徒：玛莎·西蒙兹是一位牧师的女儿，也
是当时最活跃的小册子作者之一贾尔斯·卡尔弗特的妹妹；汉
娜·斯特兰杰是一个伦敦木梳匠的妻子。他们正重现《马太福 168
音》中所描述的基督在第一个圣枝主日进入耶路撒冷的情景。
当他们走向布里斯托尔的大十字架，走向他们的贵格会教友丹
尼斯·霍利斯特的家时，一路合唱着异教的曲子："神圣的，神
圣的，神圣的，耶和华以色列的上帝。"

这群衣冠不整的人制造了一场轰动，后来竟引起举国关
注，甚至连伟大的政治哲学家托马斯·霍布斯也把这个事件记
录了下来："詹姆斯·内勒出现在布里斯托尔，"他写道，"他
留着分叉胡子，头发扎成基督圣面表现的那个样子；当被问到
时，有时会回答说'你说的是'。"² 对看到这一幕的大多数人
来说，他们的行为可以说是邪恶至极，尽管也许并不像他们
的对手描绘的那样罕见。内勒的表演有先例可循，1655 年 5
月，莎拉·戈德史密斯就曾这样在布里斯托尔转悠，当时她穿
着一件毛茸茸的长外套，有两个年轻女子陪在身边。这三名女
子后来都被送进伦敦的布莱德维尔监狱，矫正她们任性不羁的
行为。对内勒的惩罚就不一样了，由于他表演的时间和地点和
去年戈德史密斯那一幕如出一辙，因此被视为一种故意颠覆国

---

① "和撒那"是《圣经》用语，是在赞美上帝时的欢呼之声。（译者注）

家的行为，受到了相当严厉的惩罚。内勒是在进行无耻的蓄意挑衅，自然也就应该受到最严厉的惩罚。有几个人，其中一些人也许和克伦威尔政权是一伙的，当然还有那些在布里斯托尔游行之前撒过棕榈枝的人，他们都明白内勒这么做所象征的意义：上帝之光在众人里面，这是贵格会教徒的基本信仰。但这种行为是在赤裸裸地揭露真相，内勒将为此付出可怕的代价。

对 17 世纪中叶贵格会教徒的想象，有时甚至是现实，都和今天在朋友家聚会的打心底里爱好和平的贵格会教徒截然不同；直到 1661 年查理二世复辟以后，贵格会才第一次"正式提出任何情况下都信奉绝对和平主义"。贵格会早期活动的特点并不是这样，而是"由于外部世界的敌意而被迫这样做"，这种敌意很快就会落到内勒的头上。[3]

贵格会由乔治·福克斯创立，他是一位来自英国东米德兰地区莱斯特郡乡村的修鞋匠。贵格会最初自称为"光明之子"，直到很久以后才采用更平淡的"公谊会"的称谓。贵格会起源于一群"寻求者"（或称为"寻求派"），他们避开自认为腐败的教堂，在广阔的英格兰西北部地区漫游，寻找"被抛弃的荒无人烟之所"，等待基督再临。1652 年，来自兰开夏郡的一位名叫玛格丽特·费尔的"寻求者"在福克斯的感召下改宗贵格会，并且得到了她丈夫贾奇·托马斯·费尔的支持和保护。这对有着良好社会关系的夫妇携手为贵格会教徒提供庇护，他们的家也成了贵格会教徒躲避充满敌意的外部世界的天堂。

1647 年，在一次周期性发作的忧郁和沮丧中，福克斯声称他听到一个声音说："有一个人，甚至就是耶稣基督，可以和你

说说现在的状况。"这种皈依或者"说服"的经历将成为贵格
会教义的一个特征。1653 年，内勒因涉嫌所谓的渎神罪在威斯
特摩兰郡阿普比镇接受审讯时，也出现了惊人相似的显灵："

　　我正在犁地，默想着上帝的事，忽然听见有声音对我说，
'你要离开本地、本族、父家'。"福克斯和他的朋友拒绝信奉
基督教圣父、圣子、圣灵的三位一体教义，因此被判为异教
徒。1646 年，托马斯·爱德华兹出版了一部非常有影响力的异
教论著《坏疽》。在这本书中，贵格会的敌人对贵格会进行了
描述和定义，认为他们生自千禧年主义运动的土壤，受宗教和
政治观点可自由交流这一非常时期的鼓动，通过传道者和印刷
品到处传播恐慌。年轻的约翰·洛克认为，他们"像玩杂耍一
样癫狂"，不过是一群哗众取宠之徒，不值得兴师问罪。奥利
弗·克伦威尔和他的国务会议认为，贵格会固执和变态的原因
是他们存在认知上的缺陷，"没有什么恶意"。1650 年，一位德
比市的法官判处福克斯临时监禁，这位法官指出，福克斯的信
徒在聚会时常有人激动得"颤抖"。贵格会也因此得名①。

　　贵格会在英格兰北部地区的发展势头非常强劲。它的反对
者注意到《耶利米书》上有这样的一句话："必有灾祸从北方
发出，临到这地的一切居民。"贵格会教徒被冠以"北方蝗虫"
和"来自北方的莫里斯舞者"②的诨名。与大多数激进的新教不

①　"贵格"为英文"Quaker"一词的音译，意为"颤抖者"。（译者注）
②　莫里斯舞属于仪式性舞蹈，多在复活节前以及圣灵降临节期间表演，舞
　　者们常穿白色服装或者代表故乡颜色或标志的衣服，身上或腿上系着铃
　　铛，围绕着他们崇拜的神灵，庆祝神的死而复生。早期莫里斯舞者多数
　　是受基督教排斥的异教徒，他们为了避免受到宗教迫害就把脸涂黑。莎
　　士比亚曾多次在他的戏剧里提到莫里斯舞。（译者注）

同，贵格会主要是一种在乡村兴起的现象，它的信徒主要分布
在田园乡村，而不是农耕地区，像制衣人这样四处奔波的生意
人也有很多皈依贵格会。贵格会的女性教友人数众多（贵格会
是唯一允许妇女定期传教的教会），她们普遍年龄不大。正如
长老派改革家理查德·巴克斯特所写的那样："据我所知，很少
有阅历丰富、谦卑且持重的基督徒改宗贵格会；反倒是那些年
纪轻轻且没有任何经验的教职人员、妇女以及居无定所的无知
之人笃信贵格会教义，他们不过是一些刚刚开始接触并学习这
种教义的人……自我感觉博学明智。"在巴克斯特看来，这些
皈依贵格会的人有那种年轻人的傲慢和自大。4

1652 年 6 月，福克斯在英格兰湖区一座名为费尔班克法
尔山上向一千多人进行传教，从此以后，贵格会信徒人数迅速
增加：英国贵格会教徒的人数很快就将和天主教徒一样多。到
了 17 世纪 50 年代末，贵格会教徒已经不少于三万五千人，也
许多达六万人，这个数字只比内战后英国宗教派别中的浸信会
教徒人数少。

从一开始，贵格派教义就和政治抗议及社会抗议画上了等 171
号。福克斯和他的朋友声称，上帝拯救的是所有人，而不仅仅
是他的选民："上帝会让所有人得到拯救。在所有人身上留下
记号。"5 他们相信，每个人都应该遵循他们的"内心灵光"——
心甘情愿让受难的基督进入自己的身体，福克斯和他的追随者
认为这是上帝发出的声音，比《圣经》更具权威性，因为在
《圣经》文本的时代，他们几乎没有时间聆听这种声音。贵格

会教徒信奉反律法主义①，认为外在的道德法则应该被内在的、精神上的真理取代，正如内勒在 1655 年出版的小册子《信仰的真正发现》中所概述的那样："

　　我的立约是新的立约，是遵从内心的律法，基督永远在我的内心掌控我，我的律法是属灵的，不是道德的律法。"

　　作为反律法主义的定义，这段话再恰当不过了。对一些人来说，贵格会教义是比长老派和独立派的加尔文主义更吸引人的宗教教义。加尔文主义是一种严酷的信条，其内在含义是关于上帝创世之初就已做出选择的概念，只有上帝拣选的人才能得救，而他人则都受到诅咒，被剥夺了永生的希望。福克斯写道，加尔文主义将让上帝"成为对一切众生最残忍的那个"。贵格会教徒试图将教会复原到一种纯洁而原始的模式，在这种模式中，基督的灵胜过《圣经》，熟读《圣经》只会加强知识精英阶层的霸权。虽然贵格会有一种反智倾向——用贵格会教徒的话说就是，"这一代有学问的人是所有冲突倾轧和流血事件的搅局分子"——贵格会教徒，特别是其中相对富裕的核心创立人，他们被称为"六十勇者"，以其略显直率而固执的方式阐述了自己的信条。他们不肯向社会地位更高的人低头，福克斯说："当上帝把我带到人间时，他不许我向任何人低头，不论高低贵贱。"[6]他们在内部互以"你"相称，而不称"您"，

---

① "反律法主义"泛指那种认为基督徒不必宣扬和遵守《旧约》时代的道德条文的主张。近代教会史上围绕该论题的争论主要有两次。第一次系宗教改革之初马丁·路德与阿格利果拉的争论，第二次争论发生在 17 世纪的新英格兰。（译者注）

以示信徒一律平等。他们反对宣誓，认为宣誓会妨碍甚至危及 172
法律程序；他们主张废除教区什一税，说这种税"靠穷苦大众
的劳动让教士怠惰"；他们鼓励女性传道者，从而颠覆父权秩
序。正如保王派神职人员托马斯·富勒所指出的："像他们现
在引入的称呼'汝'和'你'，将（如果他们可以的话）取代
'我的'和'你的'之间的关系，让所有财产关系陷入一团混
乱。"⁷但这种充满活力的社会平等主义信条对工匠和小地主尤
其有吸引力，对他们，内勒（贵格会最多产的小册子作者和最
能言善辩的演说家）援引使徒保罗写给哥林多教会的信说：

> 因为作奴仆蒙召于主的，就是主所释放的人。作自由之人
> 蒙召的，就是基督的奴仆。

这是一种号召平等的言论，自然也就引起了恐慌和反对。
在贵格会的反对者看来，这种言论是社会、政治和宗教混乱的
根源。巴克斯特后来对他们的态度变得温和起来，他说："贵
格会教徒就是一些转化后的'浮嚣派'①，他们从原来那种亵渎
上帝的生活转变成了另一面极端简朴的生活。他们的信条基本
上和'浮嚣派'一样。"另一位评论家认为，贵格会教徒就是
"一丘之貉"⁸。在英国的某些地区，有证据表明一个人如果信
奉贵格派教义，当地就会让他脱离军队，而后者会离家出走，
对租佃不管不问，甚至在选举中制造纠纷，全然不顾自己足够

---

① "浮嚣派"是一个反律法主义的基督教教派，17世纪中期出现在英国，他
　们否认《圣经》和神职人员的权威。

高的社会地位。在贵格会创立的早期阶段，传教活动一直都伴
随着骚乱和敌意。17世纪50年代，在坎伯兰地区和约克郡的 173
村镇里，贵格会教徒经常被一群手持棍棒的人殴打。在兰开夏
郡，福克斯提到了他自己的不幸经历，"二十或四十人追打一
个人"已经成为家常便饭。再往南一点，1655年在伊夫舍姆
镇，当贵格会教徒试图举行会议时，他们被扔石块、吐口水和
浇尿。

　　然而，大多数贵格会教徒对现实的政治基本不感兴趣；对
贵格会更敏锐的批评者，比如清教牧师托马斯·韦尔德，他从
马萨诸塞州回来给克伦威尔做顾问，承认贵格会教徒"抛弃了
世界"。尽管贵格会掀起的运动在同时代引起了人们的恐惧，
但在激进主义退却的时候，它成了人们前进的方向。以曾为平
等派的约翰·李尔本为例，他在1655年读了内勒的作品后成
为一名贵格会教徒，他把内勒描述成"耶稣基督信徒里那个坚
定而高大的人"。贵格会教徒根本不关心政治，因为他们拒绝
这个世界的缘由是这个世界并不完美。正如内勒自己所写的：

　　"保护这个国家最好的办法是让全国人民都信靠我主耶稣
基督，让上帝的灵光指引你悔改，使你的生活焕然一新。"[9]

*

　　随着贵格派教义的发展，它覆盖的地理范围也随之扩大，
贵格会教徒传教士将"内心灵光"的要旨播散到了英格兰南部
的一些地区。来自布里斯托尔的查尔斯·马歇尔在短短两年内
就参加了三十六个郡的四百多次集会。事实上，布里斯托尔
作为贵格会教徒聚集的地区而享誉盛名，这座城市的守备部

队既为宗教异端和政治异见者提供资助，又是他们的保护者。
到 1654 年年底，不仅布里斯托尔市驻军的指挥官改宗贵格会，
还有一名前议员、一名巡回法官的妻子以及一名政府的高级文
职人员也成为贵格会的信徒。

　　到了 1654 年 6 月，约翰·奥德兰和托马斯·艾雷已成为第 174
一批访问布里斯托尔的贵格会教徒。同年 9 月，奥德兰在他的
教友约翰·卡姆的陪伴下再次来到布里斯托尔，卡姆之前曾给
克伦威尔传教，尽管结果令人失望。"他认为这个国家所有的
敬拜都是敬拜上帝，"卡姆写信给玛格丽特·费尔时这样说道，
"但盲目崇拜并不能明辨真理。"贵格会教徒也无法容忍这样的
敬拜。

　　奥德兰和卡姆在驻扎在布里斯托尔的激进士兵中间得到了
强有力的支持，他们的布道吸引了多达一千五百名当地群众，
"数百人被他们所说的话和他们对真理的见证所折服"。布里斯
托尔的紧张局势加剧，军队和文官之间的分歧变得越来越明
显，这和护国公政府内部日益分裂的局面遥相呼应。[10] 布里斯
托尔市的长官艾德里安·斯克罗普上校（他是签署查理一世死
刑执行令的委员之一）承认，这种宗派林立是这个国家支离破
碎的一个缩影："这里和其他许多地方一样，虔敬上帝的派别
和敌视上帝的派别之间泾渭分明。"威尼斯驻伦敦大使阿尔维
斯·萨格里多也清楚地看到了英国宗派主义的发展，他当时就
指出，"英国人的宗教信仰可按他们的人头数来数，他们的宗
教数量和他们国民数一样多"。克伦威尔希望宗教信仰自由的
愿望正在实现，但实现这个愿望的代价就是放弃另一个相互矛

盾的愿望，即建立安定而稳固的国家，治愈内战带给这个国家
的创伤。[11]

　　1654 年 8 月，在第一届护国制议会的选举中，当军人派
和文官派剑拔弩张之际，伦敦城各方的分歧变得昭然若揭。军
队一方的代表是乔治·毕晓普，他是一名曾在军队服役的贵格
会教徒，在"普特尼辩论"中主张将查理一世绳之以法（"血
腥的查理"这个名号就是他起的），而且还是伦敦"颇有能量"
的情报专家。他和伦敦民兵部队指挥官约翰·休格特上校属于　175
同一个阵营。代表文官利益的是伦敦的记录法官罗伯特·奥尔
德沃思和市府参事迈尔斯·杰克逊，后者是一位顽固不化的保
王党成员，紧握权力不放。选举在恐吓和欺诈的背景下拉开序
幕。奥尔德沃思和杰克逊在选举中胜出，尽管后来毕晓普和休
格特对选举结果提出上诉。当结果无法逆转时，毕晓普和休格
特毫不掩饰地说，他们想"找机会以一切可能的手段炸毁这座
城市"。上帝的旨意（不可避免地）胜过了人民的意志。这不
禁让人想到了贝尔托·布莱希特的评论（在这段时期内，这不
是第一次，也不是最后一次）："如果政府简单地解散民选议
员，然后另起炉灶再选举，事情会不会变得更简单些呢？"[①]

　　按照早期现代标准，布里斯托尔港这里的人口过着一种流
动的生活，非正统信仰在这些人中本来就很有市场，贵格会教
徒的到来更是推波助澜。事实证明，这座城市生机勃勃的大众
文化与市政当局禁止戏剧和斗鸡的禁令格格不入，这些娱乐活

---

① 这段话出自布莱希特的诗《迪尔松》（"解决方案"），诗歌创作的灵感来
　自 1953 年反对东德共产主义政府的起义。

动充满感官的愉悦和发自内心的快乐。当然，有些人也认为，这多少也暴露出放纵自由的生活很容易变成纵欲淫乱的苗头。布里斯托尔可谓恶名昭彰，与格洛斯特、考文垂和庄严的基德明斯特等城镇的虔敬典范形成鲜明对比，这些城镇是信奉新教的"善良人聚居的基列拉末"①，用这位精力充沛、能言善辩的巴克斯特牧师的话说就是，"这里看不见一个独立派、再洗礼派和反律法主义者，等等"。

虔敬者的宗教生活非常丰富，虽然没有官方的《主祷文》，但他们每天都唱赞美诗、吃圣餐并进行属灵操练。许多牧师，包括巴克斯特，继续使用《主祷文》和《信经》，因为这都是"相当完美的方法，其全面性非常令人满意"。他们每周一次的朗诵深深吸引着普通的教徒。巴克斯特是一位非常成功的宗教改革家，他谦虚地为自己给伍斯特郡基德明斯特镇带来的改变而感到骄傲："蒙上帝的恩宠，在我的照看下，我亲眼看见了这个国家发生的变化，以及人民发生的改变。"拉尔夫·乔塞林则更有信心："他（巴克斯特）在埃塞克斯郡拥有科尔恩伯爵的广大信众，但这只是出于虔敬上帝，根本就没有关心他的宗教改革努力。"12

国家对不道德行为采取了严厉镇压的态度，共和国对性行为的严厉程度或许超过了此前和以后任何一届英国政府。1650年颁布的法令规定已婚妇女和他人通奸处死刑，不过很少有人

---

① "基列拉末"是约旦河东的一座城市，为《圣经》中的六座"逃城"之一。"逃城"是神给人预备的，彰显了神的爱。作者在这里用该词喻指救赎之地。（译者注）

因此被起诉 ①。一个已婚男人和一个单身女人通奸将受到严厉惩罚。这里不对这种明显的不公做进一步的评论。对那些被判乱伦和多次卖淫的人，死刑也是他们要为自己的行为付出的代价。这些措施使英国的法律与《旧约》相一致，并得到了狂热教士的推崇。"上帝会把通奸者处死的！"这是 1656 年在圣保罗教堂，最热心的长老派成员托马斯·沃森引用《旧约·申命记》进行布道时所说的。

1650 年的法令还首次把通奸正式列入刑事犯罪，这种行为以前都是归道德法庭管辖。众所周知，通奸这种犯罪行为很难取证，但是，一旦在政权空白期间被认定犯有这种罪行，量刑也会变得更加严格。1657 年 1 月在曼彻斯特，当局命令警察逮捕所有最近成为单身母亲的人，并判她们在感化院监禁一年。

鸡奸是亨利八世统治时期以来的重罪，被人们普遍认为是 177
从阿拉伯国家传来的行为，这种看法在迈克尔·本-亚历山大的案例中得到了"证实"，他于 1651 年因"鸡奸一个男孩"而在泰伯恩行刑场被处以绞刑。林肯郡的一名教师托马斯·瓦伊汉也因与一名学生发生性关系而被处以绞刑。用法官的话说，这个"像野兽一样的男人"直到上绞刑架时还自称是改宗的天主教徒，这一事实足可以证明清教徒的偏见。

这种异常严厉的法律限制似乎对放荡而充满分裂倾向的布里斯托尔收效甚微，紧张局势继续升级。1654 年 12 月 18 日，

———————
① 据历史学家伯纳德·卡普的记载，在老贝利这个地方至少有三十六起讼案，尽管法官不愿意执行最终的刑罚。

学徒工聚在一起闹事，反对贵格会教徒在这里落脚，此后在圣诞节那天又发生了骚乱，而当天的庆祝活动又是争端的另一个来源。

随着布里斯托尔这座城市的名声越来越坏，克伦威尔本人被迫进行干预。威廉·博特勒少将被派去调查这场危机，作为护国公的少将军政官之一，过不了多久，他就将获得十分骇人的名声。博特勒是天主教徒和贵格会教徒的"残酷迫害者"，他把大部分责任归咎于当地士兵的作为："同为军人，我真为自己感到有些悲哀和可耻，尤其是我不得不让你们知道，他们做事非常鲁莽轻率，让宗教、殿下和军队因此蒙羞。"随着 1655 年倒霉的保王党人彭拉多克在英国西南部被一举击溃，布里斯托尔的驻军被打乱并移防。詹姆斯·内勒来到这个鱼龙混杂的城市。

*

"脸色红润，一头棕褐色的长发随风飘逸"，内勒外表瘦削，颇有救世主的味道，他戴着一顶"快盖住眉目的帽子"，显然让他很讨女性信徒的欢心。这位风度翩翩的传教士时年三十多岁，自称为"正义之子，和平之君，上帝的独子，千万人中的佼佼者"。从他的穿着打扮上看不出太多的谦卑，一看就很容易让人觉得他盛气凌人；他的同伴理查德·纳尔逊曾警告他说，不要"抢了上帝在人们心中的风头"，因为他的信徒可能会"把你当成半神"。这句劝告好像是未卜先知似的，但他没放在心上。[13]

1618 年，内勒出生于韦克菲尔德附近，这里属于繁荣而激进的约克郡西瑞丁的一部分。他是一个农场主和地主，有着合法的收入，1643年加入议会军队。内勒是块当兵的好材料，他曾在约翰·兰伯特的精锐骑兵团服役，获得了军需官的军衔。这个职位责任重大，在饱受作物歉收和粮食短缺蹂躏的土地上，负责军队粮草的位置尤其需要一个既有组织才干又极富个人魅力的领导。为了从当地居民那里筹集粮草，内勒和他们百般周旋，特别是在1650年远征苏格兰时，胜利近在咫尺，但又危机重重，军需工作非常难做。兰伯特和内勒恰好是同龄人，他们同受约克郡西区邪恶宗教环境的熏陶，作为内勒的领导，兰伯特对这位经历过庞蒂弗拉克特城堡三次围攻、马斯顿荒原战役和邓巴大捷的老兵评价非常高。内勒在布里斯托尔被捕后接受议会审判时，英国二号实权人物为他开脱：

（他）可堪大用。非常遗憾的是，我们和他分道扬镳了。他在生活和谈吐上都无可指摘，是独立派教会中一个非常温馨的社群的一员。

1653年，内勒在威斯特摩兰郡接受审讯，也就是在这次审讯之后，他在这个郡的朋友替他向议会、克伦威尔和兰伯特请愿，从而第一次把克伦威尔政权的注意力吸引到内勒身上：

我们亲爱的兄弟詹姆斯·内勒被关在阿普比镇的监狱里，他在兰伯特将军的指挥下在议会军队中服役长达八到九年，我们相信军队中有人可以给他作证。 179

在兰伯特的北方军队里，贵格会教徒人数众多，就像许多宗教和政治激进分子一样，在这样一种混合着军事纪律约束的"树立坚定战斗精神"的意识形态温床中，他们的信仰得以定型①。阿莫尔·斯托达德上尉成为传播贵格会教义最有成效的人物之一，而诺森伯兰郡沿岸霍利岛守卫部队的长官则像他们在布里斯托尔的兄弟一样，大规模地改信生机勃勃的贵格会教义。

1651 年，内勒因身体状况不佳（可能是患了肺痨）而被迫退伍，从此，他的下落一度鲜为人知。内勒成了霍伯里一个独立派圣会的成员，霍伯里是一个靠近韦克菲尔德的村庄，在那里，他被指控亵渎上帝，并遭到克里斯托弗·马歇尔牧师的驱逐，马歇尔指责内勒与有夫之妇罗珀夫人"厮混在一起"。马歇尔说："这是他亲口说的，他可以和任何他认为合适的女人在一起。"在康沃尔（康沃尔放任非正统教派甚至天主教徒的活动）流浪了一段时间后，内勒栖身在丘斯托克的萨默塞特镇。其间，他被指控在"一个屋里和三个女人"共度一晚（内勒的妻子是安妮，他们 1643 年结婚，育有三个女儿，值得注意的是，安妮绝大多数时间都没有和内勒生活在一起）。从马萨诸塞州归来的清教徒牧师托马斯·韦尔德注意到，贵格会教徒素有"抛弃世界（尽管他们疏于自己的使命和家庭是一种罪 180

---

① 当局一直都关心军事纪律和战斗精神两者之间的结合问题。1945 年，当英国军队从海外凯旋时，英国工党政府开展了绝无仅有的改革，这并非偶然。

恶）"^①的习惯。

1655年6月，内勒来到伦敦。正是在首都，他充分利用这里的公共集会场所，不知疲倦地发表了一系列热情洋溢的演讲。这就是内勒所体现出来的雄辩和文采，他开始超越福克斯成为贵格会新的代言人。这把贵格会教徒推向了危急关头。一个月后，年仅十八岁的詹姆斯·帕内尔在埃塞克斯郡科吉歇尔镇的一座教堂引发骚乱，随后被捕。帕内尔被罚款四十英镑，但他没有支付，因此被押送到科尔切斯特城堡，在那里他遭到殴打，后来可能是因为绝食抗议而饿死。他的命运在歌曲和小册子中广受嘲弄，反映出人们对贵格会教义日益增长的敌意。贵格会教徒的标签已经被打上。

即使以早期贵格会的冗长标准来衡量，内勒也是这一派事业的多产宣传者，从1652年至1657年，他出版了近五十本小册子，进行排山倒海般地痛骂。前议会军官詹姆斯·高夫回忆说，他"被詹姆斯·内勒的布道彻底给镇住了，这种打击比他参加邓巴战役还要大"。

伦敦激进的浸信会教徒丽贝卡·特拉弗斯对内勒也同样印象深刻，内勒口头攻击她教友的阵势着实骇人。一见到内勒，她就为"一个贵格会教徒竟能胜过博学多识的浸信会教徒而感到困惑和羞愧"，进而对内勒心生十二分敬畏，当场就皈依贵

---

① 从中可以看出，为什么在17世纪中叶，伟大的社会历史学家克里斯托弗·希尔将内勒与16世纪六七十年代反主流文化的放荡不羁之人相提并论，而且这种观点获得了肯定和支持；从最近的发现来看，这种比较不再像以前那样有吸引力了。

格会，内勒留下的忠告在她耳边回响："不要依赖知识……应该去以某种方式看待知识而不是依赖知识，这才是有益的，因为依赖知识会让一个人虚度终生。"[14]

这是贵格会一个言简意赅的信条，它强调感觉重于思考，非理性重于理性。181

内勒停留在伦敦这个"伟大而邪恶之地"，这段停留时间让他成了名人，成为"人中翘楚"。达官贵人都去聆听他的布道，这其中就包括亨利·范恩，他拥护共和政体，批评克伦威尔放弃"古老而美好的事业"。内勒和范恩一样，也感觉革命已经被出卖。在一本名为《致英吉利共和国议会》的小册子中，内勒写他沿着泰晤士河南岸（伦敦剧院的传统所在地）散步，写他看到"脚手架上吊死的人"，写那些政客"言行中无不透露着如此令人憎恶的愚蠢"。他写道，此情此景让他伤心不已，"在你们的统治下，任何这样的事情都见怪不怪了"。

然而，内勒的说教并没有让达西夫人这样的人止步，她邀请贵族、政治家和其他出身名门望族的人从"天花板后面"聆听内勒讲话，这俨然成为一种激进的新潮时尚，算是撵潮流的一个早期范例吧。甚至连内勒的对手也见证了他的实力。英国国教牧师约翰·迪肯曾与内勒多次激烈交锋，他也是内勒的第一位传记作者，就在内勒来到布里斯托尔前不久，他形容内勒是"一个机智超群、疑惧心特别强的人，演讲非常富有天赋，言谈中透露着一种神韵"。[15]

内勒在伦敦受欢迎的程度可能已经让他头晕目眩，他成了"前卫的摇滚明星"。围绕在他身边的是一群忠实信徒，其中许多信徒还是妇女。内勒最热心的支持者之一是咄咄逼人且才华横溢的玛莎·西蒙兹。她成了一个小圈子中最突出、最敢发声的成员，这群人开始扰乱贵格会教徒的聚会，在会众面前大喊"清白"。他们把内勒捧得比爱德华·伯勒和弗朗西斯·豪吉尔还要高，伯勒和豪吉尔都是创立贵格会的"六十勇者"成员， 182
一直被视为伦敦贵格会的领袖。

这个"骚动的女人"西蒙兹要求内勒和伯勒及豪吉尔正面对峙。结果就是，内勒被名声、禁食和尖锐的抨击折磨得身心俱疲，整个人都崩溃了，他在一张桌子上躺了好几个晚上，期间浑身不停颤抖，嘴里含混不清地说着什么。西蒙兹被指控使用巫术对内勒施咒。内勒的朋友把他送到布里斯托尔，想把他从西蒙兹的控制下解脱出来，但她紧随其后。内勒想去福克斯被囚禁的康沃尔郡的朗塞斯顿——福克斯没有出庭受审，因为按照他的信仰，他拒绝宣誓。内勒没能赶到那里，他在西行途中被当作流浪者逮捕，关押在埃克塞特。

在 1656 年 6 月 23 日的一封信中，同为贵格会教徒的托马斯·罗林森提醒福克斯，要他注意这位教友的受刺激状态："詹姆斯·内勒现在和我在一起……他禁食了。整整一个月，他只吃了一点儿面包。我到他跟前，他什么也不吃，但有几天他喝了一品脱 ① 白葡萄酒，又有几天把水和酒掺到一起喝了一及耳 ②，但现在他吃肉了。"16

---

① "品脱"为液量单位，等于⅛加仑，在英国等国家约合 0.568 升。（译者注）
② "及耳"为液量单位，1 品脱等于 4 及耳。（译者注）

当内勒在监狱里禁食了几个星期，不仅身体虚弱不堪，甚至失去理智的时候，西蒙兹来到了朗塞斯顿，在那里，她当着被囚禁的福克斯的面对他进行凌辱，"她冲着我唱着圣曲，自己编了很多词儿"，福克斯回忆道。福克斯在9月份获释后来到埃克塞特解决内勒的问题，内勒"已陷入臆想之中，好像有个伴儿陪着他，此情此景令整个国家蒙上巨大阴影"。福克斯想让他屈服，伸出手让他亲吻来赎罪。可半死半活的内勒反倒让福克斯吻他的脚。见面到此为止。内勒陷入千禧年主义不能自拔，福克斯回忆说他沾染了"邪恶的灵光，和朋友反目成仇"[17]。

贵格会教徒还有出路吗？ 1656年夏天，当局全面镇压贵 ¹⁸³ 格会，此举映射出早年对平等派和浮嚣派的严厉抨击，当局故意把这些教派混为一谈。"他们认为所有东西都应该共享，并私下向他们的信徒传授平等的教义。"一位地方执法官写道。更极端的贵格会教徒甚至声称："耶稣基督所向之处，一切个人财产都会荡然无存。"[18]令人大跌眼镜的是，西蒙兹竟成了克伦威尔的妹夫德斯伯勒将军妻子的女仆。简·德斯伯勒呼吁克伦威尔殿下释放关押在埃克塞特监狱的内勒，这一请求于10月20日获得批准。四天后，内勒在西蒙兹和其他六个人的陪伴下来到布里斯托尔。

内勒充满挑衅的入城表演震惊了布里斯托尔的市民，当地执法官对他和他的同伴进行了审问。内勒否认自己的神性，但他的追随者在证言中没有像他那般谨慎，而是宣称他为"受膏的以色列国王"。多尔卡丝·埃尔伯里甚至声称，内勒在埃克塞特监狱服刑期间让她死而复生。

　　有人发现内勒带着一封《兰图鲁斯致罗马元老院的使徒书》①，上面描述的是一个头发垂到肩膀、蓄短胡子的基督形象，一看就知道，这是内勒在故意模仿耶稣基督的形象。布里斯托尔的执法官对贵格会的威胁既熟悉又害怕，他们认为自己没有权限处理这种暴行，于是请议会出手支援："尊敬的议会，现在请行使政府赋予你们的权力，制止一切不虔敬之人的无礼，在这个特别领域，你们一直疏于行使权力。"按以前的先例，184 内勒不会在地方法院接受审判。他将被押送到首都伦敦进行一场摆样子的公审，等待他的将是死刑判决。

---

① 这封使徒书的出处不明，15世纪在意大利出版，里面包含对耶稣基督外貌描述的内容。

第十一章
审判与裁决

上帝赐予我力量。

——詹姆斯·内勒

1656 年 10 月 31 日，也就是内勒一伙人在布里斯托尔进行亵渎神灵的游行一周后，他们被带到伦敦接受议会委员会的质询。他们到威斯敏斯特时口中仍高呼着"和撒那"。负责议会委员会的是两名坚决反对贵格会的议员，一位是罗伯特·奥尔德沃思，他在议会选举中战胜了军人派，很关注布里斯托尔贵格会的发展情况；另一位是托马斯·班普菲尔德，他是埃克塞特的记录法官和下议院未来的议长。议会委员会由五十五名成员组成，最后增加到五十八人，都是英国最有权势、声名显赫的人物。

很难想象这样的阵势对出身相对低微的内勒来说该有多恐怖，但在整个审讯过程中，内勒思路清晰，没有表现出一丝畏惧，举止优雅而有尊严。当被问到他是否在埃克塞特监狱让多尔卡丝·埃尔伯里死而复生时，他援引《圣经》里的人物约

伯说:"我自己什么也做不了……上帝赐予我力量。"或许他是
上帝行奇迹的使者,这一点他本人也会承认,但他不是耶稣
基督。

班普菲尔德讯问谁给他提供的资助,他在传教的旅途中是
怎样维持生计的?

内勒回答说:"他叫田野上长出百合花。"① 这意味着他已经 186
禁食"两到三个星期"了。

内勒向委员会做了最后陈述,对他一以贯之的立场进行了
简明的总结:

> 我实在憎恶上帝所赐给我的任何荣耀,因为我是受造之
> 物。但耶和华却高兴立我为公义降至人世的预兆,也为我经过
> 这些城时所行的事感到喜悦,耶和华赞许我即将承受这样的苦
> 难,这是他行在地上的预兆,而并不是为了我这个受造之物。

贵格会教徒安东尼·皮尔森写信给玛格丽特·费尔(她现
在已经嫁给乔治·福克斯)说:"内勒以他的超凡智慧温顺而
清晰地回答了所有问题……全体委员(某些暴虐的委员不包括
在内)都感到不可思议,并对他的回答很满意。"但也确实不
乏心怀恶意的诘难。委员会的成员在"查明这个案件的关键时
机"中看到了上帝之手在发挥作用。[1]

1656 年 12 月 5 日,委员会在议会面前宣读了长达十三页

---

① 这句话借用《马太福音》中的"何必为衣裳忧虑呢?你想野地里的百合
花,怎么长起来?"喻指上帝的恩典。(译者注)

的报告，报告的结论是："首先，詹姆斯·内勒确实以我们神圣救世主的姿态、言辞、荣耀、敬拜和行奇迹的形象出现。其次，他确实以我们神圣的救世主的名义以及无法言传的上帝的特征和头衔行事。"内勒是一个"隐藏很深的假冒者和人民的诱惑者"，他冒充"我们救世主耶稣基督的姿态、言辞、名字和特征"[2]。

　　议会对宗教自由的承诺从未像克伦威尔那样真诚和广泛，像否认"三位一体"这样的教义是被禁止的，甚至连圣公会教徒也受到迫害。天主教信徒从一开始就不服从英国国教，《政府约法》已经剥夺了他们行使宗教信仰的权利，他们为此吃尽了苦头，随着 17 世纪 50 年代的到来，社会环境也变得更加无法容忍天主教徒的存在。与法国媾和或许会改善英国天主教徒的处境，马扎然主教就是这么盘算的，但由于与"黑暗"西班牙开战，这种希望也付诸东流了。克伦威尔说："自从我出生以来，英国的天主教徒就被认为追随西班牙人。他们从来没有向法国人求助……西班牙才是他们的后台。"[3]

　　可以说，直到 17 世纪 50 年代中期，天主教徒在护国公制英国一直受到某种忽视，尽管这种忽视并非出于善意：1650 年，议会废除了伊丽莎白一世、詹姆斯和查理一世统治时期通过的一系列旧有的"拒绝国教者法令"。但是，与西班牙的冲突让新教徒的态度重新变得更加强硬，并于 1656 年 11 月提出了一项法案，对"与罗马天主教有关的不信国教者进行揭发、定罪和镇压"。如果这项法案获得通过（其居心不良的敌意态度导致四十三名议员反对通过该法案），法官就可以传唤疑似天主教徒，不仅要让他们宣誓放弃承认罗马教皇的权威，而且还要否认天主教的核心信仰，比如圣餐仪式和炼狱的存在，这样的举措无异于坚决反对任何宗教信仰自由的概念。如果天主教徒不这样做，他们三分之二的财产将被没收。那些在外国大使馆做弥撒的天主教徒，政府以前对他们持默许态度，现在则要处以一百英镑的罚款。天主教再一次被认定为"反英国利益"。残忍而蛮横的威廉·博特勒把不信国教者看作"英国人中的异类。在我眼里，他们就是英国的敌人"[4]。英国鼓动国民侵犯天主教徒的利益，在英国国内不容忍天主教徒立足，这一切并没有逃过马扎然主教的注意，他命令他的特使安托万·德·波尔多·纽夫维尔为英国天主教社区求情。护国公用遗憾的语气致信马扎然："……就我现在的情况来看，我可能不会对你要求宽容的呼吁做出回应。"但他提醒送信的特使说，他已经"拯救了很多人"，他的意图是"尽快……取得进展，履行我对阁下的承诺"。听克伦威尔这么一说，法国首席大臣似乎消气了。在护国公制英国的历史上，只有两名天主教徒因信仰而被处决。[5] 但是，除了尚可容忍的长老派和独立派，政府并不反对迫害其他宗派。

188

*

　　内勒的报告宣读完后，议会委员会的一位委员菲利普·斯基庞将军站了起来，他的座右铭是"祈祷与战斗"，这句话形象地概括了他秉承的简单而粗暴的长老派主义。斯基庞参加过内战，获誉无数。1642 年，在特南格连战役中，他高喊着"来吧，我的孩子们，我勇敢的孩子们"，极大地鼓舞了"伦敦训练工会"①的士兵顽强地保卫首都的西部边界，尽管他们的防线很脆弱；在 1645 年的内兹比战役中，斯基庞受了重伤，他训练出来的"新模范军"步兵成为取胜的决定性因素。随着斯基庞对伦敦的控制越来越紧，这让他和贵格会冲突不断。对这位"基督教百夫长"来说，政治和宗教本来就是一回事。内勒的罪行既包含宗教方面，也包含亵渎神灵方面，并引发了关于"容忍"这个概念的根本性问题。贵格会在克伦威尔关于自由以及兰伯特《政府约法》的土壤中肆意滋长。

　　通常情况下，斯基庞是一个"很少登台讲话的人，就算讲话也没什么技巧可言"。他环顾了一下四周，注意到议院大厅一片寂静。他开始发言：

　　我对这种沉默并不感到惊奇。我想在座的每个人听到这份报告后都感到十分惊讶……我一向认为，这些事情的滋长比国外敌人还要危险得多。一想到对这种异端持宽容态度，我的内心就深受搅扰……不论是在英格兰还是在爱尔兰，他们疯狂地扩张，人数越来越多，这已经众所周知；他们的信条对全体牧师和地方执法官都带来了打击。这个国家内的各种不同声音（全部都和政府的声音相左）终有一天会合在一起，假以取悦上帝而获得权柄，摧毁你们的所有。6

------

① 伦敦训练工会是伦敦的民兵部队。英国 18 世纪以前普遍实行的是平战结合的征兵制度，战时以郡为单位由召集官强制征集社会各阶层入伍（包括贵族、牧师和平民），训练工会从召集官手里接收士兵并对其进行训练，当地郡或城市则会支付因耕地劳动力缺乏所带来的损失。（译者注）

斯基庞认为，这个政权正拿上帝的眷顾冒险。如果政府违背上帝的意愿，允许内勒这样的亵渎，那么这个政府和它统治的国家就将咎由自取。斯基庞恳请道："难道我们不应该像爱惜自己的荣誉一样精心守护上帝的荣耀吗？"对这个世界的关切和对上帝的关切是分不开的。斯基庞和他强硬的支持者决心确保上帝降诸于世的和平与天意，因为这两者密不可分；他们会不断袭扰那些敌人，直到他们彻底绝迹。

斯基庞说，从内勒的所作所为来看，"我认为这是对上帝的可怕亵渎，应该按亵神罪受到惩罚"。绝不应宽恕内勒，法律也必须为惩处他让道："我一直都反对追溯既往的法律，但对这个案件则不然，我要回过头来清查他的罪责，因为这是一个非常特殊的紧急情况。"斯基庞主张进行追溯判决，为了这桩恶性案件，他要启用那早已被人诟病的老旧法律。

狂热的威廉·博特勒——"克伦威尔少将军政官中最可憎的一位"，也是"聚集教会"的独立派拥护者，他对贵格会的厌恶可以追溯到他在布里斯托尔的那段日子——闻听内勒的事后，同样也感到惊愕："听到议会提交的报告后，我的耳根子像针扎一样，一股怒气涌向心底。"他告诉下议院说，贵格会教徒"蔑视现政府"。他们指责地方执法官和全体牧师，这其实就是对教会和国家不满，"把一切权威踩在脚下"。乔治·唐宁是卡莱尔的议员，非常了解贵格派教义的危害，他补充了不祥的结局："我们从他嘴里问出的东西已经够多了。"他们有足够的证据来给内勒定罪。[7]

议会中的保守成员占大多数，他们显然急于证明克伦威尔

190

相对宽大的宗教解决方案存在局限性，并要求追究不守规矩的内勒的责任。正如考克斯上校所断言的那样："各国都认为，正是英国的宗教信仰自由政策才让这个人有恃无恐。我也持同样观点。"博特勒曾被考克斯定性为"残暴的检察官"，他要求根据摩西律法判处内勒石刑："《利未记》中所立的反渎神的律法对我们现在仍适用，正如下面一节经文反对杀人一样。"

下议院现在必须考虑三个重要问题。第一个问题是，议会是否应该接受委员会的报告，如果接受委员会关于内勒有罪的报告，是否应该首先听取被告的辩护？

尽管考克斯声称自己"和任何人一样，都尊重宗教信仰自由"，但他认为，内勒的行为"根本就不在这个自由的范围内"，因此，这个贵格会教徒的辩护根本不值得听取。西德纳姆上校与克伦威尔过从甚密，他对通过立法的形式打击贵格会一直持反对态度。对这个案件，他回应说，试问一下，如果一个人因"空口无凭的委员会报告就被治罪，而且在没有召开进一步听证会的情况下就给他宣判死刑"，这样做是否妥当？这样做的结果就是，"以后每个人都可以照此被兴师问罪"，他表示抗议。西德纳姆审慎而明智的做法得到了牛津大学议员理查德·克罗克的支持。克罗克争辩说，如果内勒声称自己的行为不是亵渎上帝，我"就会让他成为我的律师"。

下议院决定投票表决，这让班普菲尔德感觉很懊恼，他觉得这样的决定好像不把他当回事，他坚持认为："你们相信委员会就所有其他事项提交的报告，这些事项包括三个民族的公民的生命、自由和财产，可为什么偏偏这个案件是例外呢？"

内勒在庄严的议会面前就位。他拒绝跪下或脱帽，这不是什么大问题，警官礼貌地把他的帽子摘下。议长托马斯·威德林顿向他问话，内勒做了答复，确认了委员会的报告准确无误，但不包括他与罗珀夫人有染的细节。"好像是她亲吻了我"，内勒说，他努力地回忆当时的细节。"这是我们那里的风俗。"但他坚称没有和那个女人发生性关系。"我憎恶不洁。"

他们向内勒宣读了对他的指控，内勒承认他们的观点，宣称他信任在座的法官。然后，他被要求对他在布里斯托尔的行为做出解释。

"从我出生以来，就没有什么比这件事更违背我的意志和思想了"，内勒这样悔过。他清楚地意识到，在布里斯托尔游行时被"立为预兆"是危险的活动，当局可能会治以重罪。"我知道我应该为此献出生命"，他承认。但他并没有试图煽动市民骚乱，也没有亵渎上帝："我每天都为这个国家能设立地方执法官而祈祷。我没有，也不敢冒犯国家权威。我这样做不是为了树立偶像，而是为了服从上帝的意愿。"[8]

议员已经把内勒带到他们的面前，听取了他的申辩，现在面临着第二个更棘手的问题。有没有专门针对内勒罪行的法律？也就是说，他到底犯了什么罪？1650年颁布的《亵渎法令》似乎就是一部显而易见的适用法，可据此给内勒定罪。但这里存在一个问题，至少对强硬派来说是这样的，正如斯基庞和博特勒所阐明的那样。按照《亵渎法令》，初犯可判不超过六个月的监禁，即便是累犯，最严厉的惩罚也就是流放而已。《政府约法》则更宽松，其第三十七条规定：

诸如标榜信仰耶稣基督的人（虽然在判断上根据其公开提出的教义、敬拜或规训而各有不同），不应限制而应保护其从事宗教信仰的职业以及举行宗教信仰的活动；使其不会滥用这项自由而给他人造成民事损害，亦不会对公共和平造成实际扰乱。只要这项自由不扩及罗马天主教教徒或高级教士，也不扩及那些诸如以行基督事为名，纵欲放荡或谈论此类淫行的人。

《政府约法》阐述的宗教宽容简直令人无法忍受，斯基庞对此厌恶至极。他暴跳如雷地说："求上帝把我从这样的自由中拯救出来吧！"他警告那些同僚，尤其是兰伯特：

恐怕这样的法律不会有什么成效，而接踵而至的则是罪恶和指责……这些贵格会、浮嚣派、平等派、苏西尼派①以及所有类似教派的教徒，他们会在《政府约法》第三十七和三十八条的庇护下发展壮大。

即使是那些以前致力于实现《政府约法》目标的人（如戈菲将军）也承认，如果斯基庞的意见是对的，而且《政府约法》的确"坚持保护这样的人，我会立刻把它付之一炬"。戈菲一直非常憎恨贵格会教徒，在英格兰南部地区不遗余力地迫害这些教徒，在他看来，贵格会教徒会"把所有信仰耶稣基督

---

① 苏西尼派是16世纪宗教改革运动中兴起的一个神学派别，它反对基督教正统的三位一体理论和耶稣的神性学说。

的人撕扯得骨肉分离"。戈菲认为，内勒至少实现了一个预兆，193
那就是审判他的法庭没有一个人喜欢他，"他印证了《圣经》
的一句经文：'假基督，假先知，将要起来，显神迹奇事，倘
若能行，就把选民迷惑了。'"9

　　但是，军队的显要人物内部开始出现裂痕。兰伯特一手起
草《政府约法》，同时也是内勒的前领导和同乡，他坚持要求
按这部宪法治理国家，议会不能拥有无限的司法权。他也确实
为自己的这位前军需官的行为感到震惊："我的内心非常悲痛，
我希望没有什么能浇灭我对这部宪法的热情。"但必须遵循正
当的法律程序。兰伯特以军人的气概斩钉截铁地说："我会照
章办事。"

　　贝恩斯上尉是英格兰北部利兹的议员，他坚决驳斥斯基庞
此前的观点。"《政府约法》明确阐明，所有标榜信仰耶稣基督
的人都应得到保护，我觉得这个人（内勒）就属于这种情况。"
难道议会要拒不执行已经颁布的宪法条款？或者说，议会有权
力这样做吗？

　　下议院必须考虑的第三个也是最后一个问题是，他们应该
用什么法律条款来给内勒定罪。他们可以采取立法途径，通过
一项剥夺公民权法案，这是一项有追溯效力的法律，尽管这可
能会触怒支持《政府约法》的护国公。他们也可以采取司法
手段，辩称先前被废除的上议院（英国最高法院）所拥有的
审判权已经移交给下议院。乔治·唐宁认为这种办法可行。他
认为，如果克伦威尔看过这个案子（所有证据都对控方不利），
"我敢肯定他会非常关注此案，并对法律进行扩展"。

沃尔特·斯特里克兰曾为结束英国与荷兰人冲突的谈判出谋划策，他想找到一种"两全其美"的方法。如果内勒犯有亵渎上帝罪，不管罪行大小，接下来必须把判决结果给他讲得明明白白："我会尽可能地保证你享有公平公正的诉讼程序，把你的案子做成铁案，让你无法再狡辩。"斯特里克兰还对强硬派提出了警告："让我一直牢记在心的是，虽然他的观点近乎上帝的真理，但我个人认为，耶稣基督的精神在我们内心深处。"斯特里克兰与克伦威尔关系密切，他的观点很可能就是护国公本人的态度。西德纳姆的观点也是如此，西德纳姆从历史的角度出发，认为"那些以前坐在我们这个位置上的议员……会把我们判为异端"。这种观点得到了霍兰德上校的支持："想想我们以多少血的代价才建立这个国家。《政府约法》赋予了我们宗教信仰的自由。我们应该记得，以前有多少基督徒曾在这种亵渎上帝的观念下殉道。"[10]

罗伯特·比克并不认同这种观点，他似乎相信议会完全有自由制定它希望的任何法律，他对如何处理可怜的内勒提出了自己的意见，这和斯基庞以及博特勒相比有过之而无不及。比克说，议会"拥有至高无上的权力，就算以前从来没有因为这种行为而被治罪，议会也可以宣布他（内勒）的行为违法"。然后，他以鲜为人知的罗马执政官马库斯·普布利基乌斯·马尔雷奥鲁斯为例，匪夷所思地呼吁遵循古希腊和古罗马的传统来惩治内勒。当马尔雷奥鲁斯在公元前102年被判杀父罪时，元老院下令将他"缝在一个皮革袋子里，一起缝进去的还有一只狗、一只公鸡、一条毒蛇和一个猿猴，然后抛进台伯河"[11]。

*

　　尽管充斥着各种各样的反对意见和警告，下议院依然拒不
考虑先例，利用基本上站不住脚的论证，下定决心诉诸上议院
的权力，它自认为已经继承了上议院的司法权。毕竟，下议院
才是内勒一案的法官和陪审团。

　　克伦威尔的妹夫约翰·德斯伯勒认为内勒应得到宽大处
理。他觉得，"如果我们按照基督教的律法来评判"，要说内勒　　195
有罪，那也是他的信徒犯下了更严重的亵渎上帝罪和偶像崇拜
罪。他不会投票支持"将内勒认定为恐怖的亵渎者"。

　　斯特里克兰的观点也大同小异："我认为他非常可耻且骄
傲自负，是一个邪恶有罪的人；但要说他是一个亵渎者，我不
敢苟同。"内勒的确借上帝之名招摇过市，一副妄自尊大的样
子，但他并没有亵渎上帝。斯特里克兰辩称，或许可以把他定
为"诱奸罪"，或者流放到"锡利群岛和比德尔做伴"[12]。斯
特里克兰在这里指的是约翰·比德尔，比德尔是一位出类拔萃
但也充满争议的圣经学学者，由于坚持反律法主义，且对否认
"三位一体"发表了非常专业的神学论证而受到质疑。克伦威
尔亲自出面救了比德尔一命，他认为比德尔"性情谦逊，稳重
而宽容，一点也不爱争吵"。克伦威尔没有找到殉道者，尽管
在那个时代的宗教纷争中有许多这样的候选人。1655 年 10 月，
护国公将比德尔驱逐到锡利群岛，"每年为他提供一百克朗①
的生活费"。尽管克伦威尔在关键时刻更关心秩序而不是宽容，

_____

① "克朗"是一个英国旧货币单位，货币名称的意思是"王冠"，为五先令
　的英国硬币。（译者注）

但他以私人身份出面干预宗教事务却引人注目。除了在比德尔案中表现出宽大仁慈，贵格会教徒也在克伦威尔的命令下被释放，而且在他的治下，英国圣公会教徒也得到了极大的宽容（1656 年 4 月，克伦威尔出资在威斯敏斯特大教堂为厄谢尔主教举行了葬礼）。克伦威尔还拒绝下令限制本国天主教徒在威尼斯大使官邸进行宗教活动，并抗议处决耶稣会士约翰·索思沃思。不幸的是，内勒的案子已经家喻户晓，就算护国公权力再大也无法回天了。更重要的是，时代已经今非昔比。

关于怎样处置内勒，各种反反复复的争议漫无边际地进行着，这显然让议员们很是沮丧，但很少有人因此改变立场。托马斯·克拉吉斯提议，应该斩断"戈尔狄俄斯之结"①："让我们什么都别听了，干脆用石头砸死他。"不出所料，内勒被判犯有"罪大恶极的亵渎罪"。他的罪名还包括"假冒上帝和诱惑人民"[13]。

有些人建议，对内勒课以严刑天经地义，但还达不到死刑的程度。乔治·史密斯法官用浮嚣派雅各布·博顿利的判例进行说明。博顿利是为数不多的因触犯 1650 年《亵秽法令》而被定罪的人之一，他出版了一本名为《上帝的光明与黑暗面》的小册子，最后被处以割舌之刑。比克提议割掉内勒的舌头和右手，德斯伯勒认为这会危及他的生命，但他发出的这种求情声根本没人响应。许多人继续呼吁判处内勒死刑：罗伯特·威

① 在希腊传说中，"戈尔狄俄斯之结"指的是弗里吉亚的戈耳狄俄斯国王所系的复杂绳结，后被伟大的亚历山大以剑斩断。后世用"戈尔狄俄斯之结"来比喻很棘手的难题。（译者注）

尔顿上校警告他的同僚，不要因为法外开恩而铸成大错，为此，他引用了《圣经》上的另一个先例，说的是《撒母耳记》中的以利违背上帝的旨意，赦免了对他儿子的惩罚，最终他的儿子也没有善终，反倒把约柜[①]和他自己的性命也搭上了。托马斯·库珀上校以敏锐的洞察力驳斥了这种看法，他认为，复仇和殉道反而会给贵格会起到推波助澜的作用。"如果你取走了这个人的性命，"他说，"那肯定就是在为他们的教义添砖加瓦，这样不但没有削弱贵格会，反倒是推动贵格会发展。"丹尼斯·邦德是韦茅斯和梅尔科姆雷吉斯两地的议员，他赞成对内勒施以酷刑，由波尔多当局把这个贵格会教徒慢慢折磨致死，但他的提议遭到了帕克少校的反对，问他为什么"要让波尔多的一群教皇党人接手这个案子……这无异于让西班牙异端裁判所启动对我们的审判"。

爱德华·惠利少将对双方进行了调停，他说："我希望你们能在平和与宽容中达成一致。"惠利将军认为，"那些不主张酷刑的人事后不必因漠不关心而受到审查，而那些要求严惩的人也不必因离奇古怪的热情而被追责"。他认为内勒应该被判处 197 死刑，但在执行任何判决之前，应给他六个星期的时间进行悔过。他的同僚，极端的千禧年信徒戈菲回答说："亵渎上帝的人应被处死，这是我们英国法律规定的，也是所有国家的法律

---

① 约柜，又称"法柜"，是古代以色列民族的圣物。"约"是指上帝跟以色列人所订立的契约，而约柜就是放置了上帝与以色列人所立的契约的柜。这份契约，是指由先知摩西在西奈山上从上帝耶和华那得来的两块十诫石板。（译者注）

规定，它已经刻进每个人的心中。"¹⁴

1656年12月15日，当议员集合准备做出最后判决时，著名的贵格会教徒罗伯特·里奇站在议院门前为进入的每位议员分发请愿信。他们看到信上写着这样的字样："在真理的灵光中没有亵渎，能目睹灵光就没有亵渎上帝。"然而，只有少数人仍然关注案件中的微妙和含混不清之处。大多数人想着的是在最残暴的法律条款中把内勒案件树为范例。

议长把这个问题提交给议会讨论："詹姆斯·内勒因其罪行应判处死刑；为此目的，应准备并提交该法案。"

第二天，也就是1656年12月16日，尽管斯基庞和博特勒等人火药味十足，但议会最终还是以九十六票对八十二票的结果反对处决内勒。这或许是因为他们有这样的顾虑，即他们已经把整个案件审理过程拿捏得够火候了，不想再冒险触犯护国公。

随着死刑已经被否决，接下来又提出各种较轻的刑罚供讨论，这其中就包括巴克利上校和科克尔上校极其怪诞的提议：剪掉内勒的头发。惠利少将反对这样做："这将使人们相信，英国议会认为我们的救世主耶稣基督就是这样的发型（有如内勒又长又直的头发），从而掀起一股所有人竞相效仿的潮流。"肯定没有人想制造一种明显是骑士党风格的时尚。唐宁向议会提议，"应该对他那根搅扰上帝的舌头下些功夫"，而富特议员则竭力主张，"应该给他戴上颈手枷，从威斯敏斯特到旧交易所一路鞭打着走过去"。如果要让内勒从"所有人"眼中消失，那么流放地应该选在布里斯托尔、奥克尼群岛、锡利群岛还是

牙买加岛，甚至包括狗岛？除了他自己能挣到的钱以外，不应
该给他提供任何救济。班普菲尔德回忆说，政府对约翰·李尔
本就相当慷慨，他蹲着大牢每周还有四十先令的收入，"比他
以前任何时候挣得都多"。

下议院最后发表了一份声明：

兹决定判处詹姆斯·内勒：下星期四在威斯敏斯特英国议
会大厦上颈手枷两个小时；然后由绞刑吏鞭打他穿过从威斯敏
斯特到伦敦旧交易所的街道；在那里，下星期六从十一点到下
午一点，同样上颈手枷两个小时；在上述每个地方都要身披刻
有罪状的纸张；在旧交易所，应用烧得滚烫的铁钎刺穿其舌
头；同时在前额烙上侮辱性字母"B"。经此刑罚后，将其押解
到布里斯托尔，押解途中以及穿过上述城市时，应让他脸朝后
骑乘一匹没配马鞍的马；到达布里斯托尔后的第二天，在集市
上同样进行当众鞭打。此后送回伦敦布莱德维尔监狱囚禁，在
那里禁止其与所有人接触，并服劳役，直至被议会释放；在此
期间，禁止其使用笔墨和纸张，除每天劳役所得之外，不发放
任何救济金。

议长威德林顿非常清楚，在判决内勒的问题上缺乏法律
先例，因此他向众议院咨询，应该向戴罪之人怎样传达判决。
"我应该向他提问吗？如果他开口说话，我该怎样作答？我应
该只传达判决而没有任何前言吗？我不知道该怎样做，只有听
从各位的意见。请不吝赐教。"凯尔西少将认为，应该准许内   199

勒对他的判决做出抗辩："以前没有这样的先例。到目前为止，还没有听到他对此有什么意见，为什么不当面宣判他有罪呢？你做的这些没有任何法律依据。"

一心想报复的博特勒把这些反对意见抛在一边："如果内勒被判处死刑，我承认，我应该给他一切可以为自己辩护的自由。现在的情况是他并没有被处以极刑，因此没有必要再听他辩解什么。"刺穿他的舌头和在前额烙上"B"，这就是他告诉我们的话了。

该判决最终被记录为一项"裁决"，并以一百零七票赞成、八十五票反对的表决结果决定不应听取内勒的意见。囚犯被传唤到下议院的门廊前宣判。威德林顿对他说："议会已经用十到十一天的时间讨论你的罪行，你犯下的这些罪行十恶不赦。你搅得举国上下不得安宁，现在又滋扰议会。然而，对你的判决恩威并济。你没有被判处死刑。"[15]

知道了自己的命运后，内勒试图想说话，要求议会澄清他的罪名。"上帝给了我肉身，"当他被带出议院时，他大声呼喊着，"我希望他能赐予我灵光去忍受这副皮囊。愿上帝不要把这些事归罪于你。"

*

第二天，内勒接受刑罚。行刑者将他从威斯敏斯特押解到四公里外的伦敦新交易所，在那里等待他的是戴上颈手枷示众。按照计划，途经每个交叉路口时都要由绞刑吏用鞭子抽打一次，这样的交叉路口有三百一十一处。最后他"只"挨了三百一十鞭，少的那一鞭是因为在一个路口，绞刑吏滑了一跛，手伤得比较重。伦敦浸信会教徒丽贝卡·特拉弗斯在内勒的感召下改宗贵格会，她来到内勒的受难地，描述了他当时的惨况：

"据我所知，他遍体鳞伤，鞭子抽打后留下的伤痕之间的空隙都没有他的指甲宽，鲜血从肩膀一直流到腰部。"为了加重行刑效果，他还被牵引他游行的法警的一匹马踩在马蹄下。[16]

内勒被行刑后，英国社会中反对贵格会的情绪高涨。各地掀起了请愿高潮，要求迅速采取行动镇压贵格会教徒，波及的范围包括诺森伯兰郡、达拉谟郡、纽卡斯尔、柴郡、布里斯托尔、康沃尔郡和多塞特郡，甚至到了都柏林。然而，"请求宽大处理的人"也站出来发声。议会收到一份请愿书，声称内勒"不适合"再进行后续的行刑过程，这份请愿书得到了部分议员的支持，行刑被推迟了一个星期。议会也同意派五名牧师到关押内勒的牢房，"在可能的情况下拯救他的灵魂"。当牧师来到牢房时，内勒请求保留他们见面的笔录。牧师问他是否对自己亵渎上帝的行为感到后悔？内勒回答说："请问什么是亵渎上帝？"恼羞成怒的牧师把笔录付之一炬。

内勒的同情者甚至向克伦威尔求情，请他看在自己素来享有尊重宗教信仰自由的声誉而网开一面：

根据您以前发表的声明，以及您对宗教信仰自由的热心关注，我们已经切身体会到您在这方面采取的各种有利举措，所以请您慎重权衡接下来继续对内勒行刑会带来什么样的后果，您应该很高兴及时制止这样的举动。根据《政府约法》第三十七条以及您对西班牙开战所宣称的理由之一，您在当下代表的是穷苦大众，如果您能开恩，这将是对您以及这个国家无比正确的选择，而不仅仅是满足请愿者的要求。

议会又陆陆续续收到请愿书。其中有一封请愿书来自军队牧师约书亚·斯普里格，他请求议会将内勒"交由上帝以及他神圣化的福音书发落……我们相信，你会发现，对他施以慈爱和宽容的感化，他必定会迷途知返，而你也一定会在请愿者的灵魂中留下你富有同情和人性的印记"。这是个极渺茫的希望。唐宁提醒请愿者说："我们就是上帝的行刑者。"

约翰·迪肯是对内勒一案最清醒的批评家，他描述了内勒第二轮受刑的场景，尽管他从来都无法完全掩饰对内勒的某种钦佩之情：

12 月 27 日星期六，大约十一点，他坐在一辆马车上，从新门国家监狱被押解到伦敦皇家交易所附近一家名为"黑孩子"的住所。他在那所房子里一直等到中午十二点钟声敲响，然后被戴上和以前同样的颈手枷，玛莎·西蒙兹和另外两个人一同被带过来，据说是内勒以前的信徒汉娜·斯特兰杰和多尔卡丝·埃尔伯里。西蒙兹一个人坐在他后面靠右侧，斯特兰杰和埃尔伯里一左一右在他前面，就站在他脚边，她们模仿的是《马可福音》记载的耶稣当年追随者之一抹大拉的马利亚、耶稣的母亲马利亚以及《约翰福音》第 19 章第 25 节中记载的并革罗罢的妻子马利亚，由此见证他们亵渎上帝的情景，以及像崇拜耶稣基督那样恣意地崇拜异端的内勒。罗伯特·里奇的行为更能体现这一点，我看见他在内勒的头上贴了一张纸，上面写着"这是犹太人的王"，与《路加福音》第 23 章第 28 节一字不差……他站了足足有一小时三刻钟，他们把他带上前，用绳子紧紧捆住，绞刑吏摘下他的帽子，蒙住他的脸，紧紧地抓住他的舌头，用烧得红红的铁钎把他的舌头刺穿；然后绞刑吏把盖在他脸上的布扯下来，用手帕遮住他的眼睛，在他的前额烙上字母"B"，烧焦的肉冒出一股烟；行刑完毕后，里奇舔了舔他的伤口，就像狗舔拉撒路的伤口一样，然后像以前经常做的那样唱起圣歌，抚摸和亲吻他，他以一种令人钦佩的态度忍受了这一切痛苦；接下来，内勒首先被送回那间"黑孩子"住所，然后又押解回新门监狱，在那里稍事休整后，他将被送到布里斯托尔遭受同样的羞辱。 202

　　一位目睹这一幕的贵格会教徒回忆说，内勒"从头到尾都没有表现出一丝退缩，而是以惊人的毅力和令人心碎的忍耐力承受了所有酷刑的折磨"。据当时的报道，反倒是西蒙兹、埃尔伯里和里奇表现得最差，他们像狂热的原教旨主义者一样，与内勒形成了鲜明对比，内勒听天由命，自始至终都保持着尊严。[17]

　　回到布里斯托尔后，内勒被强迫沿着与他原来进城路线相反的方向穿过城市，尼达姆创办的政府的喉舌《政治快报》对这场羞辱进行了报道。内勒被扒光了衣服，绑在一辆马车上，"他先是在市场上被鞭打，然后从这里到桥下直至大街中央都在遭受着鞭打"，就这样一直继续下去。期间陪伴他的还是那个"发疯的商人"里奇和他的歌声。然而，有迹象表明，政府对内勒在布里斯托尔的施刑似乎缺乏十足的热情。城里的传达员在宣布内勒的罪行时，表现得很谦逊，而且监督行刑的官员也遭到内勒一个信徒的阻挠，对行刑者也就疏于管理了。内勒被押解回伦敦，关在卫生条件比较差的布莱德维尔监狱的一个单间牢房里。

闻听内勒事件后，护国公最终表达了他的观点，尽管用词非常谨慎，但显然又一次对他的议会深感失望。克伦威尔至少在公开场合支持议会的判决。然而，从 12 月 26 日他写给下议院议长并对议员宣读的信中可以看出，克伦威尔对审讯程序感到不满，并要求议会做出澄清。可以想象当时的情景，在场的议员满脸狐疑地面面相觑，既感到尴尬，又想互相推诿。

这封信直截了当地提出了批评，责成下议院做出解释：

> 我注意到你们最近对詹姆斯·内勒的判决……尽管对内勒那样持有异见的人以及他们的种种行为，包括犯下他那种罪行的人，我们感到极为厌恶和憎恨；然而，作为代表英国各族人民对当前政府密切关注的人，我们并不知道这样的审讯程序（在我们完全没有在场的情况下）事后会带来多么深远的影响；因此，我们希望下议院能解释在未经我们同意的情况下做出这种审判的依据和理由。

从这封信可以看出训斥议会的弦外之音，那就是克伦威尔禁止此类事件以后再发生。

唐宁捍卫了议会的权力。他认为，下议院已经"继承"了上议院的权威，而且对内勒的惩罚毕竟也只限于肉刑：

《政府约法》是崭新的，司法权对我们也是新事物。对我们双方而言，质疑《政府约法》都是危险的；对事关公共安全的事务，我们双方必须有所取舍。如果我们要讨论这样一个没有意义的问题，我担心以后没有什么好结果。究竟是什么导致了以前的种种分歧，难道不是怎么看待司法权吗？

但双方仍然存在意见上的分歧。弗朗西斯·劳斯作为议员 204 和前伊顿公学校长，对议会的批评比克伦威尔更甚："要么你做了你该做的事，要么就是你没有履行自己职责。如果是后者，你就必须替詹姆斯·内勒挨鞭子。"[18]

毫无疑问，克伦威尔对内勒深表同情，试图减轻内勒遭受的苦难。1657 年 2 月 20 日，内勒不管不问的妻子安妮当面向克伦威尔求情。作为回应，护国公给布莱德维尔监狱的狱卒下了一道谕令，要求停止对内勒的任何虐待，并保证提供充足的饮食。克伦威尔的态度昭然若揭：他批准了对内勒的刑罚，鉴于这种刑罚的残忍，现在他开始后悔当初。尽管金丝雀被重新关回了笼子里，但克伦威尔及其在国务会议和议会越来越有影响力的文职顾问已经听到了它的鸣叫。

第十二章

民兵法案

这场争辩现在已介于生死存亡之间。

——约翰·兰伯特

从 1656 年 9 月第二届护国制议会开幕那天起，克伦威尔 ²⁰⁵ 就公开为少将军政官提供全力支持，他们一直留在威斯敏斯特的议会。这对少将军政官来说并不是好事，本来他们应该回到各自的辖区，巩固自己的权力和影响力，继续推进道德改造事业，但现在却终日在白厅游荡，漫无目的的空想取代了富有建设性的行动。为什么他们放弃自己的"采邑"而留在威斯敏斯特，这一点无从可考。是克伦威尔的决定？还是他们自己的决定？尽管在内勒一案的审判中，少将军政官的意见出现严重分歧，形成公开对峙的两派，一方以斯基庞、博特勒、戈菲、海恩斯和惠利为代表，另一方以布里奇、德斯伯勒、凯尔西和帕克为代表，但现在他们又开始最后一次拧成一股绳，即便显得有些高估了自己的实力。

1656 年圣诞节这一天（顺便说一句，这一点也许很重要，就在同一天，克伦威尔就审判内勒涉及的宪法问题给议长写信），下议院正在讨论"森林法"这个晦涩难懂的问题，出席的人数并不多。尽管克伦威尔政权对圣诞节期间的狂欢作乐 206 不屑一顾，但议会的议员似乎一如既往地渴望与大多数民众一样遵守圣诞节的"迷信"。那些顶着刺骨寒风艰难赶往议会的议员注意到，大街上的商店和摊位很少有开门的，街道上的行人少得出奇，给人一种肃杀的感觉。因此，不难预见，出席会议的大多数成员都是那些最狂热的清教徒。议员们怨声载道，"就为了这天开个严肃的会议，我整晚都没法休息，真是愚蠢至极"，他们担心通过这样的圣诞节庆祝活动，主教制和教皇主义那挥之不去的吸引力会再次对民众造成影响。[1]

在当天的会议中，德斯伯勒少将在人员稀疏的议院中起身，抛出了一项法案以供讨论，该法案将以立法的形式使抽取税成为长期义务，谋求"将这种建立在某些人身上的税制一直持续下去，为维持民兵提供资金来源"[2]，德斯伯勒推出这项法案的目的就是想加强对军人统治的控制。如果得到议会的批准，这是使抽取税合法化的最好手段，尽管颇具讽刺意味的是，在第二届护国制议会成立的三个月内，竟然没有一名议员提出这个议题。12月23日，约克郡特派员兼民兵指挥官乔治·厄尔勋爵提交请愿书，这份请愿书由约克郡虔敬人士联合签名，得到了议会一些议员的积极响应，或许正是此举使德斯伯勒受到鼓舞，于是向众议院推出该法案；尽管少将军政官在议会选举中受挫，但他们似乎对支持军人统治这样的赞誉很受用，还不懂得如何保持怀疑和警觉。另一方面，克伦威尔身边的文官派系支持建立世袭的护国公制，甚至是世袭的国王，这种呼声迅速高涨，其同样可能使少将军政官及其支持者感到担心和害怕。多塞特郡议员菲茨詹姆斯上校认为，综观那些反对军人派追求更大权力的人，他们的"显著特征"就是"拥有世袭地位"。为了保证抽取税的执行和少将军政官的统治，希望就在于德斯伯勒抛出的"简单法案"能获得大多数议员的通过，包括那些在主显节前夕重返议会的文官议员。白金汉郡保王党人威廉·丹顿注意到了这种纯粹从军人派自身利益出发的把戏，他在该法案提出四天后写道：

"'抽取税'不过是一场食之无味的圣诞节晚餐而已，既没有可口的梅子浓汤，也没有李子饼，他们选择这个日子① 提出法案，实在令人不敢恭维。"[3]

即使在出席人数稀稀拉拉的下议院，也有相当多的人反对德斯伯勒的提议，反对他提出的议会必须让"谁输就该谁倒霉"的观点。德斯伯勒辩称，这不仅仅是一种惩罚行为，也是改造保王党的一种手段，而且任何"愉快地顺从我们"的保王党人都将得到豁免。德斯伯勒以一种意在和解的语气回忆起他在内勒一案争辩中的角色（尽管不那么真诚），他认为，这是"保王党的变革，而不是所期望的保王党的覆灭"[4]。

该法案得到约克郡宗教激进分子卢克·罗宾逊的支持。他以一种更好斗的语气呼吁议会团结起来，共同反对他们的敌人，说他们的敌人"在家养尊处优；我们要是示弱，他们就得

① 原文为"……when armiger was in patnis……"，意思是"当绅士们尽享美味佳肴的时候"。

寸进尺"。他认为，这是你死我活的问题："如果他们掌权，他们会赦免自己的朋友，反过来压榨我们。"[5]

兰伯特、西德纳姆、斯特里克兰和皮克林，甚至包括国务大臣瑟洛，这些少将军政官联合在一起共同对付反对他们提出的法案的人。最初的法案，即众所周知的《民兵法案》，在议会上进行了宣读，第二天在纠集在一起的一小撮狂热分子的批准下又念了一遍。然而，不论少将军政官对这个法案的前景是否抱有任何乐观态度，他们都将铩羽而归。

事实证明，《民兵法案》遭到了激烈抵制：对保王党暴动的恐惧似乎要比少将军政官统治一直持续下去要小得多，这是有充分理由的。永久征收抽取税将标志着进一步违反《大赦令》，而这项法令对国家的安定和恢复至关重要，其已经成为共识。上诉法院民事庭庭长威廉·伦索尔认为，"议会无论在什么时代都不应违反《大赦令》"。托马斯·班普菲尔德仿佛看到了马基亚维利在给德斯伯勒撑腰①，但他更看到了《圣经》记载的故事带给后人的严正警告，这个故事在《旧约》中的《约书亚记》和《撒母耳记》中。[6]

班普菲尔德指的是拜偶像的基遍人，他们是以色列人的敌人。基遍人和以色列人的故事对议员来说应该是耳熟能详的，这些议员和他们同时代受过教育的人一样，对《圣经》经文非

---

① 尼可罗·马基亚维利是意大利政治思想家和历史学家，他第一个明显地摆脱了神学和伦理学的束缚，为政治学和法学开辟了走向独立学科的道路。马基亚维利的统治权术思想有一条就是认为"军队和法律是权力的基础"。（译者注）

常熟悉，这在今天是难以想象的。约书亚在摩西死后成为以色列人的领袖，他被敌对的基遍人蒙骗与其立约。当骗局被发现后，约书亚遭到人民的猛烈批评。但以色列人却并没有背弃他们之间的立约：

我们已经指着耶和华以色列的神向他们起誓，现在我们不能害他们。(《约书亚记》第9章第19节）

约书亚的继承人扫罗王一心想报复基遍人，他违背以色列人对基遍人所起的誓，杀死了基遍人，因此遭遇三年饥荒。当大卫允许基遍人杀死扫罗的子孙七人后，以色列人才重新恢复了田地的肥沃。班普菲尔德向议会提议，《圣经》的这个故事"和骑士党的情形极其相似"。

作为回应，兰伯特画了一幅有关保王党的画，画中的保王党人"愉快地吃着圣诞派"，与海峡对岸的查理·斯图亚特国王碰杯言欢。兰伯特说，《大赦令》不只是一部法律，还是一份契约，彭拉多克的暴动，包括其他实际发生的或谣传中的反叛，这些例子无不说明这样一个事实，即保王党从来就没有打算恪守承诺。有太多的保王党人最后还不是根本无法调和，而且这种情况不仅仅限于我们这一代人。兰伯特警告说："他们一点都不含糊地把过往战争的仇恨植入他们后代的心中。"托马斯·凯尔西表示支持，他觉得不可思议的是，为什么议会看起来好像更关心敌人的福祉，而不是虔敬的朋友。[7]

在第二次宣读《民兵法案》提案时，只有半数议员到场的议会进行了投票表决，最后赞成派以八十六票比六十三票的微弱多数票胜出，这不禁让保王党人威廉·丹顿乐观地认为，如果全部议员出席，"或许有相当多的人会反对该法案的通过"。

双方同意，德斯伯勒可以正式提出他的法案，1657年1月7日，"议员已基本到齐的议会"开始进行表决。这次的提案增加了对少将军政官及其特派员进行补偿的补充条款，尽管是谁增加的这个条款并不清楚。

反对派的观点主要集中在两方面。首当其冲的当然是拿《大赦令》做挡箭牌，对此，大律师布林斯东·怀特洛克警告说，《大赦令》是根本性的人法，不能走回头路："如果你们动摇了这项法令，就等于撼动了国家的根基。"这项法令是法治的基础，从内勒一案的审判就可以看出，我们国家当前的法治已经非常脆弱。同样重要的是，对《大赦令》的威胁已经引起了克伦威尔的震怒。

其次，还有一个人反对少将军政官的提案，这个人就是特雷弗爵士，他认为，如果这项法案获得通过，这将进一步"加深英联邦的分裂"，这无疑令人感到非常惋惜，同时他强调，需要采取强化措施修复国家四分五裂的局面。"我并不以为我的敌人辩护为耻，"特雷弗爵士承认，"为他们辩护的是正义和对国家的信仰。我们凭什么把他们和我们对立起来，把他们置于和我们势不两立的地位，这会让他们永远不采取和解的态度。"正如内勒的案件所告诉我们的，少将军政官和军人都热衷于运用《旧约》中的摩西律法，摩西律法在当时很对他们的口味。特雷弗爵士倾向于更温和的《新约》价值观："宽恕我们的敌人是上帝的行事准则，是让他们与我们化干戈为玉帛的唯一途径。"特雷弗还阐明了一种更宽泛的观点，这是军人统治的支持者无法弄明白的，那就是英国社会对常备军、地方组建的民兵以及少将军政官治国这种理念厌恶至极。特雷弗坚信，这种制度"有使英联邦分裂为各省自治的倾向；这种力量强大到不受任何法律约束；用简单的话来说，就是要把我们的国家划成一个个区，这是对法律和国内和平的极大糟践，历史上任何国家都没有建立这种制度，其后果贻害无穷"[8]。

彭拉多克暴动这样的事件无疑给我们拉响了警报。但从中也可以清楚明白地看出，无论是彭拉多克暴动也好，还是其他阴谋诡计也罢，其根本就没有一点儿成功的机会。随着暴动及其影响逐渐淡出人们的记忆，大多数人的担忧更多地集中在地方军事化的蔓延上，1656年的选举充分证明了这一点。

惊慌失措的德斯伯勒坚称，少将军政官的权力不比传统的郡治安长官多——这种论断根本无法令人信服。然后他接着说道，可以更肯定的是，少将军政官治下的军队更多意义上是一支整饬道德的部队，它的职能不见得超过传统意义上的军队。

议员们怀着极大的兴趣听取了第一次辩论发言。发言的是约翰·克莱波尔，他很少插手议会的事务，但他说的话非常有分量，因为他是克伦威尔女儿伊丽莎白的丈夫，作为克伦威尔的御马官，他与护国公的关系非常紧密。因此，许多议员认为，他的话就代表护国公的态度。他暗示说，克伦威尔经常挂在嘴边的就是国家需要"恢复和安定"。而且，内勒的事件已经让他困扰不堪，他觉得这个提案不公正。据目睹整个过程的 ₂₁₁

卢德洛说，克莱波尔的讲话"为议会中喜欢溜须拍马的议员清晰指明了方向"，那就是反对少将军政官的统治。[9]

更重要的是，这个提案遭到了布罗格希尔勋爵的干预，他是议会中代表爱尔兰利益一方的领导人，也是克伦威尔身边反对军人统治的文官中最能干、精力最充沛的一个人。他同样致力于国家的"安定和休养生息"，对国家的纷争和军人统治不胜其烦："当我们不能优雅体面地争取对方的支持时，怎么可能通过惩罚达到这个目的呢？如果这么做，肯定会让他们变得更顽固……不要因为我们而让他们抱成团，让有产者和无产者都深感绝望。"

这场辩论不太可能达成共识。这个政府本身就是四分五裂的，正如德斯伯勒满腔热忱地反驳文官派时所阐明的那样。他说，总之，他就是对这个恶毒的文官派太宽容了——"我会更严厉一些"——他呼吁遵从"国家实实在在的传统利益"。兰伯特从摩尼教的经文中看到了国家的分裂："这场争辩现在已介于生死存亡之间；并不是谁取得统治权的问题，而是我们是否能活下去，或者就此灭亡。"[10]

兰伯特似乎意识到，他是在为自己和政治同道中人的政治生命而战。他的使命就是向反对派做出军事回应，这些反对派以布罗格希尔勋爵为首，获得了越来越多的支持，他们呼吁实行世袭的护国公制，并重新回归古代的宪法。在这方面，最能说明问题的就是托马斯·伯顿在 1657 年 1 月 7 日当天辩论结束时记录下来的一段谈话。伯顿发现，"菲茨詹姆斯上校和形形色色的其他人等……在谈论抽取税"，菲茨詹姆斯上校谈到，"综观那些反对《民兵法案》的人，他们都是些拥有世袭地位的人"。会场的气氛越来越多地充满敌意和分歧，议长托马斯·威德林顿爵士第二天竟然病倒了，辩论就此结束。重启《民兵法案》的审议要到 1 月 20 日。而到了那一天，议会将获悉一个新的令人震惊的事态，其将扭转护国公制的发展轨迹。

第十三章

火药、叛国和阴谋

参与暗杀计划的有两派，老保王派和平等派。

——约翰·瑟洛

1657年1月19日那天，也就是议会原定恢复审议双方 争执不下的《民兵法案》的前一天，克伦威尔的国务大臣约翰·瑟洛在议会发表了讲话。《民兵法案》事关重大，决定了少将军政官统治是否能存续下去。在重启这个议题之际，瑟洛带过来的消息将引起克伦威尔政权核心人物的高度关注，因为他们的生死存亡就算没有完全系于一个人身上，也基本上由这个人的命运决定：

我连夜赶到这里就是想告诉在座各位，我们刚破获一起极其恶毒的阴谋，现在已经掌握部分证据，后续调查正在跟进。这个阴谋是在佛兰德斯酝酿的，那个地方适合策划暗杀行动，因为斯图亚特的西班牙流亡宫廷就在那里。参与暗杀计划的有两派，老保王派和平等派。塞克斯比一个人在紧锣密鼓地推进着暗杀行动。[1]

老保王派指的是那些流亡在外和隐藏在国内拒不悔改的保王党人,是相比更有悔悟之意的"一时失足"的保王党分子而言的。平等派则由一些心灰意冷的共和分子组成,他们认为护国公制是对曾经追求的共同理想的背叛。他们之中最可怕、最危险的人物就是乖戾阴郁的前铁骑军将士爱德华·塞克斯比。塞克斯比在"普特尼辩论"中与克伦威尔针锋相对,时间一晃已经过去将近十年,他现在与"支持已故国王一派的重要人物"以及另一个"涉嫌与查理·斯图亚特保持密切联系"的谋反分子勾结在一起。1655 年彭拉多克暴动失败后,塞克斯比逃到佛兰德斯。在那里,塞克斯比遇到了很容易骗取信任的丰萨尔达尼亚伯爵,他是佛兰德斯西班牙驻军司令,他把塞克斯比引荐给马德里的一个人物。西班牙流亡宫廷对塞克斯比的暴动计划并不感兴趣,尽管它确实提供了一些经济上的支持。策划阴谋的两派在政治立场和宗教观点方面截然不同,但在刺杀护国公这件事上却一拍即合,他们相信,如果能除掉这个头目,和克伦威尔捆绑在一起的政治体系就会轰然坍塌。

*

17 世纪中叶的白厅与 19 世纪大英帝国鼎盛时期建造的宽敞壮观的"帝国高街"完全不同,历史的回声至今仍激荡在伦敦最宏伟气派的大街上,处处可见记录着当年伟大军事成就和慷慨赴死的石雕石刻。17 世纪 50 年代,白厅所在的街道狭窄而密集,处处人声鼎沸,黑烟四起。为了能摆脱这黏糊湿漉的环境，包括克伦威尔在内，只要能逃出去，他们不会放弃任何一个机会。汉普顿宫苑是克伦威尔逃离这里的首选之地，托马斯·沃尔西将这座巨大的宫殿建在通风良好的泰晤士河畔，向西与伦敦城和威斯敏斯特相距甚远。随着大法官沃尔西倒台、亨利八世将这里征用以来，它一直都是皇家宫苑所在地。现在，汉普顿宫苑变得空有皇家之名了，只要有可能，克伦威尔每周五都会回到这里。虽然此地空气清新，空旷开阔，但也正因为如此，汉普顿宫苑变得危机四伏。1656 年秋天，克伦威尔的反对者计划在他回宫殿的路上将其置于死地，那是一条"狭窄而脏乱的小路，马车只能缓缓通过"。刺客携带的是一种"稀奇古怪的枪械"，每支枪可填装十二发子弹，他们的计划是向护国公的马车齐射，让英国摆脱暴政。这将是保王派、共和派和前平等派第一次联手准备共同除掉护国公，他们能聚在一起虽然显得有些怪兮兮的，但为了同一个目标，以后还会有很多次这样的结盟。为了粉碎他们的阴谋，我们必须从塞克斯比这个人入手，按照研究护国公制最透彻的历史学家查尔斯·弗思的观点，是他引领了"新模范军战史上最杰出的职业生涯"。

塞克斯比的父亲是一位没落的绅士，住在伦敦，一家人根植于英格兰东部地区清教徒的大本营。塞克斯比 1643 年加入了克伦威尔的"铁骑军"，他的激进主义很快就显露无遗，有人认为《英国的悲惨境遇与解决办法》这本激烈的平等派小册子就出自他之手。当然，作为托马斯·费尔法克斯骑兵团的一名骑兵，塞克斯比因冥顽不化地煽动军队而名声大噪。1647 年 4 月，他又因撰写和散发《普通士兵的致歉》被带到下议院

215

接受指控，这是第一份由新模范军普通士兵代表起草的宣言。塞克斯比的观点得到了一些更激进的上级军官的肯定，由此赢得了他们的一些尊重。出于对塞克斯比的同情，军官出资为他购买了一台印刷机，开始大量出版他的作品。塞克斯比参与了1647年科内特·乔治·乔伊斯夺取位于北安普敦郡查理一世霍尔姆比城堡的行动，并在当年晚些时候的"普特尼辩论"中发挥了重要作用。

在普特尼这个有利于政治和神学探究迅速发展的地方，塞克斯比表明自己是天赋权利的支持者，而不是自然权利的支持者，他更喜欢根植于历史的自由，而不是空想的自由。特别是他极力捍卫无产士兵的权利，这种观点与军队更保守的领导层意见相左。他还主张一个极端平等主义的愿景：216

> 我们已经投身这个王国的事业，为这个王国不惜冒着生命的危险，这一切都是为了：恢复我们作为英国人与生俱来的权利和待遇……甘于牺牲自己生命的士兵有千千万；我们在这个王国身无片瓦，但我们有天赋权利。现在看来，除非一个人在这个王国拥有土地，否则就没有任何权利而言。我深感惊讶，我们竟然被骗得这么惨。[2]

作为一名强烈支持共和分子，塞克斯比坚决反对和国王媾和：

> 造成我们痛苦的原因有两点。我们总是想取悦所有人，这

不是什么坏事；但当我们这样做的时候，却让众人都不满意。我们在天意的安排下做着一些奇怪的事情……我们努力去讨好国王，但我觉得，除非我们都切开自己的喉咙，否则是无论如何也满足不了他的。

塞克斯比在分歧与不和中找到了自我，他在这种斗争中成长壮大。[3]

塞克斯比成了新骑兵的指路明灯，这些骑兵要争取一种更广泛的选举权，而这种普选权在英国直到20世纪上半叶早期才得以实现。塞克斯比掷地有声地说道，这就是"我们拿起武器的理由"。这种声明遭到克伦威尔的批评："听了塞克斯比先生的一番话，我承认，我比这里的任何人都深感失望，他的这种要求太过分了。"[4]

1647年11月，赫特福德郡的维尔发生哗变后，塞克斯比离开了军队。尽管塞克斯比只不过是一个普通的士兵，但他一直与军队的高官和激进分子保持联系。作为一名"狂热的再洗礼派教徒"，塞克斯比声名鹊起，但他却躲过了像其他激进分子被捕入狱那样的劫数，比如平等派领袖约翰·李尔本。李尔本因持续不断的迫害而崩溃，最后接受了贵格会更温和一些的理念。

尽管塞克斯比以崇尚激进主义著称，但后来他又重新加入军队，并被任命为波特兰城堡的总督，波特兰城堡是英国南海岸的一个沿海要塞，因此这个职位的重要性不言而喻，塞克斯比的任务是负责监视来自海外的信件和包裹。提升为上校军官后，塞克斯比接手指挥最初奉命开往爱尔兰的军团，但这支部队最后却在苏格兰取得了喜忧参半的战果。具有讽刺意味的是，虽然塞克斯比嗜好平等主义，但他克扣一些驻扎在波特兰的士兵的军饷，因此被解除军职，尽管他此前曾因非法处决一名士兵而被同一军事法庭宣判无罪。事实上，陆军大臣威廉·克拉克认为整个事件就是恶意构陷，背后的推手是"一群恶毒的平等派军官……我不清楚的是，塞克斯比是怎么把这些人提拔到自己身边的"。

尽管塞克斯比在公众面前颜面尽失，但国务会议的一个秘密委员会（克伦威尔是该委员会的成员之一）给塞克斯比一千英镑偿还了债务，并将他作为一名非官方特使派往波尔多，介入贵族投石党之乱，并在那里会见了孔代亲王的弟弟孔蒂亲王。1653 年 8 月，当他们的反叛行动被波旁王朝粉碎，塞克斯比疏远了几乎所有的法国熟人，然后返回英国。由于不善交际，塞克斯比回国后开始为瑟洛工作，负责检查这位间谍首脑的来信。

1653 年 4 月，克伦威尔发动政变，强行解散议会，再加上护国公制英国寻求与法国路易十四结盟，以及法国发展新教事业的愿望彻底落空，所有这一切似乎让塞克斯比对这个政权不再抱任何希望，从那时起，他开始找机会刺杀克伦威尔。在和他的朋友——一直策划阴谋的平等派分子——约翰·怀尔德曼的通信中，塞克斯比把克伦威尔比作血腥残暴的尼禄和卡利古拉，一位被"禁卫军护着的叛教者"。塞克斯比给自己制定了一个目标，那就是在西班牙资金的支持下，建立一个平等派和保王派的联盟。他将把那些迥然不同的政治派别共同拖入一个危险的阴谋，这一点无人能及塞克斯比。"我会在三到四年的时间从国外毁了他（克伦威尔）。"[5]

感觉被出卖的并不止塞克斯比一个人。在《政治评论》发表的文章中，激进分子约翰·斯特里特谴责了克伦威尔的行径，说他正成为现实版的尤利乌斯·恺撒："我说他像恺撒一样，实际上是说他们应该像恺撒那样被布鲁图暗杀。"一个保王党人撰写的小册子《对护国公及其国务会议的警告》表达了类似的观点，对他们发出了威胁。

塞克斯比陷入了一个充斥着跨国阴谋的阴暗世界，间谍和阴谋家结成一张密实的大网，他们把基地设在巴黎和西属尼德兰各个城市。塞克斯比求见了当地总督丰萨尔达尼亚伯爵，希望他能提供军事和资金援助。塞克斯比的最终目标，也可以说是天真至极的目标，就是领导一场对英国的入侵行动，推翻克伦威尔政权，恢复查理·斯图亚特的王位，带领英国全体国民获得自由。这种设想似乎不大可能实现，不仅仅是因为查理·斯图亚特几乎不会同意给他的复辟王朝带上这样的枷锁。塞克斯比的计划要想成功，唯一的办法就是创造一个政治真空："不是我死，就是克伦威尔死，我们两人之中必须得有一个人死。"1656 年 4 月，查理·斯图亚特和西班牙腓力四世签署《布鲁塞尔条约》，双方形成了攻防同盟。查理的目标虽然不是很清晰，但总体构架是这样的：首先由一支西班牙军队大举入侵英国，同时在英国国内煽动暴动。但这无非是白日做梦罢了，正如流亡宫廷中对这一切看得更清的爱德华·海德所

言："如果国王明天在英国登陆……他会像在伍斯特一样被制服，而他的所有盟友都会按兵不动，静观其变。"像以前那样　₂₁₉
发动暴动的计划根本行不通。⁶

有些保王党人支持这样的阴谋，觉得有一定的可行性，尽管国王一派很少有人相信塞克斯比——也许这并不奇怪，因为他以前毕竟靠煽动起家，鼓吹共和。爱德华·尼古拉斯爵士是个例外，他觉得怀疑塞克斯比不见得是个坏事："不论是谁，如果他能完成如此光荣的任务，天上人间都不会亏待他。"⁷

塞克斯比和保王党人之间的关系总是很尴尬。塞克斯比对克伦威尔政权，特别是克伦威尔本人的病态仇恨，骨子里是出于对克伦威尔背叛共同事业的臆想，这很容易被保王党人借机操纵利用。海德支持塞克斯比的暗杀计划，但让他放弃任何入侵英国的幻想。塞克斯比天生就是个赌徒，他的目的无非就是取克伦威尔的项上人头，然后任事态发展。尽管这个计划看起来可能充满鲁莽和恶意，但成功的可能性要比军事入侵大。

保王党对怀尔德曼更感兴趣。1656 年夏，怀尔德曼就在平等派《致国王的信》上签字，在暴动成功的前提下，他们向保王党开出了条件，包括宗教宽容、废除什一税、恢复长期议会和确保 1648 年《纽波特条约》^①的执行。保王党和怀尔德曼之间的商谈似乎是通过一个中间人进行的，他是埃斯瑞克的霍华

---

① 《纽波特条约》是英国内战时期查理一世和议会领导人在怀特岛纽波特谈判缔结的和约。议会中的一些长老派议员不顾长期议会做出的不与查理一世进行任何谈判的决定，与查理一世就军队指挥权达成一项协议。由于当时议会军控制了整个局势，此条约最终没有执行。（译者注）

德勋爵的小儿子威廉·霍华德，尽管他曾在克伦威尔军中服过役，但 1656 年被解职，后来到布鲁日与查理进行了会谈。塞克斯比有一个计划，用西班牙的钱财贿赂朴次茅斯守备军的指挥官，这个计划罗伯特·舍里爵士也知道。一旦发现议会和护国公之间出现任何突破口，朴次茅斯守备军就宣布独立，点燃暴动的火种。但让流亡在外的保王党始料不及的是，怀尔德曼是另一个被瑟洛"转化"的双料间谍，他向瑟洛透露了朴次茅斯的阴谋。入侵计划总是遥遥无期，现在干脆就变得全无可能了。剩下的选择只能是通过开展小规模的恐怖行动，寄希望于其造成大规模后果。塞克斯比已经想到一个计划。[8] 220

*

1656 年初夏，塞克斯比开始着手侦察刺杀路线。回到英国后，他发现这个国家处于动荡骚乱之中，未来充满不确定性。共和派对克伦威尔越来越表现出一副国王般的样子深感惊骇，几乎不再与这个政权有任何来往。军队与那些寻求文官治国的温和派陷入纷争。少将军政官保护了政权的安全，但付出的代价是让很多人离心离德，而这些人本来乐于容忍这个政权并享受其提供的安全。克伦威尔似乎是唯一一个不让国家变成一盘散沙的人。如果他消失了，整个腐烂的大厦也就土崩瓦解了。但是，谁愿意出手呢？塞克斯比在回佛兰德斯的路上找到了一个合适人选。

在现代欧洲早期，暗杀比叛乱更为常见，因为克伦威尔政

权的一些密使已经为此命丧黄泉①。政治谋杀的成本相对较低，
也不需要太多的人手；而且，如果目标足够显眼——没有谁比
克伦威尔更显眼了——其后果可能无法估量，特别是在继承人
问题仍悬而未决的情况下。如果有人取了他的性命，"所有的
事情都会陷入混乱。但可以肯定的是，政府的高层人物永远不
会对谁有权继任达成一致意见；相反，他们会在争吵倾轧中扭
打在一起，人民在这种混乱中就会站起来，最终结局或许有可   221
能再次成立一个共和国"。

＊

　　这个合适人选便是迈尔斯·辛德科姆，他一点也不比塞克
斯比逊色，此人生于肯特郡，内战前曾在伦敦城当过外科医生
的学徒。除此之外，他早年的生活轨迹并不为外人所知，但
据了解，他后来也成了一名军需官，在约翰·雷诺兹的军队服
役。辛德科姆和塞克斯比一样，都是新模范军如雷贯耳的煽
动者，援引卡莱尔的话就是，1649 年 5 月，"光明抛弃了他"：
他卷入了一场兵变，在兵变中他可能是骨干分子，从而引起共
和国官方报纸《政治快报》的注意，说他"早就加入了平等
派"9。

　　逃离了军队的樊笼后，辛德科姆先是在伦敦一个贩卖帽子
的商人那里落脚，直到重新加入马修·汤姆林森的骑兵团，在
苏格兰服役。辛德科姆天生就擅长搞阴谋，他在 1654 年的年

---

①　出生于荷兰的历史学家和律师艾萨克·多里斯劳斯在英国安家，他在审判
　　查理一世时扮演次要角色，1649 年，他在海牙为新成立的共和国处理外
　　交事务时遇刺身亡。

末又参与了塞克斯比发起的"奥弗顿阴谋"。这起阴谋计划从温和的乔治·蒙克将军手中夺取苏格兰军队指挥权,蒙克将军后来成为查理二世复辟的重要人物。蒙克将军开除了辛德科姆,他给辛德科姆下的定论就是,"这个人一刻也不闲着,生性多疑,时刻期待鼓动这种邪恶的阴谋诡计"。在奥弗顿阴谋被查得水落石出之前,辛德科姆逃到了佛兰德斯,他就是在那里与塞克斯比接触上的。

两人都准备好冒着风险复辟君主制,因为按照他们的推理,复辟肯定会招致激烈反对,这样一来,一个新的共和国将从这片废墟中诞生。塞克斯比有搞到资金和武器的途径,辛德科姆有杀死护国公的强烈愿望,这两人似乎是一对完美搭档。从辛德科姆的宗教观念似乎就可以看出他是个宿命论者,他秉承"灵魂死亡者"的衣钵,这个小派别和其他众多小派别一样,在 17 世纪中期动荡不安的社会环境中赢得了不少信众,他们相信"人死后灵魂在肉体中安息,灵魂可能会复活"。异端学家以法莲·帕吉特 1647 年写道,"灵魂死亡者"认为"他们应该和肉体一起死亡,这是一种古老而可鄙的异端,大约出现于奥利金所在时期的阿拉伯地区"。这种异端比其他异端要危险得多。

辛德科姆回到英国后,物色了一小撮怪异的人在自己身边,比如当过兵的约翰·塞西尔;据称同情保王党的威廉·博伊斯,尽管他有很多化名;还有克伦威尔的一名贴身护卫,叫约翰·图佩。图佩被拉拢时获得承诺,刺杀克伦威尔后会让他名利双收,但他很快就会对辛德科姆的计划产生极大的疑虑。

密谋者在威斯敏斯特国王街租了一所房子，他们的计划是在克伦威尔出席议会开幕典礼的途中袭击他乘坐的马车。但他们很快就发现，在这里租的房子根本不适合开展行动，因为发动袭击后根本没办法脱身。后来，辛德科姆用约翰·费什这个假名在威斯敏斯特大教堂附近租了另一栋房子，房主是迈多普上校，从房子的后院可俯瞰街道，得手后"非常容易逃脱"。1656 年 9 月 17 日，当克伦威尔从威斯敏斯特大教堂出发参加第二届护国制议会开幕典礼，途径这处住所时他们就可以动手。当天，辛德科姆和博伊斯、塞西尔一起走进院子，手里提着一个小提琴盒，里面装着"填满铅弹"的手枪，还有一把火绳枪（使用时需要架在三脚架上）。然而，等真正到了那一天，223 辛德科姆被眼前那么多人的阵势吓得顿时失去了勇气，刺杀计划随即被放弃。

当这些倒霉的刺客在海德公园跟踪克伦威尔时，他们再次变得胆怯。克伦威尔虽然身体每况愈下，但毕竟在马背上倥偬一生，改不了骑马这个习惯，所以经常会到海德公园跑上几圈。塞西尔也骑在马背上，紧紧缠住护国公的随从，而辛德科姆则在公园的边上伺机下手。克伦威尔绝对是马背上的行家里手，他策马奔向塞西尔的坐骑想一睹究竟。一看克伦威尔注意到自己，塞西尔顿时慌作一团，顺势就溜掉了。刺杀行动不仅以失败告终，他们还被瑟洛的情报网给牢牢盯上了。

这些密谋者依然想孤注一掷地向塞克斯比证明自己。如果无法通过正面遭遇的方式刺杀护国公，他们打算放火烧掉他办公的地方——白厅宫，把克伦威尔和里面的人全烧死。这将成为英国的"另外一起""火药阴谋"，当然，这起阴谋的知名度要比 1605 年那次小得多，当时盖伊·福克斯企图在国会大厦炸死詹姆斯一世^①。

瑟洛已经获得这一阴谋的有关情报，他在 1657 年 1 月 19 日向议会进行了通报："1 月 8 日晚，阴谋分子采取了重大犯罪行动。"阴谋分子在通往议院教堂的后门上打通了一个洞，正好位于克伦威尔私人住所的下方。他们"在那里放置了一篮子爆炸物和纵火物"，有焦油、柏油和火药等，"威力大到足以炸毁石板"。

克伦威尔的贴身护卫图佩临阵倒戈，向瑟洛和盘托出了整个行动计划。实际上，当阴谋分子埋下爆炸装置时，他们的一举一动都在瑟洛的密切监控之下，当他们离开时，这些"爆炸物和燃烧物"被拆除清理，塞西尔在当晚十一点至午夜时分被逮捕。辛德科姆在挣脱抓捕过程中鼻子被扯下一部分，克伦威尔亲自对他进行审问，就像当年詹姆斯一世亲自审问盖伊·福克斯一样，尽管没有动用酷刑。辛德科姆什么也没交代。只有博伊斯一个人侥幸逃脱。塞西尔直接就招供了，证实了图佩向当局透露的情况全部属实："西班牙国王"支持流亡在外的查理，并在佛兰德斯为他们提供资金。事情果然不出克伦威尔所料，他早就在议会提出过警告，指出阴谋分子结成了邪恶的"三位一体"：天主教徒、骑士党和平等派分子相互勾结在一起。

224

---

① 1654 年，诗人约翰·特纳曾警告说："唉，英格兰几乎完全忘记了从火药阴谋中获得的巨大解脱。"

对辛德科姆的正式指控和审判于 2 月 9 日星期一进行，审判庭由"廷臣法官"约翰·格林和首席大法官沃伯顿主持。审判庭宣读了起诉书。辛德科姆、博伊斯和"其他一干叛乱分子"被控"在魔鬼的唆使和诱惑下""策划和实施"暗杀克伦威尔的勾当。辛德科姆将作为典型被处死，以警告所有妄图谋害现政权首脑的人。他的结局将会非常恐怖，辛德科姆"被判处车裂，尸体将被吊起来示众，然后进行肢解，肢体挂在伦敦城各主要城门，脑袋插在伦敦桥中央的尖塔上"。

审判结束后，辛德科姆被带回伦敦塔，他"感到异常愤怒，也非常激动"，下决心不接受行刑，他请狱卒毒死他，被狱卒拒绝了，然后他又向自己的妹妹伊丽莎白·赫林求助。伦敦塔的守卫长官察觉到了他的企图，下令采取额外的安全措施。

他的尸体最后在大街上被拖行，但那时他已没有了任何气息。辛德科姆这个"匪首"在计划行刑的 2 月 14 日前夜吞了 ²²⁵ 一小瓶毒液。当晚的看守发现他"鼻息声不正常"，赶紧把医生叫来，两小时后，辛德科姆气绝身亡。第二天验尸官对死因进行了勘验。辛德科姆的头颅被打开，两名医生证实说，"我们发现他的大脑有非常明显的发炎迹象，红肿且伴有出血"。医生给出的结论是"他的死因非比寻常，生前肯定遭遇过惨痛折磨"。在计划行刑的前夜，三名女性探望过辛德科姆，分别是他的两位姐妹和妻子。验尸官最后给出结论：辛德科姆系"畏罪服毒自杀"。

2 月 15 日晚上，人们发现了一封自杀遗书（也许事实未必如此，姑且这么认为吧），遗书的内容第二天刊登在《公共情报》上："上帝知晓我心所属，是我发动的这次行动。"人们推测，辛德科姆这么写是想表达这层意思："在这个世界上，我不会让我的躯体遭受这样的公开羞辱。我希望所有善良之人不要据此判断我神志不正常；我不惧怕死亡，我相信上帝与我的灵魂在一起。"克伦威尔表面上相信天意，但他在公开场合对此次阴谋事件表达了不屑一顾的态度，他认为这"实在无足挂齿……我自己根本就不会再想它，也不会向你们提起这件事"。其他人，比如威廉·斯特里克兰，或许觉得护国公能逃此一劫是上帝的偏爱，实属不幸中的万幸，因此呼吁用一天的时间感恩上帝："我们必须向上帝表达谢意，不只是为这件事情，还包括其他所有让我们脱离险境的事情，如果没有上帝的眷顾，我们不可能毫发无损。"下议院感谢瑟洛"追查到这起阴谋"，这种公开认同瑟洛的场景对议会来说非常罕见。[10]

*

尽管克伦威尔凡事必从天意出发，可这次他并没有像以前那样把心放到肚子里。就算上帝的眷顾没有完全离他而去，至少也已经有好几次与他擦肩而过。"西征计划"遭遇惨败，少将军政官统治遭到反对，审判内勒又存在很多不公正和意见分歧——所有这些都说明，上帝不再恩宠于他。这个政权现在风雨飘摇，护国公的身体每况愈下，加上他的个人生命安全不断受到威胁，这些问题每天都萦绕在他心间，很是让他分心。辛德科姆策划的这起阴谋让克伦威尔重新集中思路：这个政权处于极度孤立无援的状态，生死存亡全系于一个人身上。如果有一天克伦威尔不在了，谁会继承他的事业呢？要通过怎样的法定程序找到这样的继承人？是世袭确定，还是选举产生？继续采用护国公制，还是重返君主制？

随着辛德科姆刺杀事件的消息广为传播，1月23日，下议院为护国公得到拯救举行了感恩祈祷仪式。托马斯·威德林顿议长提醒各位议员说："魔鬼……不会让他的爪牙无所事事，他们一刻不停地在图谋不轨。"护国公以及这个政权及其延续面临巨大危险，必须解决继承权的问题。继1月19日投票之后，议会委托一个专门委员会来起草一份报告，"阐述关于每三周的周五举行公共感恩祈祷的理由和依据"。这份报告在2月2日公之于众，其语气比较焦虑：

> 一些心怀不满的平等派分子密谋破坏和平……他们现在已经堕落到与英国人民及新教的宿敌西班牙沆瀣一气的地步。为了发泄怨恨和获得资金，他们竟歹毒地充当背叛祖国的刽子手……一个名叫博伊斯的主谋向他们允诺，如果护国公被杀，大军将从佛兰德斯杀向英国，而渡海的船只就是西班牙国王出资租来的。

当局号召全体国民团结在一起，因为国家面临生死存亡的考验：在阴险狡诈的外国势力的帮助下，那些政治和宗教极端分子与被彻底打败的保王党勾结在了一起。在瑟洛和尼达姆的授意下，《政治快报》和《公共情报》发表文章，揭露辛德科姆事件是在充满谣言和阴谋的背景下发生的。

　　1月8日事件以后，受到惊吓的当局考虑怎样才能最好地做出反应，以及如何确保国家未来的安全。在辛德科姆受审之前，爱尔兰议员文森特·古金（他是扶摇直上的布罗格希尔勋爵的亲密盟友）于2月3日写信给瑟洛，谈到了"国家恢复王权统治是一件很有吸引力的事情，克伦威尔对此并不反感"。当前的危险局势有望"得到完美解决"。

　　当辛德科姆被带到审判庭时，《政治快报》将很快卷入一场迫在眉睫的制宪辩论："只要克伦威尔一息尚存，查理·斯图亚特就绝无可能对英国产生任何影响。"现在亟须确保"克伦威尔的人身安全，也迫切需要找到一种能保证他本人以及我们自身安全的解决方案"[11]。

第十四章

选举与世袭

你父亲总是把明白人当傻子，而这一点最近变得更严重了。

——弗朗西斯·拉塞尔爵士

1657 年 1 月 19 日，辛德科姆的阴谋一经揭发，议会就开始着手讨论两个非常紧迫的问题：护国公的安全和继承权。最先发言的议员是温和的长老派成员约翰·艾什，他提议"殿下很乐意按照古代宪法来治理国家……古代宪法是一个古老而稳定的根基"[1]。他声称，这样的解决方案将"非常有利于保护克伦威尔本人的生命安全，也有利于平息我们敌人的所有阴谋"。乔治·唐宁和布罗格希尔勋爵站在一个阵线，他也是一位非常资深的法官，他提醒各位议员要看到伊丽莎白时代的严重危机，因为"人总有一天要死"，克伦威尔也不例外，"但宪法永远屹立不倒"。恢复王权的问题已经摆在桌面上，尽管比较含蓄，甚至是神神秘秘的。据布里奇沃特议员托马斯·罗思说，艾什和唐宁的发言引起了一些骚动，这需要进行一场全面

而严肃的辩论。但是，正如宗教激进分子塞缪尔·海兰德所问
的那样，克伦威尔"能成为合格的一国之主的父亲吗"？或许
他的儿子亨利·克伦威尔在爱尔兰表现出了治国才干和政治上   230
的老成，但他的哥哥理查德可能要差得多。

　　由于少将军政官坚持奉行兰伯特的《政府约法》，因此艾
什的话一出口，他们立即做出回应，声称这样的宪法改革只不
过是一根"弱不禁风的支柱"，尽管有一份支持军队阵营的时
事通讯这样报道说，按照艾什的提议，其带来的必然是"一个
君主世袭政府"。德斯伯勒要求下议院休会，下个会期再"就
（民兵）法案进行辩论"。

　　围着布罗格希尔勋爵转的议员这次出现了难得一见的和
谐，一致同意休会，他们相信下次一定可以和军人派一较高
下。1 月 27 日，布罗格希尔勋爵的爱尔兰同僚古金议员发言，
他认为，如果《民兵法案》获得通过，"殿下"的政府将更多
地仰仗军队，自然法的根基会被大大削弱；而按照自然法通过
订立契约来建立国家，这才是议会渴望带给克伦威尔的。古金
确信，围绕《民兵法案》开展辩论，这对现政权的未来发展至
关重要；如果继续推行少将军政官统治，将确保克伦威尔派中
的军人继续保留通过选举产生继承人的权利，这在很大程度上
要归功于威尼斯以往的做法，《政府约法》对此进行了概述：
"如果有人自命不凡，想凭借他在军队的实力接替克伦威尔"，
那么"奋起保护克伦威尔的军队越多，在他死后，对于一心想
接替克伦威尔的人，其实现克伦威尔目标的希望和优势就越
大"。一定不能让他们得到这样的机会。[2]

　　1月29日，议会以一百二十四票赞成、八十八票反对的结果永久否决了《民兵法案》。据最初对这项法案采取模棱两可态度的瑟洛说，少将军政官确实"认为他们在这次投票表决中遭到严重挫败，这样的结果他们其实早就有所察觉"。针对这项法案的辩论"在议会引起了轩然大波"，瑟洛担心"这对未来不会有什么好处"，而两名议员，包括护国公的第二个堂兄和亨利·克伦威尔，因对少将军政官出言不逊而受到议长的严厉斥责。至此，军人派提出的关于巩固政权和继任问题的提议都被彻底否决。虽然少将军政官傲慢生硬，且离开他们的辖区守在议会，但这并没有帮助他们夺得最后的胜利。处理公共关系并不是他们的强项。少将军政官出身卑微，加之他们对当地习俗和所统治的社区结构缺乏尊重，这些因素毫无疑问已经让他们处于不利地位。日记作者托马斯·伯顿记录了1657年1月双方在威斯敏斯特宫围绕《民兵法案》展开的辩论。在辩论中，议员对约翰·巴克斯特德这样的人嗤之以鼻，巴克斯特德从做顶针起家，靠自己的努力和才干爬到实权位置。托马斯·沃尔西和托马斯·克伦威尔都是都铎王朝的前朝故人，他们同样"出身卑微"，但仅凭天赋才华就爬上了"权力之柱"，他们在一个世纪前何曾不是面临同样的敌意，其最终结局又何尝不是惨不堪言。

　　统治贝德福德郡、亨廷顿郡、北安普敦郡和拉特兰郡的威廉·博特勒少将尤为遭到诟病，"他的罪行遍布整个北安普敦郡"。1655年，博特勒全然不顾护国公和国务会议的抗议，囚禁了北安普敦伯爵，这让他恶名远扬。博特勒曾在议会大放厥词，态度暴躁且给人一种无可救药的感觉，他说所有保王党人都应该为少数人的行为付出代价。这引起了亨利·克伦威尔的愤怒，亨利随即驳斥道："同样的道理……是不是由于某些少将的做法欠妥，我就可以说他们都应该受到惩罚？"普赖德少将与博特勒同为一丘之貉，也是公众反感的人物，他的辖区包括泰晤士河南岸与伦敦城隔河相望的南华克，那里妓院林立，是出了名的声色犬马之所。据后来的历史学家托马斯·巴宾顿·麦考利所称，普赖德从骨子里愿意充当现政权的打手，他严格禁止当地的逗熊活动，而逗熊一直都是南华克的固定体育活动，这倒"不是因为逗熊活动会给熊带来痛苦，而是因为它能给观众带来快乐"。 ₂₃₂

然而，博特勒和其他少将军政官一样，相信自己得到了护国公的支持。1月9日，他给爱德华·蒙塔古写了一封信，详细描述了自己和同僚与护国公（他们曾经并肩作战）进行了一次令人放心的会面。克伦威尔也在1月底同温和的布罗格希尔勋爵进行了接洽，但只问他为什么投票反对《民兵法案》。布罗格希尔勋爵现在已经成为护国公制英国后期的关键人物之一，他直言不讳地回答说，如果《民兵法案》获得通过，这"将使三个王国联合起来反对你；提出这项法案的人并不是你的朋友，而是你的敌人"。

毫无疑问，《民兵法案》遭受挫败着实让克伦威尔大吃一惊。难道提出这项法案的少将告诉他的都是错误消息？难道这给出了一个实例，说明他的那些少将缺乏判断力，根本没有能力洞察这个国家？或者说，已经决定结束这个实验的克伦威尔

老谋深算，他是要借这个机会让少将军政官自掘坟墓？1月
29日，弗朗西斯·拉塞尔爵士给他的女婿、护国公的儿子亨
利·克伦威尔写了封信，在信中他暗示了这种可能性："你父亲
总是把明白人当傻子，而这一点最近变得更严重了。他高兴地
笑出了声，但少将们却垂下头来，表现出一副惊慌失措的可怜
样。"不论是有意还是无意，克伦威尔都没能为他的少将军政
官提供支援。他们抱着投机取巧的心理，在那个将对未来产生
重大影响的圣诞节提出了《民兵法案》，也就是从那天起，他
们开始走上了不归路。少将军政官统治就是"西征计划"在国
内的翻版：提出这个实验很随意，但又野心十足，考虑得非常
不周全。德斯伯勒在军事上非常有天赋，但在玩弄政治上却差
得太远，他一手促成了这两个计划，以为上帝会为此伸出援
手。"西征计划"和少将军政官统治之所以能出台，其背后的
出发点似乎都是上帝会确保他们旗开得胜。当上帝没有现身时
会怎么样呢？除了忏悔和内省，别无选择。[3]

　　《民兵法案》的提出暴露出这个政权内部更狂热的清教徒
与文官在利益之间存在巨大分歧，清教徒寻求大规模的宗教改
革，他们的出发点是现实的必要性而非法律的需要，而文官则
与更广泛的民族意愿相呼应，更喜欢在传统的等级制度和古代
宪法的范围内获得某种不那么激进的长治久安。在这场斗争
中，少将军政官不得人心，他们的胜算并不大。然而，如果德
斯伯勒没有在议会提出征收抽取税的问题，或许这种税制就不
会取消，这样既可以筹得资金，又能惩罚保王党人，由少将军
政官及其继任者永久实施下去。正如克伦威尔后来向他们指出

的那样："你们已经到了穷途末路。谁让你们到议会提出这项法案，结果却碰了一鼻子灰？"[4]

《民兵法案》被否决的第二天，即 1 月 30 日，欢欣鼓舞且心怀感激的议会举行投票，决定向政府提供四十万英镑，这笔钱是从一般性税收中筹集的。要知道，克伦威尔容忍这个议会存在的时间已经超出许多人的预期，现在它能推出这么富有建设性的举措，且出手大方，实属不易。1656 年秋，第二届护国制议会作为一届特别的议会临时成立，其任务是筹集军费，解决政府与西班牙开战面临的燃眉之急。和贝尔朋议会一样，护国公有权在三个月后解散议会（事实的确如此，1656 年 12 月贝尔朋议会被解散），许多人担心第二届护国制议会也会重蹈覆辙。距解散议会的原定日期近在咫尺，而内勒的审判正处在关键时期；心存不满的克伦威尔完全可以就地解散议会，这也正中许多人的下怀。伯顿在 11 月 9 日的日记中写道，下议院"直到差不多晚上九点"仍在就内勒进行辩论，"这是本届议会自然到期最后一晚"。但护国公允许本届议会继续运行。

威尼斯大使贾瓦利纳认为，本届议会成立的目的就是为了与西班牙开战筹措经费，"一旦完成了使命，它的解散也就指日可待了"[5]。然而，即便议会投票通过了战时拨款，解散命令并没有如期来到。尽管本届任期已满——正如开幕词中所述，并在 1657 年 1 月辛德科姆阴谋事件后得到加强——但议会仍被允许继续运行。军人派就国家安定和继承制提出的计划被否决，但克伦威尔派的文官还没有提出他们自己的解决方案。文官提出什么样的宪法方案将取决于其预期受益者的反应：他们将会把自己的方案轻轻地呈交给护国公，无须胆战心惊，因为种种迹象表明，护国公会欣然同意。

*

这个政权的安全，以及与之同等重要的政权的接续，不能再任由上帝的一时念头作为唯一决定。政府中的领导人物越来越希望克伦威尔能戴上王冠，最好是以他们期望的世袭的形式，这个新头衔永远不会失效，且有着坚实的法律基础，而不是"护国公"这个乍听起来就像国家临时代管人的称谓。然而，克伦威尔对头衔并不怎么关心，正如他早在1654年信心满满地向第一届护国制议会发表讲话时所说的那样："重要的是干什么事……而不是什么名头。"

到了第二届护国制议会执政时期，形势发生了变化。克伦威尔年事已高，身体日渐虚弱，战场上多年的鞍马劳顿以及治理国家的重压已经让他的身体饱受摧残。这个政权的安危悬而未决，与这个政权休戚相关之人的命运陷入危险之中。政府的一边是一群文官，他们大多数是律师出身，希望通过修宪解决安全和继承问题；另一边是军人，他们都是和克伦威尔一起从战火硝烟中走来的老部下，由兰伯特带头。《民兵法案》的提出代表了军人派对日益高涨的支持世袭护国公制的呼声所做出的反应。这项法案被否决后，文官派牢牢占据了上风。

按照兰伯特起草的《政府约法》第三十二条，护国公的职位定义为"选任而非世袭"；世袭王权无论是对兰伯特还是对克伦威尔都是一个陌生的概念。《政府约法》规定，国务会议负责选举产生克伦威尔的继任者。当然，这种选举存在制度上

的缺陷，因为选举继任者只能在克伦威尔死后进行。这无形中
会引发政局不稳，面临各种各样的不确定，甚至有可能带来冲
突，这种局面对现政权来说是无论如何也承受不起的。毕竟，
正如克伦威尔在第二届护国制议会开幕典礼上所警告的那样，
他们已在脆弱和不安全的状态中煎熬得太久。虽然第一届护国
制议会已经就选举产生克伦威尔的继任者达成一致，但第二届
护国制议会在日益增长的焦虑中开始认为，世袭继承是一种更
安全的选择，一条更清晰、更安全的继承路线正在成形。随着
查理·斯图亚特的权利主张在法律层面上被永久取消，那么，
现在是保护克伦威尔权利主张的时候吗？

　　1656 年 10 月 28 日，《政府约法》规定的"安全"解决方
案第一次遭到公开质疑，当时"一位爱尔兰绅士"提出动议
（几乎可以肯定这个人就是科克郡和约尔的议员威廉·杰弗森，
他和布罗格希尔勋爵过从甚密），要求"重新考虑《政府约法》
第三十一条（实际上是第三十二条）"。11 月 7 日，贾瓦利纳大 236
使记录说，议会再次商议了"世袭制护国公"的地位问题，克
伦威尔拒绝了这些提议。一个星期后，议会派出一个"特别代
表团"面见克伦威尔，再次劝说他接受世袭原则。他们再次遭
到断然拒绝，护国公以"雄辩的演讲"阐述了"迫使他拒绝这
一提议"的理由。

　　法国大使波尔多在 11 月 14 日的汇报中说，议员"在议
会上又提出另一项有利于护国公继承权的提案（并不是采用
王权继承制），但军人派（少将军政官）似乎和以前一样充满
敌意"。布罗格希尔勋爵及其盟友发起了一场"建立古老基石"

运动，即恢复基于国王、上议院和下议院的古老宪制。事实证明，这次运动让他们疲惫不堪。据布里奇斯上校的观察，他们在"科克大宅的那晚非常漫长"。1656 年 11 月 25 日，也就是提出《民兵法案》的前一个月，布里奇斯在写给亨利·克伦威尔的一封信中透露，他曾在议长的会议室与贝里少将发生争吵，德斯伯勒出面劝架。德斯伯勒要求布里奇斯把他"零零散散的想法全整理出来，他会一一回答"。布里奇斯接受了这个艰巨任务，在"吸烟室"和德斯伯勒面对面进行交流，德斯伯勒"给出了不同意他想法的理由"。布里奇斯提出的关于世袭继承权的主张——甚至连德斯伯勒都承认"不容易回答"——给国家安全问题带来了很大压力，特别是在护国公死后的那段时间。如果继续执行《政府约法》规定的选举继承权，布里奇斯认为，"这个国家中的每个人在护国公逝世后都有权竞选执政"，因此"每一次变故都会引发一场竞争"。这样的选举将滋生出不安全、不稳定和怨恨情绪，竞争对手将"互相攻讦"。那些对这种局势感到困惑的人将倾向于转向查理·斯图亚特寻求稳定。布里奇斯问道，除了"建立古老基石"，"还有什么其他结果吗"？如果有机会让克伦威尔的儿子成为护国公制的世袭继承人，为什么还要制造一场无法令人满意的伊丽莎白时代的继承危机呢？[6]

保王党的情报人员已经注意到，在这样的辩论中，克伦威尔政权内部存在明显分歧。1656 年 12 月，西利乌斯·提图斯在安特卫普的老巢给爱德华·海德写信汇报说："英国政府内部在继承权上存在很大的纷争，问题集中在采用世袭继承还是选举继承，议会的军人派支持后者，宫廷派（他们是这样标榜自己的）支持前者。"[7]

　　1656 年 11 月 27 日，下议院议员在威斯敏斯特的绘厅觐见克伦威尔，他们提交的《叛国法案》得到了护国公的首肯。据贾瓦利纳说，"其中有些最忠诚的议员试图提起继承权的问题"[8]，此举肯定是不可避免的。克伦威尔举起手，"示意他们不要再继续说了"。就在那一刻，审判内勒那样的新的分散注意力的事再一次上演，尽管克伦威尔叫停了关于继承权问题的辩论，但却深刻地影响了护国公对成立第二个议会（继承上议院）的态度，他认为此举非常重要，可以控制下议院不要再造次。

　　贾瓦利纳在 1656 年节礼日那天（也就是推出《民兵法案》的第二天）写道，"议员们可能已经冷静下来，改变了他们想让护国公职位由其家族世袭的想法，看看他们怎样一直对此保持缄默不语"。但是，一旦对内勒进行了审判和惩罚，并就辛德科姆阴谋进行了商讨，对这个政权未来命运至关重要的辩论就会再次重启。

第十五章

荣誉加身

他们说话的语气就像事情已经定了一样。

——威尼斯大使贾瓦利纳

克伦威尔从辛德科姆阴谋中获救的感恩祈祷计划在 1657 年 2 月 20 日那天举行，届时"全体进行禁食和祈祷"。铺天盖地的传言说，在护国公晚上举办的宴会上——"这是英国有史以来最罕见的举国欢庆活动"——他将"被授予王冠"；举国上下，尤其是护国公，什么时候像现在这样把全部心思都放在继任者不明确所带来的不安全感上呢？自从一个多月前艾什向议会递交提案以来，解决继任问题的紧迫性已得到公开承认。文官派深信，不管继任者是护国公还是克伦威尔本人深表怀疑的国王，都需要采取世袭统治的政体。亨利·克伦威尔在1 月底写给布罗格希尔勋爵的一封信中认为，他父亲和这个政权的安全陷入危险之中，"除非他听从像您等人给他提出的建议"——想必是接受世袭头衔。亨利认为，这些"少将军政官提出的方案明摆着是一着险棋"，他把自己的这种想法在另一

封信中毫无保留地透露给了护国公，这封儿子写给父亲的信落
入了瑟洛手中。[1]

敦促宪法改革的不仅仅是克伦威尔的儿子。布罗格希尔、 240
圣约翰、怀特洛克和大事小情都必在场的瑟洛等人，他们一起
参加了在白厅举行的会议，在这次会议中，护国公将听取他们
提出的意见，这些肱骨大臣寻求把他拉回亘古以来就有的王
位，并使他的个人统治受历经数百年制定的、完善而明确的英
国法律制约，成为建立在法律基础上的王权。他们敦促说，如
果克伦威尔按照古制加冕，人民就会"知道你对他们负有的责
任，也知道他们对你负有的责任"。这样的观点出自知名的法
律人物，表述清晰简单，所有人都很容易理解，这些人物包括
财政大臣怀特洛克、首席大法官格林以及上诉法院民事庭庭长
伦索尔。

这种观点也得到了议员中大多数"不温不火之人"的支
持，特别是在贝尔朋议会时期被千禧年信徒疏远的那些议员，
而克伦威尔当时对千禧年信仰容忍有加，这些议员对紧紧站在
军队一边的克伦威尔极度不信任，厌恶少将军政官统治国家。
让他们非常欣慰的是，克伦威尔对军人统治的态度发生了很
大转变，用克伦威尔自己的话说就是，"这是我软弱和愚蠢的
结果……我考虑得太简单了"；而且对克伦威尔真诚信奉自然
的阶级制度深表赞成，克伦威尔曾说，"英国几百年来一直以
这样的等级和秩序而闻名：贵族、绅士、自由民"。此外，英
国各郡的绅士很容易想象得到，这个等级的顶端自然是国王。
"法律知道这一点，人民也可以知道这一点，人民热爱的正是

他们所知道的。"[2]

就连政府的喉舌《政治快报》也在 2 月 4 日刊载文章表达了赞同，这个政治国家需要达成"这样一种解决方案，确保他本人和我们的安全，包括他身后的安全"。查理·斯图亚特的入侵计划不断见诸报端，这更突显了克伦威尔政权的不稳固，据信斯图亚特将于 1657 年春天发动入侵。2 月 26 日，克伦威尔向民兵发出"警告信"，向他们通报了不久的将来要面对的危险。对这个令人担忧的消息，瑟洛只能尽自己最大努力去消除人民的焦虑，在这个多事之秋，尤其是正值修宪这个节骨眼，这样的消息很可能会让已被否决的军人派怒火中烧。

据贾瓦利纳 3 月 9 日汇报称，英国议会"几天前再次提出了君主制问题，而且他们说话的语气就像事情已经定了一样"。议会制定新宪法用以取代《政府约法》，其规定采用世袭制，这象征性地确认了文官派取得了对少将军政官的决定性胜利。[3]

然而，像 2 月 20 日举行的护国公得救感恩宴会这样的场合，通常是不会做出关键决定的。这样的决定更有可能在"晚宴后"做出，以前就有很多这样的先例，克伦威尔会心情放松地邀请国务会议成员以及那些和他关系最紧密的议员到一间"紧闭的房间"，在"器乐和哼唱兼而有之的美妙音乐声中"开始他的政治议程。

2 月 20 日的晚上并不会迎来什么加冕的决定。很明显，人们期待已久的、根植于传统的新文官宪法草案将于 2 月 23 日星期一提交，同时提交的还有一份关于设立"上议院"（即克伦威尔所说的"另一议会"）的提案，尽管这个新的"上议

院"并不采取世袭原则。仅仅四天之后，在一场由大约一百名
军人组成的反对国王头衔的请愿大会上，克伦威尔发表讲话，
明确指出当前的解决方案以及缺乏用以"制衡权力"的另一个
议会所存在的制度缺陷。克伦威尔对军人派进行了安抚，让他
们不用担心，这个新成立的"另一议会"并非复辟以前的"上
议院"，同时还郑重其事地批评了那些军队中位高权重的人物，
当时兰伯特也在场："根据议会的议事程序，我想你们应该能
看到权力制衡的必要性，否则詹姆斯·内勒的下场就是你们的   242
下场。"克伦威尔反问他们："议会把生杀予夺的司法权握在手
里，你们觉得《政府约法》能让我控制现在这个议会吗？"相
比之下，"国王"的头衔无非就是个"荣誉"罢了，克伦威尔
一边向他们解释，一边提醒他们，让在场的有些人颇感震惊的
是，《政府约法》草案其实早就已经授予他这个头衔了！克伦
威尔向他们保证说，他从来都不热衷于什么王位，那些想把王
冠扣到他头上的人很快就会认识到这一点。然而，现在到了生
死攸关的时刻，"是达成和解、搁置争议的时候了，我们这个
国家根本无法接受这样的内耗"[4]。

　　忠诚的克伦威尔派议员克里斯托弗·帕克爵士将在 1657
年 2 月 23 日向议会提交一份《抗议书》。他声称，这份抗议书
"基本已经完稿"，按照这份抗议书所述，其可能为国家提供一
条通往"民族、自由和繁荣的解决之路"。抗议书中貌似随意
的引语掩盖了它其实非常明确的起草意图，因为这份谏书出自
以布罗格希尔勋爵为首、主要成员为爱尔兰议员和苏格兰议员
及其英格兰盟友的一群人之手，比如查尔斯·沃尔斯爵士，沃

尔斯提出了《叛国法案》，宣布摒弃"查理·斯图亚特这样的伪国王称号"。

　　自1649年以来，克伦威尔一直反对世袭原则，就算文官派给出的理由再雄辩，也无法说服他相信世袭原则存在的价值；这一点他可能在三天前召集大臣在那间"紧闭的房间"开会时就已经讲得很清楚。意识到这一点后，加之起草《抗议书》时有些仓促，因此必须重新返工，以便在2月23日正式提交时将反对世袭原则这一点考虑在内，帕克在那天提交的最后版本就删除了有关世袭的内容。

　　进一步，"为了杜绝克伦威尔死后可能给国家带来的混乱和不便"，克伦威尔应"任命和宣布在他身故后立即接替他治理国家的人选"[5]。表达这层意思的措辞非常隐晦。这是因为，现在还没有正式机制来确保这样的提名，克伦威尔在没有指定继任者的情况下突然死亡的可能性仍然很大。完全可以预见，这项法案一经提出，立即遭到了包括兰伯特、弗利特伍德和德斯伯勒等人在内的军人派的反对。议会以一百四十四票对五十四票的表决结果赞成第二次宣读《抗议书》。修改后的《抗议书》几乎和《政府约法》的条款没什么两样，这让遭到挫败的军人派稍稍挽回了一点颜面。

　　《抗议书》就是后世所称之的《谦卑上书》，其中第一条旨在恳请克伦威尔以及接替他的国家元首接受国王的头衔，议会于3月25日以一百二十三票对六十二票的表决结果赞成这个条款，克伦威尔在当月最后一天收到整个草案。对此，护国公要求议会给他考虑的时间，他要"求问上帝和我自己的内心"。

1657年4月3日，克伦威尔告知议会，《谦卑上书》是对"上帝关于这个世界两个最大关切"的回应：

> 第一个关切是有关宗教和对公开表示信仰的人的保护，给予他们所有应有的和公正的自由，维护上帝的真理，你们在这份《谦卑上书》中已完成了一部分工作，以后将由你们自己和我更充分地完成……。第二个关切是有关公民的自由和各个民族的利益，虽然这的确是、也应该服从于上帝更特殊的利益，但这是上帝给世人的排在第二位的最好的福祉，其比任何空洞的话语都要好，如果能得到很好的捍卫，就可以保护上帝子民的利益。[6]

然而，关于恳请他接受国王头衔的问题，克伦威尔说，"你们给了我另外一个头衔，但实际上我现在就和这个头衔 244 相称"，他"没有义务为上帝和你们揽下以这个头衔为名的责任"。

克伦威尔承认议会对他的重要性：

> 如果这个议会集中它的智慧，在维护正义与真理、保护上帝子民自由以及关切英国人民福祉的基础上，已经找到了实现这个国家利益的方法，那么我会臣服于议会，或臣服于任何人，而且议会在当前这种趋势下就已经如此运行了。

但克伦威尔告诉他们，他不认为自己会接受国王这个头衔。

　　文官派提出上述要求的逻辑是以古代宪法为基础的。按照这种逻辑，世袭的国王最好，世袭的护国公次之，但非世袭的民选国王要比非世袭的护国公好。因为国王的头衔有法律上的必要性。但是，当他们把王冠加在克伦威尔的头上时，克伦威尔明确表示自己不会成为奥利弗一世。在1649年1月那个寒冷的早晨，上帝就已经决意结束英国的王权统治。克伦威尔当然有获得的奖赏，那就是"另一议会"，这从宪法层面解决了审判内勒时给他带来的深切担忧。克伦威尔这个人一直都是模棱两可，闪烁其词，当他1月底给那些军官训话时，他实际上想表达的就是：王冠无非是一种"加在他头上的荣誉"罢了。

　　4月13日，克伦威尔明确说明了他拒绝接受国王头衔的理由：

　　　　上帝对国王这个头衔弃之如草履，这真的是天意使然……。上帝看起来不仅打击这个王族，连它的名号都不放过……，上帝已经严厉谴责这个头衔……。我不会谋求戴上那顶天意已将其摧毁并丢弃于历史尘埃中的王冠，我不会再重建耶利哥之城①。[7]

　　议会最终让步。托马斯·库珀议员的反应很能说明问题，或许也可以说是颇具代表性的： ₂₄₅

----

①　耶利哥城是约旦古城，扼守迦南的门户。《圣经》中记载，上帝以神迹震毁该城墙，使犹太军轻易攻入，而后能顺利攻入迦南，这是一座被诅咒的城市。（译者注）

遵照从我主上帝领受的光明与理解，让我良知顿开，我得
以自由地默许神的旨意；虽然这件事一直都处在辩论中，而且
违背我的心意，但现在已基本上尘埃落定，我可以并且将通过
上帝的帮助，希望以神所赐的诚实认可我自己，就好像我在第
一次提出这件事时，从来没有这么认真地对待这件事似的：我
不是出于政治上的考虑，而是出于信仰基督教，我深知，神若
不许可，我们一根头发也不会掉在地上，更不用说从事这么伟
大的事业，正如普天下之国在没有特别的神启下进行变革注定
要蒙难一样。[8]

克伦威尔拒绝王位两个多星期后，一份经过修改的《谦卑
上书》在克伦威尔的授意下得到了议会的批准，其保持护国公
的现状不变，但不包含世袭条款；继任者由克伦威尔提名，但
没有规定正式的法律程序以及时间节点。继承权的问题依然像
以往一样脆弱。

最高层存在不同意见，但克伦威尔是最后的赢家：结局是
他获胜，而且是他一个人的胜利。克伦威尔的权力反映出这个
政权存在的缺陷，其缺乏稳定和安全，在继承权问题上也并
不令人满意。《政府约法》的缔造者兰伯特成了最大的输家，
1657 年 6 月 24 日，当议会强迫所有国务会议成员宣誓效忠新
宪法时，兰伯特拒绝这样做。兰伯特拒绝出席国务会议召开的
会议，7 月 23 日，克伦威尔召见兰伯特并要求他辞职，兰伯特
接受了这一命令。为了修复裂痕，克伦威尔给兰伯特每年两千

英镑的退休金。兰伯特曾经贵为克伦威尔的继承人，现在则成了一枚弃子，克伦威尔接受《谦卑上书》更是印证了这一点，他相信，接受《谦卑上书》肯定违背了军人派的利益。

这事过了很久之后，托马斯·霍布斯对护国公和他曾经无可争议的继承人之间日益恶化的关系做了精辟解读："兰伯特是军队的宠儿，竭尽全力解救内勒，部分原因在于他曾是克伦威尔手下的士兵，还有就是为了讨好军队的独立派和长老派等分裂教派成员，因为他现在已不再对护国公有利，而是在考虑如何接替克伦威尔的权力。"这样的野心一直存在。[9]

这个政权的领导核心已经出现分裂，即便克伦威尔加冕为国王，也不会再恢复如初。虔敬的清教徒和军人会感到深深的背叛。然而，当克伦威尔受到召唤时，他是一个残酷无情的指挥官，一个镇压叛乱者，他非常愿意面对来自各方的不同意见，甚至来自高级军官的异见，包括遭到排挤的兰伯特。

那么，《谦卑上书》到底由哪些内容组成呢？政府仍然由护国公和议会组成，每三年必须召开至少一次会议。军队的控制权仍共同掌握在护国公和他的议会手中。对宗教自由的限制要比《政府约法》多：以布罗格希尔勋爵为首的文官将更容易获得宗教信仰自由，当然，这样的信仰自由要受到诸多限制。贵格会和其他反三位一体教派则受到禁止，尽管其中有条款规定，根据"《圣经》的规则和授权"允许进行信仰告白，但克伦威尔对该条款很满意，因为它为上帝拣选的人提供了"一切正当而公正的自由"，即便这样的选民并不多。这种宗教自由不会被强加，虽然用"可耻的话语和文字"来批评它是一种犯罪。[10] 对克伦威尔最有吸引力的地方在于（特别是在审判内勒以后），《谦卑上书》提议成立"第二个议院"，通俗地说就是"另一议会"，其将防止审判内勒期间公民自由受到威胁的现象再次出现，并为"诚实的利益"服务。

克伦威尔在 1657 年 5 月 8 日曾说道，《谦卑上书》"以那个伟大的、天赋的和宗教方面的自由，也就是宗教信仰自由，为诚实人提供了安全和保障。这些是最根本的基础"。但是，对任何一个政府，其最根本的基础是保卫国家及其存续的安全，而这个政权恰好缺乏这样的基础。

第十六章

舞蹈与异见

美德的典范，荣耀的传统！

——罗伯特·里奇

英国这个国家的元首显得有些精疲力竭，护国公继续饱受 债务的困扰。尽管《谦卑上书》这部新宪法保证每年的国库收入可达一百三十万英镑，但对于继续支撑与西班牙开战以及维持陆军和海军的现有规模，仍存在大概五十万英镑的缺口。克伦威尔的确对上帝抱有极其虔敬之心，但这并不代表能给国家带来充盈的收入，他与财神玛门相差甚远，他承认，"我在算术方面的技能和在法律方面一样匮乏"。尽管政治热度有所下降，但国库收入不太可能有任何增加。

1657年11月，法国大使应邀参加克伦威尔小女儿的婚礼，他在白厅和汉普顿宫苑感觉到一种"不同的氛围"，"过去几天，那里又举行了舞会，但旧时代的牧师却渐渐地不见了身影"。

1657年11月19日，在玛丽·克伦威尔与福肯贝格子爵的

婚礼上上演了一段对唱，由安德鲁·马维尔作词，男童组成的
唱诗班演唱。这种诗剧表演标志着"那些壮丽的假面剧又开始   250
兴起，尽管形式上有些朦胧阴暗，但却是前两任斯图亚特国王
在位时欧洲最奢华宫廷中经常上演的剧目"。马维尔的田园对
唱恰好在玛丽的妹妹弗朗西斯和罗伯特·里奇举行结婚典礼的
八天后上演，这首曲目用古典对白讴歌护国公和他的两个新婚
女儿，产生了恰如其分的奉承效果①。

　　护国公制时期的音乐说起来是一个很复杂的故事。1647
年的《威斯敏斯特小要理问答》谴责"一切淫荡的歌曲、书
籍、绘画、舞蹈和舞台剧"。凡是挑动情欲的都无法被社会接
受（这远超克伦威尔控制的上议院和下议院的限制范围）。舞
蹈，至少是那种端庄稳重的宫廷舞蹈，"并不怎么受关注"；对
于舞台剧，其在某些人眼里非常可憎，尽管护国公制时期人们
对戏剧的态度有所缓和。剧院经理威廉·达文南特爵士在舒缓
当时社会对戏剧的仇视态度方面发挥了作用；他绕过话剧的禁
令②，委托包括马修·洛克和亨利·劳斯在内的五位作曲家，为
他的歌剧《围攻罗得岛》创作音乐。《围攻罗得岛》于 1656 年
进行了首次公演，通常被视为英国戏剧新时期的来临③。同年，
爱德华·利尔的《论宗教信仰》出版，他在这部作品中坚持认

---

① 克伦威尔是家中唯一的男嗣，他共有七位姐妹，因此，管家约翰·梅德斯
　通称他"沾染脂粉气，天生就富有同情心"。
② 1642 年，作为战时紧急措施，剧院被关闭，这一禁令一直持续到 17 世纪
　50 年代。
③ 塞缪尔·佩皮斯出席了该剧的首场演出。没有证据表明克伦威尔也亲临演
　出现场。

为，"英国作为一个音乐国度而享誉海外"。英吉利共和国时期强调公开进行礼拜，这意味着复调音乐（其掺杂着复杂的声音线条）被贬低为混杂基督教与罗马天主教理解的大杂烩。理解 251 上的简单明了高于一切。随着护国公制的发展，情况变得更加宽松，这部分地反映出君主主义的风格更加明显。1656 年 9 月 3 日，为了纪念克伦威尔在邓巴和伍斯特取得的伟大胜利，克伦威尔的御用音乐家约翰·欣斯顿用赞美诗的形式来庆祝这一天，歌曲取自宫廷诗人佩恩·费舍尔的一组作品，由六名歌手和六名乐器演奏家共同表演。

克伦威尔本人就非常喜欢音乐。保王党人安东尼·伍德汇报说，克伦威尔尤其喜欢欣斯顿的作品，欣斯顿曾训练两个男孩陪他一起"以三声部演唱迪林先生的拉丁歌曲"。当时室内乐很受欢迎，通常用维奥尔琴伴奏，总是配以对唱式的音乐创作形式，演奏者面向中心围坐成一个圆圈，当然，来自欧洲大陆的一种新乐器小提琴也出现在其中。管乐队采用管风琴伴奏，其中有一架管风琴是专门从牛津大学莫德林学院搬到汉普顿宫苑的，克伦威尔在那里雇用法莫洛先生作为自己的"小键琴演奏手"。

*

一些曾经对这个政权无比忠诚的人努力去理解它的新面孔。约翰·欧文是知名的公理会牧师，曾在查理一世被处死后的第二天给议会议员做布道，他对英国社会现在的诸多转变感到很困惑："在我们那个时代，如果公开表示信仰的人沦落到自私自利和声色犬马的地步，整日沉溺于玩牌、掷骰子、狂欢作乐和跳舞，你认为有这个可能吗？"[1]可这些在护国公的宅邸竟然都是司空见惯的消遣活动。清教徒革命的道德理想仍然 没有实现，其在这个世界上是无法实现的，尽管政权形态仍然保持稳定，政治制度也基本上有效。从欧文的身上，就可以非常明显地看出拥护共和政体的人对护国公制共和国中出现的宗教和政治倒退到底作何反应。欧文曾随军队一起出征爱尔兰和苏格兰，被任命为基督教会学院院长和牛津大学副校长，是克伦威尔宗教政策的重要缔造者之一。他没有在第一届护国制议会担任议员，但与共和派批评家有很紧密的联系。他对这个政权的未来不再抱任何幻想，与查尔斯·弗利特伍德将军有联系的激进派军人早已掌握这个情况。1657 年，欧文代表军人起草了请愿书，成功抵制了克伦威尔加冕称王，从此以后，克伦威尔与欧文的友谊再也不像以前那样亲密无间。欧文对这个政权的批评变得更加明显，许多军官，特别是下级军官，都同意他的挖苦之词。

保王党也因为毫无成效而一直像脓疮一般存在着。奥蒙德从爱尔兰乘虚而入挑起事端，而护国公的老对手亨利·斯林斯比则在赫尔的监狱策划着阴谋诡计，自从 1655 年保王党暴动失败以来，他就一直被关押在那里。斯林斯比试图策反守卫赫尔港（这个港口在北海具有非常重要的战略意义）的某些下级军官为保王党效力。在向当局报告了斯林斯比的意图后，军官佯装加入他的阴谋。斯林斯比相信这些军官非常有诚意，而且还向其中一人颁发了委任状，据称上面有查理·斯图亚特的签名。落入圈套的斯林斯比在威斯敏斯特大厅被控叛国罪，他声称是那些军官给他"挖了个坑"，而这个阴谋不过是一句玩笑话而已。就算这个阴谋真的是个笑话，他的对手可不这么认为。福肯贝格子爵是斯林斯比的侄子，议会的议员，同时也是克伦威尔的女儿玛丽的丈夫以及斯林斯比前保王党合作者亨利·贝拉西斯的儿子，他给斯林斯比求情，但徒然无用。1658年6月，斯林斯比被投进伦敦塔等待他的必然宿命。

　　军队仍然是克伦威尔政权的根基，同时也是它的最大威胁所在。赋闲在温布尔登的约翰·兰伯特心生怨气，他并没有像露西·哈钦森坚持认为的那样，只是在家侍弄些花草消磨时间，"陪着妻子和女仆做些针线活"。尽管兰伯特没有得到军队的直接支持，但他的雄心壮志未受到丝毫减弱（当然，兰伯特抵制了怂恿他投靠保王党的做法，即把他的女儿嫁给查理·斯图亚特或这位流亡国王的弟弟约克公爵詹姆斯）。克伦威尔必须打击军队中的异见分子，当时威廉·帕克少校和五名上尉（他们都是再洗礼派）公开地表达了他们对克伦威尔背叛"古老而美好事业"的愤怒。他们随即被解除军职，但并没有引起军中的震动，普通士兵只不过发了发牢骚，这表明克伦威尔——通过共同经历的维系和相互依赖关系——仍然受到军队的拥戴，军队于1657年3月正式宣布效忠克伦威尔。没人比克伦威尔更有目的性地支持军队，这一点他们非常清楚。帕克在被解职前后，竭力讨好与他有过交往的军官。这招很见效，他们仍然亲如手足。

　　共和派的领导人物，比如范恩、卢德洛和黑塞尔瑞格，依然坚定奉行共和主义，他们仍然像百般难缠的荆棘一样横在克伦威尔政权前方，"背叛"的呼声从来就没有停止过。范恩于 1656 年首次出版了《兹供考虑和解决的治愈问题》，这本小册子就是斗志昂扬的激进共和派站出来反对克伦威尔的原始文本。它最终为英吉利共和国的"诸神的黄昏"①提供了蓝本。

《谦卑上书》允许持不同政见的议员返回议会，特别是 1658 年 1 月召开会议期间被驱逐出议会的议员，但这种举措对缓解政府的处境并没有什么帮助。克伦威尔满心期待的"另一议会"成立后，反而使下议院中忠于克伦威尔政权的人数减少，这使得控制下议院变得更为困难。当克伦威尔的前盟友（比如奥利弗·圣约翰、塞伊-塞里勋爵以及沃敦勋爵）拒绝在新成立的议会中就职时，问题就更加严重了，这个"另一议会"和以前被鄙视的上议院是何等相似，其无疑为克伦威尔政权的"背叛"提供了更多的口实。

1658 年的大部分时间里，号称克伦威尔"耳目"的国务大臣瑟洛一直都有恙在身，这让克伦威尔的孤立状态变得更为严重。贾瓦利纳写道："护国公殿下为此心疼至极，因为他格外器重这位大臣，他对瑟洛的信任比任何人都要多，更为重要的是，如果必须确定他的继任者，想遇到一位具备他这样的资历且无比忠心的人实在太难了。"²1658 年 1 月 25 日，克伦威尔明显感到非常疲惫，他请求议会结束"我们之间的分歧"，这是对在伦敦广为流传的一份共和派请愿书的回应，该请愿书

---

① "诸神的黄昏"指的是北欧神话中的末日之战，传说中的诸神与巨人和怪物进行最终决战，诸神毁灭，世界重生。德国著名作曲家瓦格纳创作的音乐连本剧《尼伯龙根的指环》第四部就以"诸神的黄昏"为题。（译者注）

反映了共和分子和军队激进分子之间越来越有可能结成危险的联盟，他们谋求的是恢复一个单一的议会——或者"被清洗的议会"——以及不断扩大的宗教自由。当有传闻说请愿书将于2月初由持同情态度的议员提交给议会时，克伦威尔按照他一贯的行事风格自作主张：解散第二届护国制议会，并对他们发表了火药味十足的演讲，这是一个因自己的优柔寡断和不断膨胀而深感沮丧之人的演讲。他意识到时间非常有限："遇到这样的事，却还要表现出宽厚仁和与不知所然的样子，这是什么感觉？如果是这样的话，我会把它归于下面这个原因：你们请求我接受《谦卑上书》，现在却反过来不同意这个有望给国家带来安定的宪法。"这个政权从来没有像现在这样完全系于一个人身上。

255

＊

　　克伦威尔的健康状况这些年来一直在恶化。他的许多慢性病都是常年作战导致的：他在爱尔兰染上了痢疾；邓巴战役期间，他简直就是死里逃生，这才让兰伯特有机会崭露头角。他从来没有完全从"西征计划"的挫败中恢复过来，上帝不再眷顾他，这让直到那时仍一无所知的人民心生狐疑。1658年2月，他的女婿罗伯特·里奇死于肺痨。这位年轻人的祖父——曾经显赫一时的第二世沃里克伯爵，前军队司令，有段时间还是普罗维登斯岛公司举足轻重的人物——在给克伦威尔的回信中表达了深深的悲痛，希望这位护国公能"永远奉行约法，那是美德的典范，荣耀的传统！"

　　但这样的期许看起来毫无希望。克伦威尔的签名开始变得东倒西歪，他的签名以前遒劲有力，透露着一股坚定而自信的威权，现在则潦草不堪，仿佛每动一笔都在思前想后。他最宠爱的女儿伊丽莎白本来就已经病入膏肓，最近又失去了她的小儿子奥利弗。1658 年 8 月 6 日，伊丽莎白也撒手人寰，四天后，她的尸体从汉普顿宫苑沿泰晤士河运到一处小教堂埋葬，"没有举行盛大的葬礼"，那里还长眠着另一位有着威尔士血统的篡位者亨利七世。

美好的时刻偶尔也会闪现。1658 年 6 月，给护国公制英国带来沉重财政负担的军队攻占了敦刻尔克，极大地削弱了西班牙在佛兰德斯的力量。不管英国的内部纷争如何，它始终保持相当强大的军事力量，几乎没有受到外敌入侵的危险。伦敦城作为刚刚起步的集金融与军事于一体的城市，仍然坚定地忠于护国公，青睐护国公制强大而稳定的统治，但它对面临的种种不确定性很敏感，而且非常清楚随时都有可能出现的继任危机。

占领牙买加岛是"西征计划"唯一的宽慰，正是这一鲁莽的冒险让克伦威尔政权不再受天意的眷顾，但牙买加岛现在终于显示出希望的迹象。牙买加岛位于加勒比海地区以西，正好处于敌对的西班牙属西印度群岛的中心位置，与英国的其他西印度群岛属地相距甚远，克伦威尔下令在岛上迅速修建堡垒，"以确保普通居民的安全"，这一举措为牙买加岛以后的繁荣奠定了基础。贩卖蔗糖和烟草的名声虽然不好，但这两桩买卖利润丰厚，故而在岛上开始迅速发展起来；这也招致了政府的担忧，害怕在该岛北部落脚的西班人的帮助下，西班牙政府重新夺回这处以前的属地。牙买加岛总督镇压了非洲奴隶的大规模造反，在整个 1657 年不断加强防御。1657 年 10 月，西班牙两个中队总计一千人的兵力在岛上北部海岸奥乔里奥斯湾登陆，岛上驻军"殊死保卫岛屿"。英国士兵已经学会了如何在热带的艰苦环境中作战。围绕西班牙占领的一处据点，双方展开了"激烈的争夺战"，因为这处据点扼住了通往古巴岛的补给线，战略位置非常重要。一百多名西班牙守军被打死，他们的弹药和补给悉数落入英国人手中，英国人在这次交火中仅损失了四人。1658 年 4 月，克伦威尔收到了来自前方成功守卫牙买加岛的好消息。

一个月后，西班牙派出一支更强大的步兵部队在里约诺沃登陆，他们打算在这里修建堡垒，这是夺回牙买加岛的第一步。一支信心十足的英国海军陆战队在爱德华·多伊利总督的指挥下发现了西班牙人的据点，堡垒刚修了一半，这让他们"喜出望外"，于是立即冲进去。据报道，英军没有遇到任何抵抗，"非常顺利地占领了这个据点"[3]。大约三百名西班牙人被杀，逃跑的人只能在荒野中自生自灭。

继 6 月份西班牙人在里约诺沃溃败后，巴里上尉带着十面缴获的舰旗和西班牙王国国旗离开牙买加前往伦敦。伊斯帕尼奥拉岛的耻辱，以及由此带来的铺天盖地的焦虑和怀疑，全都因为此次大捷而慢慢得以平复。但克伦威尔再也不会听到这最新取得的胜利了。巴里上尉来得实在太晚了，护国公没能听到这个来自加勒比海前线的好消息。

*

　　克伦威尔一生的军事荣耀总是定格在这样一个日期：9 月
3 日。1650 年的这一天，他和兰伯特取得了邓巴大捷。一年后
的同一天，伍斯特战役将查理·斯图亚特复辟王朝的希望碾得
粉碎，从此英国王室流亡海外。1658 年 9 月 3 日，这一天狂风
裹挟着暴雨，奥利弗·克伦威尔永远合上了眼睛，在"痛风和
政治动乱"的双重打击下，包括长达数十年疟疾的折磨，直到
自己最心爱的女儿伊丽莎白在痛苦中死去，这一切最终把他压
垮了。据卡莱尔记述，克伦威尔在汉普顿宫苑的最后一位访客
是贵格会教徒乔治·福克斯，1658 年 8 月 20 日这一天，福克
斯觐见克伦威尔，敦促他对信仰同样宗教的人采取宽容政策。
当福克斯看到大权在握的克伦威尔时，明显感觉到一股"死
亡的气息扑面而来；我走到他面前时，他看起来就像个死人"。
围绕在克伦威尔周围的人害怕这一天的到来，因为这个国家既
没有舔舐完伤口，也没有停下来休养生息。他们问道："如果
在他有生之年国家没有安定下来，面对一群如狼似虎的贪婪之
人，我们能安全吗？"

第十七章

继位之争

我想继续活着，继续为上帝和他的子民效力，
但我的使命已经完成了。

——奥利弗·克伦威尔

克伦威尔死后，他的长子继承大统，而他的小儿子执掌爱
尔兰，他的女婿和妹夫共同指挥军队。继位的安排仍有许多不
尽如人意之处，理查德·克伦威尔接任护国公一职的消息只有
在他父亲去世后才宣布。与他心目中的英雄和楷模人物伊丽莎
白一世一样，克伦威尔可能是因为害怕面对自己的死亡，所以
才没有为继位做好充分的准备工作。就像他拒绝国王的头衔一
样，难道是因为他害怕自己的家族卷入罪恶的权力之争吗？难
道是因为他不断祈祷上帝，可上帝并没有给他指点迷津吗？难
道是因为克伦威尔早就已经指定理查德为他的继任者了吗？

1658年8月30日，就在克伦威尔去世的前几天，瑟洛
"谈了谈"继位问题。一说到这个话题，想必就会提到理查
德·克伦威尔的名字——"但他（克伦威尔）的病情让我无法

做出最后判断"。据记载，第二天，克伦威尔病情有所好转，于是获得正式提名的希望又重新燃起，但克伦威尔仍像他毕生所做的那样，继续向上帝寻求指引，相信"上帝的事业一定260会让他坚持到最后一口气"。克伦威尔去世的前夜，他已经接受了自己行将死亡的事实，他即将走向生命的终点："我想继续活着，继续为上帝和他的子民效力，但我的使命已经完成了。"[1] 不幸的是，他留在身后的国家并没有完成它的使命。由谁来继任克伦威尔仍是个问题，护国公的回答有些试探性的味道。为了获得继任者的正式提名，他又做了最后一次尝试。8月30日，克伦威尔与瑟洛进行了简短的讨论，请瑟洛确认他的决定，瑟洛同意了这一决定。瑟洛认为，这意味着理查德是被克伦威尔提名的继任者，出席会议的十一名国务会议成员同意了这一点。他们是按照克伦威尔的临终遗愿行事，还是他们自己经过短暂考虑后做出的判断，这一切已经不得而知。

有人指出，那个在克伦威尔生前几个月还被形容为"弱不禁风"的弗利特伍德，应该是克伦威尔最相中的继位者，当然，由于缺乏证据，这只是一种猜测而已。其他人则想知道，为什么克伦威尔的继承人不是亨利，他是克伦威尔的小儿子，虽然年轻，但更有经验，政治上更精明。答案在于亨利受到两个派系的抵制，这两个派系都在争夺克伦威尔的意愿和他的政治遗产：军人派根本就不信任亨利，亨利在爱尔兰取得的伟大成绩是护国公制共和国和长老派高层利益相互勾结的产物，他们担心这可能会引起更大范围的效仿；另外，以布罗格希尔勋爵为首的文官派一直倾向于采用君主制的解决方案，强烈支持

世袭继承原则，这意味着他们必须废黜次子亨利而支持长子理
查德，不管前者在品性上比他哥哥强出多少。

理查德·克伦威尔是英国历史上毫无准备就执掌大权的国 261
家元首。他从未受到父亲的政治指导，更重要的是，他从来没
有获得他父亲的支持，建立和发展与军队的联系，而军队是这
个政权的基石。英国政治和军事史上最重要、最有优势和最非
凡的人物之一竟然被一位"像白纸"一样的理查德给取代了，
自从内战结束以来，以及在他父亲统治英国的几乎整个过程
中，理查德一直住在汉普郡的一处乡村庄园里，与妻子多萝西
过着甜蜜的生活，享尽天下太平，一直秉承长老派乡绅保守的
世界观。除了 1657 年的年底被任命为国务会议委员外，理查
德没有一点施政经验。

1658 年 6 月，理查德曾几次到英国西南部地区公开巡游，
这可能是（也可能不是）为了迎合期待他掌权的"他的人民"。
理查德很青睐这个政权的文官派，他从来没有尝试给激进的军
人派留下深刻印象，或者是向他们示好；特别是德斯伯勒，尽
管德斯伯勒与理查德有姻亲关系，却很鄙视他。由于理查德完
全没有准备好就接过护国公的职位，他现在面临的局面恐怕连
他那令人敬畏的父亲都觉得十分棘手。这不是个好兆头。但克
伦威尔的名头给了理查德一些底气和合法性，至少在他担任护
国公的早期，安德鲁·马维尔就为他谱写了一段颂词夸赞他，
或许这更多的是一种希望而不是期待吧：

　　他和他父亲一样，长久以来不为人所注意，

但私下里却得到上帝灵光的照耀，

一旦开眼，他的目光是多么耀眼如炬！ [2]

尽管理查德明显缺乏准备——可能也正是存在这方面的原 　262
因，各派才互相争权夺势——他还是欢迎来自军队和伦敦城的
宣誓效忠，因为这两方都是国家的基础。许多流亡海外的保王
党人目睹了克伦威尔政权表面上的顺利交接，尽管前景还不是
很明朗，但对新的护国公就任仍然感到很绝望。克拉伦登伯爵
谈到了国王和他的支持者处于"绝望"又"失望"的状态，当
他们听说理查德继位时，内心更是被"极度的绝望"完全占
据。理查德·巴克斯特等支持更广泛宗教自由的人对此感到由
衷的高兴，这从他发表的《神圣的英吉利共和国》这本小册子
就可以看出来，但后来为了与复辟的国王媾和又撤了回来。但
麻烦事没过多久就接踵而至。

1658 年 9 月 18 日，也就是奥利弗·克伦威尔去世两周后，
弗利特伍德发表了一份由大约两百名军官签名的讲话稿，为这
个政权的走向描绘了一条更加激进的道路。正如文官派中忠于
共和制的福肯贝格子爵所指出的那样，这种阴谋诡计将"如蛇
蝎一般歹毒"，以后不会有什么好事发生。弗利特伍德的行动
为圣詹姆斯军营中下级军官的激烈争辩打开了大门，他们中的
许多人都是偏于激进的独立派，这不禁让人想起十多年前聚集
在普特尼的那些人。这些下级军官中出现了很多新面孔，但旧
观念根深蒂固，而且激进分子兴风作浪的时代已经来临。即使
在最好的情况下，他们的薪金也一直不高，而且下级军官的薪

金经常被拖欠，即使他们口袋里有钱，也扛不了多久，由于收成不好，面包价格涨到了十年来的最高价。

　　到了 10 月，军队要求弗利特伍德接替理查德担任陆军司令，对这一无理要求，新上台的护国公自然不可能让步，最终经过调解，理查德把弗利特伍德提升为中将。在重压之下，理查德表现得游刃有余，着实令人吃惊：首先他控制住对军队的全面指挥权，把任命新军官的权力完全掌握在自己手中，然后给新任军官增加薪金，拉拢了像惠利和戈菲等军队中的高级将领。他一手提携了苏格兰驻军司令乔治·蒙克将军——他是一位非常能干的军人，善于把握权力的风向标——以及最重要的瑟洛。理查德任命自己的弟弟为爱尔兰总督，进一步巩固了他对爱尔兰的统治。

　　克伦威尔的葬礼在 11 月下旬举行，葬礼的仪式极尽君主般的炫耀，场面"盛况空前，气势恢宏"，和"詹姆斯一世的葬礼相比有过之而无不及"，下级军官本就怨声载道，这样的葬礼无疑更让他们怒火中烧。相比之下，可怜的查理一世私下被草草埋葬，一共才花费五百英镑。克伦威尔葬在萨默塞特宫供人瞻仰，萨默塞特宫是英格兰第一座重要的古典建筑，由爱德华六世统治时期另一位摄政王萨默塞特公爵爱德华·西摩修建。按照爱德华二世以来的英国王室传统（克伦威尔以准国王奥利弗的身份寿终正寝），克伦威尔的棺椁安放在床下，床上摆放已故统治者的雕像，象征着国家的统治者代代相承，只不过现在的政权过渡显得含糊不清。如果克伦威尔接受了国王的头衔，其背后隐藏的含义自然就是君主制永不消亡，只不过转交给另一个国家政体，这种含糊不清的情况慢慢就会消失。然而，"护国公"这个头衔在17世纪是一个全新的形式，能不能转让给下一任还没有经过检验。不过，这样的检验马上就会到来。

克伦威尔雕像的脚下被八根柱子环绕，上面装饰着"雕刻而成的镀金军事荣誉勋章"，衬以他生平与功绩的碑文：

奥利弗·克伦威尔

英格兰、苏格兰和爱尔兰联邦护国公。

生于亨廷登郡，

祖承格拉摩根郡威廉姆斯，

亨利八世国王授名克伦威尔。

入剑桥大学学习，后在林肯法学院深造。

内战伊始，组建骑兵队并任上尉；

被议会任命为总司令。

远征爱尔兰和南威尔士；

在邓巴大捷中大败汉密尔顿公爵和苏格兰长老会的军队；

征服了整个苏格兰；

伍斯特战役中打败查理·斯图亚特的军队。

育有两子，

理查德勋爵继承护国公大业；

亨利勋爵现为爱尔兰总督。

育有四女，

布里奇特最初嫁给艾尔顿勋爵，

> 后改嫁弗利特伍德中将;
>
> 伊丽莎白嫁给克莱波尔勋爵;
>
> 玛丽嫁给福肯贝格子爵;
>
> 弗朗西斯嫁给罗伯特·里奇,
>
> 他的祖父为沃里克伯爵。
>
> 1653 年 12 月 16 日,出任英格兰、苏格兰和爱尔兰联邦护国公。
>
> 1658 年 9 月 3 日,因患疟疾受病痛折磨十四天,
>
> 怀着极大的自信和平静的心情,
>
> 在自己的床上辞世。
>
> 生于 1599 年 4 月 25 日。
>
> 1658 年 6 月 20 日,佛兰德斯的敦刻尔克臣服于他。

这段碑文是对克伦威尔统治英国的简洁写照,在他的葬礼上并没有提到"西征计划"的失败。

克伦威尔的遗体并没有出现在他自己的国葬上,这倒符合他难以捉摸的本性。11 月 11 日,霍巴特夫人写道:"护国公大人的尸体昨晚一点钟被秘密埋葬,我想根本就不会有人看到了。"根据 1645 年 3 月颁布的《公共礼拜指南》,克伦威尔被安葬在威斯敏斯特大教堂亨利七世小礼拜堂的一个地下墓室里。正如那本简朴的礼拜手册所规定的:"无论是走向坟墓的路上还是在坟墓前祈祷、宣读和唱诗……这对死人都毫无益处,对活人也有许多伤害。所以,把这一切都放在一边吧。"

然而,在当时的英国,虽然有清教主义的清规戒律约束,但完全可以搪塞过去,给克伦威尔举办一场盛大的、非清教主

义的国葬，并配以华丽的帝王雕像。《公共礼拜指南》的确是
清教高层通过的，但推崇宗教仪式的极简主义并不代表"否决
举行葬礼时对公民的尊重以及差异化对待，葬礼可以和死者在
世时的地位和身份相匹配"。因此，护国公完全可以在遵守清
教教义的前提下按照国王的身份举行葬礼，更何况他已经无法
反对他的身后事了。即使在死后，清教主义和虚伪行径也是天
生的搭档。根据王室传统，新国王在已故国王正式下葬前应一
直秘而不宣。弗利特伍德是葬礼的主祭，陪伴在左右两边的是
里斯勒子爵和福肯贝格子爵，克伦威尔生前的战马紧随其后，
披着天鹅绒"华丽鞍具"，上面装饰着白色、红色和黄色的羽
毛。数千人排在伦敦街道的两旁，共和派分子爱德华·伯勒对
此心生厌恶，他想知道的是，如果克伦威尔还活着，是否会同
意这样做：

　　克伦威尔活着的时候我就认识他，我知道他奉行的精神，　266
我想问的是，有人在他生前征询他的同意，以举行这样的葬礼
吗？……我要说的是，我相信他会断然否决，并说我死后不应
如此操办。[3]

第十八章

回到起点

为什么他们不向自己许诺，从这一刻起应该获
得更有利的地位，而不是陷入任何可能身败名裂的
局面？

——爱德华·海德

　　1658 年年底，同样受财政问题困扰的理查德·克伦威尔在
国务会议的建议下，召集成立第三届护国制议会。1659 年 1 月
27 日，议会举行第一次会议。

　　第三届护国制议会是根据 1653 年《政府约法》颁布
之前的选举制度成立的，这意味着大多数议员（现在包括
五百四十九名议员）代表的是更为保守的行政区。尽管一直急
于筹措资金的护国公和国务会议对上流社会的意见表示赞同，
但议会还是成了现政权强烈反对者展开激辩的场所，他们以口
才流利的范恩为中心，宣泄满腔的愤怒和怨恨。会场的气氛一
度十分狂热，尽管该届议会的运行时间只有三个月，但还是让
许多议员畅所欲言。

2 月 18 日，该政权的共和派反对者向议会提交了一份请愿书，明确表达了他们要同军队合作，一起推进军人统治的意愿（尽管军队在这方面并没有完全取得成功），其目的是削弱 ²⁶⁸ 护国公的权力。法国大使颇为瘆人地引用了当年身处困境时查理一世所说的一句话，认为理查德的反对者正试图将他的权力削减到像"威尼斯共和国执政官"那样（查理一世曾担心他的权力到头来只相当于苏格兰王国中的威尼斯公爵）。¹ 但是，由于共和派无法说服议会支持他们的事业，加之理查德继续控制军队，这次请愿未取得任何成果。议会议员承认了"另一议会"的合法性，这对已故的克伦威尔来说弥足珍贵，这让一些世袭贵族重返议会，而且议会对苏格兰和爱尔兰议员也没有任何敌意。议会似乎意识到当前迫切需要资金，特别是考虑到瑞典和丹麦之间的冲突正在加剧，荷兰已经卷入其中。波罗的海是海军重要的物资来源地，一直是克伦威尔垂涎三尺的战略要地之一，新议会对此心知肚明。在议会的批准下，经验丰富的爱德华·蒙塔古上将被派往东部地区。到 4 月初，国内局势似乎已经稳定下来，但后来情况却变得更糟糕。

共和派对议会的决定十分沮丧，他们把抗议活动扩展到大街小巷，特别是争取初级军官和普通民众的支持，把范恩的《兹供考虑和解决的治愈问题》作为未来实现共和政体的蓝图。他们把矛头指向那些在 1653 年结束了短暂的"清白和朴素"时期的议员，这些议员抛弃了长期议会，彻底浇灭了成立共和国的希望。他们坚持认为，那些赞美君主制、不信任军队的议员已经误入歧途。

4月初，理查德鼓起勇气，像他父亲当年可能采取的措施一样，召集成立一个军官委员会，用以对抗军队的愤怒情绪。弗利特伍德和德斯伯勒化解军队怨气的努力似乎奏效了。269 4月6日，军官委员会向议会提出申请，要求反对保王党，解决拖欠军人薪金问题，但没有提出进一步的要求。然而，到那时为止，军队和议会陷入了一场针锋相对的斗争之中，因为4月7日提交给议会的财政收入报告显示，国家财政已经陷入灾难性状况。拖欠的军费近九十万英镑，国家债务达两百五十万英镑，财政收入年度缺口接近三十五万英镑。这种状况肯定无法维持下去，但议员的反应却是质疑账目有假，而不是想办法找到长期稳妥的解决方案，以彻底解决不断恶化的财政现状。

军人派开始发起反制，在伦敦街头散发小册子并进行布道，回忆被上帝拣选的人民在背叛之前为"古老而美好事业"奋斗的"纯真时代"，并指出应建立一个新的"由共和人士、分裂教派成员和士兵组成的三方联合执政集团"，他们声称将净化这个国家并带领它回到上帝的应许之地。[2]

反过来，这只会激起议会中激进分子的反对。议员投票否决了选举两名重要的前少将军政官进入议会的提案，他们便是被解除军职的威廉·帕克和理查德·李尔本。弗利特伍德和德斯伯勒注意到了这两人在沃林福德宅邸的大本营，特别担心雄心不减的约翰·兰伯特再次掀起波澜，他一直与激进的下级军官保持联系。然而，如果他们的目的是为了驯服军队中最激进的分子，那么他们的努力肯定会以失败告终。随着议员越来越公开地挑战军队的利益，军队中的过激分子从没像现在这样愤怒。议会以最具挑衅性的方式弹劾了充满信心的博特勒，理由是他在少将军政官统治期间错误地处置保王党人。军队的宗教宽容政策也受到了攻击，当时议员呼吁公众禁食，以此表达对许多军队激进分子信奉的宗教信仰和"亵渎上帝"行为的忏悔。

4月18日，也就是理查德召见高级军官讨论怎样以万全 ₂₇₀之策应对危机的一天后，他做出了决定自己命运的举动：宣布解散军官委员会，责令其成员离开首都。德斯伯勒和弗利特伍德善于驾驭各方面信息，他们公开表示效忠理查德，但这次他们和理查德一样，已经失去了控制事态的能力。4月21日，一些绝望至极的议员提出动议，将军队置于议会的控制之下。共和派和下级军官不会参与任何"弥合那个破败不堪的政府"的企图。弗利特伍德和德斯伯勒呼吁解散议会，撤回他们对军队的指控，并与理查德一起竭力挽回军队的忠诚。理查德在军队的支持率迅速下降，他于1659年4月22日被迫解散了第三届护国制议会。这将是理查德最后一次操纵议会。

高级军官全天二十四小时在沃林福德宅邸紧急召开会议，试图找到一个能够继续维持护国公制的解决方案，即便以后理查德只不过是个傀儡。会议没取得任何成果。军队发现自己又陷入了恰好六年前（也就是1653年4月）那样的境遇，完全失去了统治地位，束手无策。军队淹没在伦敦铺天盖天的小册子的谩骂中，这些小册子把那些高级军官斥为"寄生虫""娼妓""叛徒"[3]。要求恢复长期议会的呼声越来越高，那些被奥利弗·克伦威尔解职的军官（包括帕克）重新夺回指挥权，而忠于理查德的军官则被罢黜。兰伯特曾在 1659 年的议会中担任庞蒂弗拉克特议员，他谴责理查德"纯属伴郎的角色"，但就是这么一块扶不上墙的烂泥巴又被推上位。布罗格希尔勋爵回到了爱尔兰老家。

1659 年 5 月 7 日，遭到军队激进分子强烈反对的护国公制轰然倒塌。一个新老参半的议会以"残缺议会"的形式被允许重新组建，但条件是以"元老院"取代现有的国务会议和上议院，允许改革法律和教会的军人派加入元老院，实行宗教自由政策。理查德在获得国家提供的遣散费和土地的条件下辞去护国公职位[①]。克伦威尔的统治就此宣告终结。

这位被罢免的护国公一直在与苏格兰和爱尔兰军队秘密谈判。但是，蒙克将军虽然知道他属下的感受，以及他们准备从长计议、坚持长期斗争的打算，他还是选择支持议会。理查德的弟弟亨利虽然掌管爱尔兰，但考虑到爱尔兰军队长期被拖欠军费的可怜处境，以及爱尔兰军队的规模根本无法与英格兰军队抗衡，他从实际情况出发没有率军支援兄长。亨利辞去了爱尔兰总督的职位。

对一手促成护国公制倒台的分裂教派、共和派和军队激进分子，他们对英国未来的愿景几乎得不到任何响应，当然也不

---

① 这位"摇摇欲坠的家伙"（理查德·克伦威尔的绰号）将在流亡二十年后回到英国生活，在汉普郡的赫斯利村落脚，直至 1712 年去世，享年八十五岁，是伊丽莎白二世之前寿命最长的英国国家领导人。

代表英国绝大多数人民的意愿，包括有产阶层也是一样。有产阶层都是当地"与生俱来"的统治者，这些人在议会占有一席之地，他们再清楚不过地表达了自己站在军队中"圣徒"一边的立场。至于新成立的残缺议会，其议员受到重新登场的第五王国派的警告，这一派呼吁成立由七十名虔敬之人组成的类似古犹太的"最高评议会兼最高法院"（其完全就是失败的贝尔朋议会的翻版），他们的奋斗目标仍然停留在 17 世纪 40 年代，残缺议会自然不会和这些千禧年少数派走得太近。只有六十五名议员的残缺议会开始着手清洗地方民兵部队的特派员，妄图改革治安法官制度，因此很快又将被地方势力疏远。乔治·布兹爵士是柴郡的重要势力，他将在 1659 年 8 月领导一场被兰伯特镇压的不切实际的保王党叛乱，布兹将政府的种种举措描述为"最卑鄙的极端分子"的伎俩，把贵族和"深明大义的下议院议员"得罪得一干二净。这就是举国上下对当时议会的看法。理查德继任护国公曾经得到广大城镇、行政区和郡县"自然统治者"的拥护支持，他们正是那些反对少将军政官统治的人，但喜爱残缺议会的却是那些五花八门的教派分子和激进分子。

272

残缺议会中更务实的议员清楚，他们的执政根基非常薄弱，因此同意该届议会的运行时间不超过一年，并着手完成维持共和政体的任务，可实际上几乎没有人对此感兴趣。不出所料，尽管大委员会每周都会召开一次会议讨论这些问题，残缺议会的任务最终还是失败了。在这场被许多人视为开启第二次革命的政治动荡中，议会赦免了詹姆斯·内勒的罪名，并将这

位前贵格会煽动者从监狱释放。英国西南部各郡这些令政府头
疼的地方以及威尔士，现在都落入了第五王国派、贵格会教徒
和其他教派的手中。当地治安法官怀着厌恶之情全部辞职，取
而代之的则是贵格会教徒走马上任。苏格兰军队遭到激进分子
的清洗。爱尔兰海的对岸也同样如此，亨利·克伦威尔被一个
由五位"圣徒"组成的委员会所取代，其成为浸礼宗重新崛起
的强大力量。不过，就算他们是革命者，也是四分五裂的革命
者。自从 1649 年查理一世被处死以来，议会和军队之间的分
歧便决定了英国政体，军队仍然是这个政体的根基。兰伯特在
军官委员会的命令下恢复了对军队的指挥权，并在布兹发动暴
动前就职。布兹以前忠于议会，是柴郡一位举足轻重的人物，
1659 年 8 月，他在保王党暴动中不顾一切地想夺回他的郡以
及邻近兰开夏郡和北威尔士部分地区的控制权。兰伯特曾因为
军队做出的突出贡献而获得价值连城的宝石，为了给陷入绝望
的军队支付军费，他卖掉了宝石。8 月 19 日，兰伯特在柴郡的
温宁顿桥之战中一举击溃布兹的骑兵部队，一周之内收复了包
括切斯特在内的所有失地。

273

*

　　保王党人丢掉了很多幻想，希望以更现实的态度与以前的
敌人建立有益的联盟，以期完成查理·斯图亚特的复辟事业。
他们向所谓的"君主派"发出恳求，比如布罗格希尔勋爵、圣
约翰、怀特洛克和沃尔斯利，以及克伦威尔的女婿约翰·克莱
波尔、纳撒尼尔·法因斯、约翰·格林和菲利普·琼斯，他们
大多数是律师出身。此外，亨利·克伦威尔、瑟洛以及苏格兰

军队司令蒙克将军都成为保王党求助的目标。历史学家米兰达·马林斯把这些人称为"君主主义克伦威尔派",这是因为他们忠于克伦威尔家族,坚持采用君主制解决方案。[4]

文官派所寻求的温和君主制解决方案正面临着灾难。另外,曾对克伦威尔就任护国公深感沮丧的保王党流亡宫廷感觉到,军队和被清洗的议会两者间形成的疏离与政治混乱,正好给保王党提供了可乘之机。海德耐心等待时机的务实思想和政治理性开始取得成效,他将目光投向了文官派中忠于克伦威尔的人,将其视为回归真正斯图亚特君主政体的渠道。他相信,那些曾希望克伦威尔接受国王头衔的人,他们的目的无非是为了使克伦威尔政权及其继承合法化,因此最终将为采取最传统的宪法解决方案敞开大门。他们希望恢复权力的是理查德·克伦威尔,还是查理·斯图亚特?从长远来看,谁最有可能成功,谁最有可能存续下去? 1659年6月,弗吉尼亚未来的总督卡尔佩珀勋爵在与海德通信时表示,他相信,失去"金牛犊"(即金钱)支撑的"君主派"必然会意识到,"除了王位的真正拥有者,他们不可能另立君主"。

"君主主义克伦威尔派"的成员从不同的角度看待这个问题。尽管有些人(如蒙塔古和布罗格希尔)通过回归自己的产业,刻意与新成立的共和制政权和重新得以恢复的残缺议会保持距离,但那些没有多少资产的人,如怀特洛克、圣约翰和瑟洛,他们仍然需要在伦敦为政府效力,以从法律工作中获得维持生计的收入。

各路政治人物在这个所谓的"良知时代"被责任和个人利

益的冲突裹挟撕扯。如果一个人财力雄厚，而且远离政治旋涡，那么他很容易做到问心无愧。海德知道，单凭"良心和忏悔"不太可能让人"失去所有已经得到的东西"。对于之前的敌人，只要能使其转变阵营，成为自己的盟友，共同重建君主制，就应该对他们的过去既往不咎，不管他们做过什么以及忠诚与否。5

海德的第一个策反目标是被废黜的理查德，保王党特工约翰·莫当特与理查德取得了联系，但仍然忠于共和政权的瑟洛和圣约翰竭力进行了阻止，这让海德感到非常困惑，他问瑟洛和圣约翰："为什么他们不向自己许诺，从这一刻起应该获得更有利的地位，而不是陷入任何可能身败名裂的局面？"

海德把拉拢圣约翰一事放在特别重要的位置，他认为，"说服圣约翰归顺应该完全有可能，通过给国王效力并重新建立他一直寻求为克伦威尔实现的'古老根基'，他会从中获得最大的安全保证，取得前所未有的成绩"。反复劝说圣约翰没取得什么成效后，海德盯上了"君主主义克伦威尔派"的另一拨人，也就是他们当中的金融财阀或军事寡头，尤其是贵族出身的蒙塔古。蒙塔古在收到查理·斯图亚特的亲笔信后显得受宠若惊，在信中，流亡在外的国王向他保证自己"完全出于真心实意"，而且请他帮助恢复"我正当的权利以及国家长期以来从你身上剥夺的幸福"。查理得知，蒙塔古"对克伦威尔忠心耿耿"，但他"痛恨现在掌权的人"。布罗格希尔虽然没有收到查理的亲笔信，但维利尔斯向他保证，国王认为他也是一位"以后可能对他帮助最大的人"，作为回报，他将得到"国王所能给予的一切"的保证。

保王党的行动并没有让它期待的人回心转意。1659 年 6
月，马扎然主教向理查德做出郑重承诺，法国将为他重新执
政提供军事援助。马扎然知道，这一举措很可能会导致理查
德和他盟友的覆灭，法国的声誉也会因此蒙羞。法因斯报告
说，瑟洛和以前的克伦威尔一样，继续寻求他们认为已经失
去的上帝的指引："上帝的旨意认为这样处置英格兰政府是合
适的，所以除了顺应天意再无其他。"他们一直没放弃让理查
德重新掌权的梦想，正如蒙塔古在 1660 年 3 月对日记作家塞
缪尔·佩皮斯所说的，为了"恢复护国公执政"，他们"仍在
付出巨大的努力"。但是，从某种程度上来说，他们太过于一
厢情愿了，因为重新把护国公扶上位几乎不太可能实现，而
且随着时间的推移，这种机会也越来越小，他们越来越觉得
理查德根本就不想接受这样的建议。他们把理查德比作《圣
经》中所罗门王的儿子罗波安，罗波安对大臣的意见置若罔
闻，因此失去了他的王国。蒙克将军以军事指挥官的冷静判
断认为，理查德已经"自暴自弃"，否则他为什么会"辜负了   276
我对他父亲的承诺，或是对他的记忆"。许多人长期以来一直
担心的事情正变得越来越明显，甚至连克伦威尔的拥护者也
不得不承认：这个政权完全依赖奥利弗·克伦威尔一个人，政
权存续的基础也随着他的逝去消失了。值得庆幸的是，布罗
格希尔勋爵一干人等本着务实的思想已经讨论过这种危机，
他们还没有被现实彻底抛弃。

残缺议会或"被清洗的议会"继续在军队内外争吵不休，

但没有取得任何效果，谁也控制不了谁。1659 年 10 月 27 日，两周前通过政变夺取残缺议会权力的军队增选了一些顺从的文官议员，由此成立一个安全委员会，兰伯特是该委员会的重要成员。他们的计划（如果可以称之为计划的话）是召集大约六十名议员组成"元老院"，然后重新启动残缺议会，直到双方达成解决问题的一致意见。实际情况是，没有足够的议员愿意加入所谓的"元老院"。蒙克将军是克伦威尔派军官中唯一一个支持文官派的军官，他清除了自己手下激进的军人，动用苏格兰军队支持残缺议会，这一决定使他与英国北部兰伯特的军队陷入对峙状态。

　　当军队在 10 月份发动反对议会的政变时，蒙克将军似乎已经决定破釜沉舟，率领他在苏格兰的军队"跨越卢比孔河"①。尽管英格兰和爱尔兰的所有军队（除了保持中立的赫尔）仍然效忠该政权，但蒙克于 11 月 3 日宣布支持残缺议会。蒙克利用政治执法者（这不禁让人想起苏联的政治委员）对手下严加看管，他要的是绝对忠诚：有一百多名军官被解职，由于蒙克拒绝雇佣苏格兰军队，这是一个重大损失。蒙克的赌注已经高得不能再高，他的地位自然也就更加风雨飘摇。这是蒙克与兰伯特两人的对决：一位是倾向于君主主义的乐观派指挥官，沉着而有耐心，终日沉迷酒精；一位是光芒四射的唯美主义者，希望通过选举统治天下。

---

①　在西方，"跨越卢比孔河"是一句很流行的成语，意为"破釜沉舟"。这个习语源自公元前 49 年，恺撒破除将领不得带兵渡过卢比孔河的禁忌，进军罗马与格奈乌斯·庞培展开内战，并最终获胜的典故。（译者注）

　　兰伯特率部向北直抵纽卡斯尔，他的手下有许多贵格会教徒，蒙克对贵格会憎恶至极。到 11 月 15 日，两军似乎陷入某种脆弱的休战状态，但蒙克将军开始占上风。到了冬季，对垒的双方无法发动军事行动。伦敦的安全委员会开始与蒙克的代表接洽，这阻止了兰伯特部队的进军。兰伯特手下的士兵穿着破烂不堪的鞋，有的甚至赤着双脚，他们领着非常微薄的军饷，况且也并不愿意攻打自己的同胞，而蒙克的部队在苏格兰横征暴敛，士兵收入相对较高。

　　伦敦的形势同样很危急。有钱人正携款逃离这座城市，学徒工聚众闹事，拥护共和政体的人密谋攻占伦敦塔，但因被提前揭发而作罢。面对混乱，弗利特伍德的军队正分崩离析。怀特洛克建议弗利特伍德在蒙克之前向国王媾和。毕竟，如果蒙克先他一步帮助国王恢复王位，他将处处受蒙克的节制，这不是明摆着的事吗？怀特洛克害怕复辟后的斯图亚特一手遮天，呼吁弗利特伍德以军事手段迫使国王服从。布罗格希尔勋爵谈及了他的理想，希望自己这一代人拿生命换来的"宝贵权利"能够得到维护。弗利特伍德已经无力控制手下的军队，他在圣诞夜辞去挟制议长的军人职务。议长让残缺议会的议员秘密返回，他知道需要通过选举来壮大议会的势力，尽管这届议会承诺在 1659 年 5 月 7 日前自行解散。1659 年 12 月 3 日，黑塞尔瑞格最后一次铤而走险，率领一支共和派军队夺取了朴次茅斯。朴次茅斯驻军发生哗变，宣布支持议会。十天后，停靠在唐斯的舰队表示支持残缺议会，爱尔兰的军队也是如此。

278

随着弗利特伍德放弃军队指挥权，军官委员会随之解散，蒙克在苏格兰特威德河冷溪镇附近这个破釜沉舟之地集结部队，率部向南赶往五百三十五公里以外的伦敦城。兰伯特曾试图召集部队南下，为捍卫共和制殊死一搏，无奈手下的将士们忍饥挨饿，最终抛弃了他。兰伯特的前指挥官托马斯·费尔法克斯（双方一直都竭力争取的对象）率领约克郡军队投奔议会。兰伯特在获得一笔补偿金后彻底放弃了，他的"投降"仅仅是因为手下已无兵可用。政府命令他退休回到家乡约克郡，但有人指控他在伦敦煽动叛乱，呼吁将其绳之以法。1660 年 3 月 5 日，兰伯特请求准许他在瑞典的军队服役，并在国务会议上发表了讲话。由于无法缴纳高达两万英镑的保证金，兰伯特被关进伦敦塔，4 月 10 日，他从那里逃脱。兰伯特的名字和埃奇希尔这个地名还有一段奇闻轶事①，内战中议会军取得第一次伟大胜利的埃奇希尔战役就发生在那里，当国王的回归几乎没有任何悬念之际，兰伯特纠集六支骑兵部队在埃奇希尔进行了最后一次无谓的反抗。4 月 22 日，兰伯特和他疲惫不堪的部队在达文特里附近遭到一小股议会军的袭击，全部被俘。兰伯特时年四十一岁，他以后的人生将在囚禁中度过。兰伯特是英国历史上最伟大的军事统帅之一，也是英国历史上最悲惨的人物

---

① 据史料记载，议会军和国王军队在埃奇希尔厮杀的场景两个月后在英国凯东地区的上空重现，这一天是 1642 年 12 月 24 日，从零点到子夜一点，当地人仰望天幕，目击了国王军队被议会军击败的全过程。圣诞节那天又神奇般地出现了同样一幕。这个消息轰动了整个英国，当时查理一世还派了一位上校和三位随从前去实地调查，国王的代表不仅亲眼看见了重现埃奇希尔战役的场面，还认出了一些参战的将领。（译者注）

之一。

那些留在首都的士兵拒绝服从指挥，而因政变被驱散的议员则获邀返回残缺议会。随着蒙克的部队进驻首都以及长期被排斥在外的议员重新回归议会，许多"君主主义克伦威尔派" ²⁷⁹ 成员再次出现在公众面前。瑟洛重新担任国务大臣，恢复议员身份的蒙塔古被任命为国务会议委员兼海军将领。同样，布罗格希尔也重返政坛，并被任命为爱尔兰事务专员。见证这一时刻的保王党人仍将蒙塔古视为主要倚赖目标。蒙塔古似乎与瑟洛和圣约翰有了隔膜，他们两人仍然怀疑君主主义，部分原因是他们和克伦威尔曾经并肩作战，把一生奉献给了这个政权，而其他人则没有这么深的感情。据报道，蒙塔古宁愿看到国家安定下来，"就算我全家为此蒙难也在所不惜，而且我知道我肯定是这个下场"。但查理在私下写给他的信中让他放心，王室把蒙塔古看作"功臣"。1660 年 4 月，蒙塔古已经委身于查理，成了他"恭敬而忠实的仆人"。蒙塔古向佩皮斯坦言，自己经常和国王及其政党通信。5 月 3 日，蒙塔古公开宣布支持查理复辟。其他人则获准有自由选择的余地，而圣约翰对斯图亚特深恶痛绝，为了原则性问题甘愿放弃一切。

*

1660 年 5 月 8 日，查理·斯图亚特在没有任何附加条件的情况下恢复王位：在此之前的 1660 年 4 月下旬，蒙克召集"非常议会"已经宣布查理·斯图亚特为国王。正如"君主主义克伦威尔派"中对斯图亚特最有好感的蒙塔古所观察的那样，复辟的国王可能不会把持王位多久，除非他表现得"非常清醒且施政良好"。克伦威尔早就给查理·斯图亚特下了定论，说他"骄奢淫逸，早晚有一天会把我们所有人全毁了"，不过，细致分析这位新国王的野心后，结果倒很让人宽慰，这位护国公认为，对待这位国王最好的办法就是"让他有一个扮俏女人的肩膀可靠，外加一个娼妓供他玩耍，他想要的也就这些"。斯图亚特在期盼他回归期间的 4 月 4 日发表了《布雷达宣言》，许多人相信，这份宣言足以保证人民的财产权不受侵犯，也让那些"柔心弱骨之人"吃了定心丸，因为他们曾经担忧宗教政策再次收紧，增加许多限制。然而，后来的实际情况却是，复辟的国王残酷推行《克拉伦登法典》①，该法典要求公职官员必须信仰英国国教（因此，天主教徒和不遵奉圣公会的新教教徒实际上被禁止参与公共生活），而且在教堂做礼拜时强制使用《祈祷书》。"教堂"和"小礼拜堂"之间的划分或许会成为内战最明显的遗留问题，从此以后将一直伴随英国人的生活。②

280

---

① 《克拉伦登法典》是 1661—1665 年间英格兰通过的一系列法案，重申英国国教在 1660 年"清教徒革命"失败后至高无上的地位。其中最重要的法案是"市镇机关法"和"尊奉国教法"。法案承认不尊奉国教是合法的，但对不信国教者的活动增加了许多限制。（译者注）

② "教堂"和"小礼拜堂"体现了新教与天主教的对立。16 世纪，宗教改革在西欧爆发，出于各种现实与宗教利益的考虑，以国王为首的英国宗教改革通过立法的形式对死亡问题做出了一系列新的规定，主要体现为摒弃炼狱信仰、禁止兜售赎罪券、坚持《圣经》至上、取消夜间守灵和安魂弥撒等。由于国家对这些规定的强制推行，大批附属于教堂的小礼拜堂被强制没收，赎罪券也得到了禁止，官方立场在新教狂热分子和天主教徒之间确实产生了一定影响，但不可否认的是，占全国人口绝大多数的普通人，他们的思想还是趋向保守的。在这种情况下，即便这是在受新教影响较深的英格兰南部和东部地区，天主教传统依然强有力地影响着人们的日常生活。（译者注）

　　克伦威尔胁迫下的英伦三岛联盟就此结束，这令许多苏格兰人欢欣鼓舞，尽管其削弱了英国作为欧洲重要强国的地位，且整整半个世纪内都不会重新获得这种地位。历史证明，克伦威尔对爱尔兰的征服让当地天主教精英走向了没落，天主教徒被迫将所有权利和土地永久性地交到新来的新教教徒手中，他们失去了一切，从此再也没有夺回来。爱尔兰人政治观点的突出标志就是仇恨克伦威尔，这种仇恨代代相传，直到现在都看不出有任何减弱的迹象，英国其他地方也是如此，至少在英国人看来，克伦威尔这个分裂制造者的形象一直没变。尽管如此，很多史料都可以证实，克伦威尔本人性情宽容，真诚渴望宗教自由，具备卓越的军事指挥才能。若论军事才能，这一点或许有高估的成分，试问有谁能否认费尔法克斯和兰伯特的高超战略智慧。克伦威尔最不为人所知的地方要算他的因循守旧，这常常让他与更激进的支持者发生冲突。最重要的是，查理一世才是"革新者"，他满脑子都是欧洲绝对君主制的新奇想法。克伦威尔宁愿固守某种形式的古代宪法——尽管他不止一次屈服于现实"残酷的需要"，因为他的每届议会都和他的理想相去甚远。最终，他的国家也很让他失望，他本来希望这个国家应该更圣洁一些。在这方面，现代有个历史人物倒可以和克伦威尔相提并论。试想一下这个人是谁：此人生于东英格兰地区，不信奉英国国教，质疑但不绝对反对君主政体；主张北爱尔兰继续为英国的一部分，但并不理解爱尔兰人；勇敢地主张采取军事行动，给继任者留下一大堆烂摊子。想到这个人是谁了吗？玛格丽特·撒切尔似乎就是从护国公身上扒下来的模子，而议会大厦附近的一座雕像可能也需要同样长的时间才能为她竖立起来。

*

1660 年 5 月 29 日，在查理·斯图亚特三十岁生日那一天，他以国王查理二世的身份进入伦敦城，都城内"花瓣满地，钟声宣鸣，街道铺着花毯，喷泉喷涌着葡萄酒"。从那时起，5 月 29 日这一天被定为"皇家橡树日"，举国欢庆以纪念九年前国王在伍斯特战役后获救，当时他躲在博斯科贝尔庄园一棵橡树的大树枝上，从而逃过了议会军的搜捕。庆祝活动猥亵诙谐而不出格，摆脱了清教教义对人的严格束缚，期间会合唱罗切斯特的荤曲《羊人查理二世》[①]：

在基督教世界里纵情声色，

他成了君王，哦！愿他万寿无疆，

这快活而逍遥的国王。

克伦威尔从来没有享受过这样的待遇。[6]

行经泰晤士河时，给新国王伴驾的是威廉·佩恩，他曾和罗伯特·维纳布尔斯一起指挥西印度群岛远征军，就在那次西征中，神圣的天意第一次抛弃了克伦威尔政权。"西征计划"的失败以及佩恩回国后被囚禁在伦敦塔，让保王党幸灾乐祸。282

---

① 羊人是希腊神话中一种半人半羊的怪物，长有羊角、羊耳和羊的后脚。它们是酒神的随从，嗜酒而好色，代表了羊群强大的繁殖能力，以高超的性技巧和不知满足的性欲而著称，现在成了色情狂的代名词。（译者注）

获释后，颜面尽失的佩恩回到他在科克郡的老家，他的儿子已改宗贵格会，开启了一段未来发现北美宾夕法尼亚州的旅程。佩恩赢得了国王的好感，被委任为海军特派员，在此期间和佩皮斯结为朋友。佩皮斯常在日记中提起他，说他最开始"得意洋洋"，就想成个"大反派"，私底下的他和人前完全不一样。1669 年 2 月 24 日，威廉·佩恩在沃尔瑟姆斯托去世，当时他已成为举足轻重的大人物。[7]

还有一个人物也在查理二世复辟时蒙上帝的垂青：丹尼尔·欧尼尔。从装扮成女人从伦敦塔逃跑开始，他就一直忍受各种磨难，最终也因此收获良多。这位查理最勇敢、最聪明的保王党特工为国王的事业奋斗了十多个年头。他对国王的忠诚不容任何质疑。虽然欧尼尔没有被加封晋爵，但他与贵族绝无两样，他几乎可以随意挂名任何职位：他在采矿业有收益权，而采矿业将成为英国未来工业革命的基石；他垄断了英国的火药制造和销售；他成了圣詹姆斯公园管理人和伦敦建筑事务专员。所有这些让他成了复辟后的君主王国中最富有的人物之一，他在异常艰难困苦且危险重重的环境下秘密为国王效力这么长时间，上帝把这一切都看在眼里，让他坦然无愧地享受应得的胜利果实。欧尼尔在白厅去世，这里接近英国政治权力的中心；这里曾目睹查理一世被处决；这里曾诞生过一个新的政权，这个新政权的根基并不明朗，充满矛盾和冲突，最后被上帝抛弃；这里见证了查理二世于 1664 年 10 月 24 日复辟君主制。[8]

蒙克将军很快就会晋升为阿尔伯马尔公爵，他将得到国王

的封赏，获得英格兰北部卡罗莱纳大片的封地以及伦敦城丰厚 283
的地产，这些地产直至今天仍以他的名字命名。蒙克有个表弟
叫托马斯·莫迪福德，起初没什么钱，至少一开始是这样的。
在出兵加勒比海地区西印度群岛这个事情上，托马斯·莫迪福
德比托马斯·盖奇更谨慎。莫迪福德曾是保王党人，为了获得
克伦威尔的青睐，他"充满鄙夷地公开声明与斯图亚特划清界
限"。查理二世复辟并没有给莫迪福德带来什么好处，反而被
判叛国罪。蒙克出面干预，他的这位表弟因国王陛下仁慈的大
赦而免于获罪。此外，蒙克被任命为国王的涉外事务皇家委员
会主席，他把莫迪福德派到牙买加岛任总督，这在当时不见得
是梦寐以求的好差事，但对曾因叛国罪被判死刑的人来说绝对
是根本的改观了。莫迪福德在巴巴多斯岛生活多年，有着丰富
的海外经验，加上他一直琢磨怎么占领莫斯基托斯海岸，1664
年，莫迪福德带领八百名巴巴多斯岛上的助手前往牙买加岛。
几个月后，他的妻子和他那一大家子人也将一同来到牙买加
岛。在那里，莫迪福德私下引爆了一场与荷兰人的战争。1665
年，荷兰与英国以及西班牙正式宣战，这违背了蒙克涉外事务
皇家委员会的既定政策。蒙克在写给国王的一封信中表示，他
希望英国人能像"聪明的罗马人"一样，"相信他会做出正确
的决策"，而这些决策并非总是"远在天边的聪明人所能想象
得到的"[9]。牙买加岛是在失去普罗维登斯岛的情况下获得的，
在未来的一个世纪时间内，这座岛屿将在莫迪福德这样的人的
带领下，发展成一个靠残酷压榨奴隶的世俗的强大经济体，满
足大西洋彼岸对蔗糖的无尽渴求。这个地方距离英伦半岛几千

公里，在英国不可能存在的奴隶在这里却遍地都是，遭受着难
以想象的苦难；在这里，无论奴隶乐意与否，英国人都享受着
剥削奴隶的神圣自由。回首过去，当年远征西印度群岛的计划
萌生于对自由的渴望，在满足上帝旨意的焦虑不安中最终成
形，但却给那个世界带来了难以置信的痛苦。

注 释

序言　清教徒先驱

1. Philip Bell writing to Nathaniel Rich, March 1629, in Vernon A. Ives(ed.), *The Rich Papers: Letters from Bermuda, 1615–1646* (Toronto, 1984), pp. 319–21, quoted in Karen Ordahl Kupperman, *Providence Island 1630–1641: The Other Puritan Colony* (Cambridge, 1993).

2. For an outstanding account of the role played by Puritan grandees inthe outbreak of the Civil Wars see John Adamson, *The Noble Revolt: The Overthrow of Charles I* (London, 2007).

3. Calendar of State Papers: Colonial Series, vol. 1, p. 124.

4. Arthur Young, journal entry for July 30 1787, *Travels* (London, 1794),vol. 1, p. 51.

5. See the discussion on the Second Debate on Policy concerning theWestern Design analysed in Timothy Venning, *Cromwellian Foreign Policy* (New York, 1995), pp. 58–61).

6. Lord Brooke, *The Nature of Truth* (London, 1640).

7. Discussed in Kupperman, p. 178.

8. Providence Island Council correspondence to Governor Philip Bell,Kupperman, p. 65.

9. Andrew Foster 'The Clerical Estate Revitalised', in Kenneth Fincham(ed.) The Early Stuart Church, 1603–1642 (London, 1993), p. 146.

10. Rudyerd writing to Governor Philip Bell 1633, quoted in Kupperman, 'A Puritan Colony in the Tropics: Providence Island, 1630–1641', in Ralph Bennett (ed.), *Settlements in the Americas: Cross-Cultural Perspectives* (Plainsboro, NJ, 1993), p. 240.

11. British Library, Sloane Manuscript 758.

12. John Winthrop, *A Journal of the transactions and occurrences in theSettlement of Massachusetts, and the other New England Colonies, from the year 1630 to 1644* (London, 1790), p. 202.

13. William H. Clark, *The History of Winthrop, Massachusetts 1630–1952*(Winthrop, MA, 1952), p. 78.

14. Description dated 17 June 1640, analysed in Alison Games, 'The Sanctuarye of our Rebell Negroes: The Atlantic Context of Local Resistance on Providence Island 1630–41', in *Slavery and Abolition*, 19/3 (1998), pp. 1–21.
15. Quoted in C. H. Firth (ed.), *The Clarke Papers*, vol. 3, p. 207.

第一章　迈向护国公制

1. Richard L. Greaves, *Glimpses of Glory: John Bunyan and English Dissent* (Stanford, 2002), p. 64.
2. Canne's polemics at this time include *The Discoverer* and *Wherein is set forth* (both 1649).
3. Letter from Cromwell to Speaker William Lenthall, 21 July 1651.
4. Cromwell's speech to the First Protectorate Parliament, 4 September 1654.
5. Cromwell's speech to the First Protectorate Parliament, 12 September 1654.
6. Declaration of the Lord-General and his Council of Officers, 22 April 1653.
7. Mercurius Elencticus, no. 58 (26 December 1648–2 January 1649), p. 551.
8. Speech in the Council Chamber 4 July 1653.
9. Clarendon, quoted in Austin Woolrych, *Commonwealth to Protectorate* (Oxford, 1982), p. 165.
10. Blair Worden, 'Cromwell and the Protectorate', collected in Worden, *God's Instruments: Political Conduct in the England of Oliver Cromwell* (Oxford, 2012), p. 230.
11. Cromwell's 'queries' to the Governor of Edinburgh Castle, 12 September 1650.
12. Quoted in Worden, *God's Instruments*, p. 42.
13. Charles Carlton, *Going to the Wars: The Experience of the British Civil Wars 1638–1651* (Abingdon, 2004), p. 191.
14. Edward Hyde, Earl of Clarendon, *The History of the Rebellion and Civil Wars in England*, vol. 2, p. 871.
15. Letter from Cromwell to Speaker William Lenthall, 4 September 1650.
16. W. C. Abbott, *The Writings and Speeches of Oliver Cromwell*, vol. 2 (Oxford, 1989), p. 386.
17. Clarendon Manuscript 47, folio 113.
18. P. A. Chéruel, *Lettres du Cardinal Mazarin* (Paris, 1872–1906), vol. 6, p. 464, quoted in Blair Worden, 'Oliver Cromwell and the Council', in Patrick Little (ed.), *The Cromwellian Protectorate* (Woodbridge, 2007), p. 94.
19. Peter Gaunt, '"The Single Person's Confidants and Dependents" :Oliver Cromwell and his Protectoral Councillors', in *Cromwell and the Interregnum* (Oxford, 2003), p. 96.
20. See David L. Smith, 'English Politics in the 1650s', in Michael Braddick (ed.), *The Oxford Handbook of the English Revolution* (Oxford, 2015), pp. 191–2.

第二章 新旧世界

1. Thomas Gage, *The English-American: A New Survey of the West Indies 1648* (El Patio, Guatemala, 1928).
2. See Allen D. Boyer's entry on Gage in the *Oxford Dictionary of National Biography*.
3. See David Armitage, *The Ideological Origins of the British Empire* (Cambridge, 1996).
4. Thurloe State Papers, vol 3, p. 60.
5. 'The Secret Discovery which Don FENNYN, a Spanish Secretary, made to the Duke of Buckingham, in the year 1623, at Madrid', *Clarendon State Papers*, vol. 1, p. 14.
6. Hugh Trevor-Roper's review of Christopher Hill's *Intellectual Origins of the English Revolution in History and Theory*, 5 (1966), p. 77. I am indebted to Blair Worden for this observation.
7. Quoted in Peter Toon, *God's Statesman: The Life and Work of John Owen: Pastor, Educator, Theologian* (Eugene, OR, 1971), p. 37.
8. S. R. Gardiner, *Oliver Cromwell* (London, 1901), p. 211.

第三章 远征计划

1. See Firth (ed.), *Clarke Papers*, vol. 3, p. 205.
2. See Gaunt, 'The Single Person's Confidants and Dependents', pp. 107–8.
3. See Firth (ed.), *Clarke Papers*, vol. 3, pp. 207–8.
4. See John Morrill's entry on Venables and C. S. Knighton on William Penn in the *Oxford Dictionary of National Biography*.

第四章 傲慢与惨败

1. J. D. Davis, 'Sir George Ayscue', *Oxford Dictionary of National Biography*.
2. Carla Giardana Pestana, *The English Conquest of Jamaica: Oliver Cromwell's Bid for Empire* (Harvard, 2017), p. 48. Pestana's account of the preparations and expectations of the Hispaniola expedition is essential reading. See also her 'Imperial Designs: Cromwell's Conquest of Jamaica' in *History Today*, vol. 67, no. 5 (May 2017).
3. Hilary Beckles, 'Kalinago (Carib) Resistance to European Colonisation of the Caribbean', in *Caribbean Quarterly*, vol. 54, no. 4 (December 2008).
4. Pestana, *English Conquest of Jamaica*, p. 58.

5. *The Narrative of General Venables*, ed. C. H. Firth (London, 1900), pp. 4–5.

6. See Bernard Capp, 'William Goodson', in the *Oxford Dictionary of National Biography* and the same author's masterly *Cromwell's Navy: The Fleet and the English Revolution, 1648–1660* (Oxford, 1989).

7. Pestana, *English Conquest of Jamaica*, p. 74.

8. Ibid., pp. 78–80.

9. A constant theme of Capp's *Cromwell's Navy*.

10. Firth (ed.), *Narrative*, p. 33.

11. Pestana, *English Conquest of Jamaica*, p. 119.

第五章　国王追随者

1. C. H. Firth, *The Last Years of the Protectorate*, vol. 1 (London, 1909), pp. 24–25.

2. Clarendon State Papers, vol. 3, pp. 135, 181; Nicholas Papers, vol. 2, p. 3.

3. Antony Fletcher, 'The Coming of War', in John Morrill (ed.), *Reactions to the English Civil War, 1642–49* (New York, London, 1982), p. 39.

4. Secretary Hatton to Nicholas, Paris, 1 November 1649, quoted in Geoffrey Smith, *Royalist Agents, Conspirators and Spies: Their Role in the British Civil Wars* (Ashgate, 2012), p. 148.

5. Clarendon, *Rebellion*, vol. 7, p. 299.

6. David Underdown, *Royalist Conspiracy in England 1649–1660* (London, 1960), p. 21.

7. Daniel Defoe, *The Memoirs of a Cavalier* (Edinburgh, 1812), p. 2.

8. Thomas Hobbes, *Leviathan* (1642–51), 21;21.

9. Calendar of State Papers Venice, 1655–6, p. 148.

10. Underdown, *Royalist Conspiracy*, pp. 157–8.

11. See Smith, *Royalist Agents*.

12. Geoffrey Smith, 'Sir Nicholas Armorer', *Oxford Dictionary of NationalBiography*.

13. Calendar of State Papers Venice, vol. 3, pp. 142–3.

14. Timothy Venning, 'John Thurloe', *Oxford Dictionary of NationalBiography*. D. L. Hobman, *Cromwell's Master Spy* (Abingdon, 1961).

15. H. N. Brailsford, in Christopher Hill (ed.), *The Levellers and theEnglish Revolution* (Redwood City, CA, 1961), p. 492.

16. Philip Aubrey, *Mr Secretary Thurloe: Cromwell's Secretary of State,1652–1660* (London, 1990), p. 98.

17. Alan Marshall, 'Joseph Bampfield', *Oxford Dictionary of NationalBiography*.

18. Smith, *Royalist Agents*, p. 176.

19. Underdown, *Royalist Conspiracy*, p. 106.

20. Ibid. pp. 93, 224–5.

21. B. J. Gibbons, 'Richard Overton', *Oxford Dictionary of NationalBiography*.

22. See Bernard Capp, *The Fifth Monarchy Men: A Study in SeventeenthCentury English Millenarianism* (London, 2011).

23. C. H. Firth, 'Cromwell and the Insurrection of 1655', *The EnglishHistorical Review*, 3/10 (April 1888), pp. 323–50.

24. George Fox, *Autobiography* (1694), Chapter 8.

第六章　惊天阴谋

1. *The Love Letters of Dorothy Osborne to Sir William Temple*, p. 172. Seealso, Adamson 'Oliver Cromwell and the Long Parliament' in Morrill, *Oliver Cromwell and the English Revolution* (London, 1990), p. 92.

2. James Berry, *A Cromwellian Major General* (Oxford, 1938), p. 78.

3. Smith, *Royalist Agents*, p. 190.

4. Clarendon, *Rebellion*, vol. 6, pp. 2782–3.

5. Ibid.

6. *Diary of Thomas Burton Esq.*, vol. 1, (London, 1828), p. 231.

7. Calendar of State Papers Domestic, 99.

8. Quoted in Austin Woolrych, *Penruddock's Rising 1655* (London,1955), p. 12. This pamphlet is an outstanding and concise account of the events, as is the section devoted to it in Underdown, *Royalist Conspiracy*, to which I am indebted.

9. Christopher Durston, 'James Berry', *Oxford Dictionary of National Biography*.

10. *Mercurius Politicus*, in *The English Revolution*, vol. III, p. 396.

11. Smith, *Royalist Agents*, p. 195.

12. Alexander Lindsay, 'Abraham Cowley', *Oxford Dictionary of National Biography*.

13. The late Christopher Durston did more than anyone to help us understand the major generals and their rule. His *Cromwell's Major- Generals: Godly Government During the English Revolution* (Manchester, 2001) is essential reading.

14. Thurloe State Papers, vol. 6, p. 20. For more on John Lambert, see David Farr, *John Lambert: Parliamentary Soldier and Cromwellian Major-General 1619–1684* (Woodbridge, 2003).

15. J. P. Kenyon (ed), *The Stuart Constitution: Documents and Commentary* (Cambridge, 1969).

第七章　假消息与坏消息

1. *The English Revolution III*, Newsbooks 5, vol. 10, p. 274.
2. Quoted in Venning, *Cromwellian Foreign Policy*, p. 56.
3. Edward Winslow to Thurloe, 30 March 1655, Thurloe State Papers, vol. 3, p. 325.
4. Benjamin Wright to Thurloe, 11 May 1655, ibid., p. 420.
5. Cromwell to Fortescue, Jamaica, November 1655.
6. Calendar of State Papers Venice, vol. 30, p. 106. See also James Robertson, 'Cromwell and the Conquest of Jamaica', in *History Today* (May 2005).
7. Benjamin Woodford, *Perceptions of a Monarchy Without a King: Reactions to Oliver Cromwell's Power* (Montreal, 2013), p. 56.
8. Calendar of State Papers Venice, vol. 30, p. 71.
9. Ibid.
10. Nicholas Papers, Works of the Camden Society, 57, p. 65.
11. Thurloe State Papers, vol. 4, p. 153.
12. Cromwell to Goodson, Jamaica, October 1655.
13. Abbott, *Writings and Speeches of Oliver Cromwell*, vol. 4, p. 193.
14. Barry Coward, *The Cromwellian Protectorate* (Manchester, 2002), p. 69.
15. Worden, *God's Instruments*, p. 41.
16. Cromwell to Goodson, Jamaica, October 1655.
17. See Keith Thomas, *Religion and the Decline of Magic: Studies in Popular Beliefs in Sixteenth- and Seventeenth-Century England* (London, 1971).
18. For a magisterial account of Cromwell's providential world view, see 'Cromwell and the Sin of Achan', in Worden, *God's Instruments*.
19. *The Diaries of Ralph Josselin 1616–1683*, ed. Alan Macfarlane (London, 1976).
20. *Diary of Thomas Burton, Esq.*, vol. III, p. 362.
21. See the discussion of providence in Christopher Hill, *God's Englishman* (London, 1990).

第八章　英国新贵

1. See Durston, *Cromwell's Major-Generals*.
2. See Farr, *John Lambert* and Paul Hunneyball's groundbreakingaccount of the aesthetics of the Cromwellian regime in Little, *The Cromwellian Protectorate*.
3. Jerry Brotton, *The Sale of the Late King's Goods: Charles I and his ArtCollection* (London, 2005).
4. Andrew Barclay, 'The Lord Protector and his Court', in PatrickLittle (ed.), *Oliver Cromwell: New Perspectives* (New York, London, 2009), p. 195.

5.   Maurice Ashley, *Cromwell's Generals* (London, 1954), p. 155.

6.   Thurloe State Papers, vol. 4, p. 208.

7.   Durston, *Cromwell's Major-Generals*, p. 129.

8.   Anthony Fletcher, 'Oliver Cromwell and the Localities', in DavidL. Smith (ed.), *Cromwell and the Interregnum*, p. 127.

9.   Calendar of State Papers, vol. 9, p. 236.

10. Durston, *Cromwell's Major-Generals*, p. 67.

11. Ibid. p. 155.

12. Derek Birley, *Sport and the Making of Britain* (Manchester, 1993),p. 87.

13. Clive Holmes, *Why Was Charles I Executed?* (London, 2006), p. 152.

14. Durston, *Cromwell's Major-Generals*, p. 160.

第九章　全民公决

1.   T. Howell, *A Complete Collection of State Trials* (1816), vol. V, p. 795.

2.   Quoted in *British Quarterly Review*, 3 (1846), p. 90.

3.   Durston, *Cromwell's Major-Generals*, p. 190.

4.   Coward, *Cromwellian Protectorate*, p. 75.

5.   Durston, *Cromwell's Major-Generals*, p. 8.

6.   Cromwell's speech to Parliament, 17 September 1656.

7.   Guibon Goddard's Journal: The Protector's Speech at opening of Parliament (17th September 1656)', in *Diary of Thomas Burton Esq: Volume 1, July 1653–April 1657*, ed. John Towill Rutt (London, 1828), pp. cxlviii–clxxiv. *British History Online* http://www.british-history.ac.uk/burton-diaries/vol1/cxlviii-clxxiv.

8.   Burton, vol. 1, p. 281.

9.   Barry Coward, *Oliver Cromwell* (London, 2013), p. 145.

10. Calendar of State Papers Venice, vol. 30, p. 276.

11. John Milton, *The Readie & Easie Way to Establish a Free Commonwealth* (1660), quoted in Aylmer, *Interregnum: The Quest for Settlement*, p. 199.

12. On Broghill and his circle, David L. Smith and Patrick Little, *Parliaments and Politics During the Cromwellian Protectorate* (Cambridge, 2007), is invaluable.

第十章　贵格会崛起

1.   For a detailed study of Nayler, his circle and the early years of Quakerism, Leopold Damrosch, *The Sorrows of the Quaker Jesus: James Nayler and the Puritan Crack-*

down on the Free Spirit (Harvard, 1996) is essential.

2. Thomas Hobbes, *Behemoth*, Dialogue 4.

3. Richard Bailey, *New Light on George Fox and Early Quakerism* (Lampeter, 1992), p. 7.

4. Damrosch, *Quaker Jesus*, p. 31.

5. George Fox, *The Works of George Fox*, vol. 2 (New York, 1831), p. 89.

6. Ibid. p. 103.

7. Thomas Fuller, *Church History of Great Britain*, vol. 3 (1665).

8. Rosemary Moore, *Light in their Consciences: the Early Quakers in Britain 1646–1666* (Philadephia, PA, 2000), p. 21.

9. Damrosch, *Quaker Jesus*, p. 66.

10. Henry Reece, *The Army in Cromwellian England 1649–1660* (Oxford, 2013), pp. 133–7.

11. Calendar of State Papers Venice, vol. 30, p. 114.

12. Bernard Capp, *England's Culture Wars: Puritan Reformation and its Enemies in the Interregnum, 1649–1660* (Oxford, 2012), p. 130.

13. Damrosch, *Quaker Jesus*, p. 160.

14. Albert DeWitt Mott, *The Phenomenon of Ranterism in the Puritan Revolution: A Historical Study in the Religion of the Spirit, 1640–1660* (Berkeley, CA, 1956), p. 288.

15. Carole Dale Spencer, 'The Man who "Set Himself as a Sign" : JamesNayler's Incarnational Theology', in Stephen W. Angell and Pink Dandelion (eds), *Early Quakers and their Theological Thought 1647–1723* (Cambridge, 2015).

16. Damrosch, *Quaker Jesus*, p. 137.

17. Ibid. pp. 230–31.

18. 'Of the Erroneous Opinions of the Quakers⋯ ', collected in ThomasD. Hamm (ed.), *Quaker Writings: An Anthology* (London, 2010).

第十一章 审判与裁决

1. 'The Bristol Episode', Quaker Heritage Press, 28. www.qhpress.org/texts/nayler/bristol.html.

2. Diary of Thomas Burton, 5 December 1656. Burton diaries are theprimary source for the Nayler trial and punishment.

3. Cromwell's speech to the Second Protectorate Parliament, 17 September 1656.

4. Diary of Thomas Burton, 29 May 1657.

5. Cromwell, 'To His Eminency Cardinal Mazarin', 26 December1656.

6. Damrosch, *Quaker Jesus*, p. 195.

7. Diary of Thomas Burton, 5 December 1656.

8. Ibid., 6 December 1656.

9. Ibid., 11 December 1656.

10. Ibid., 6 December 1656.

11. Ibid., 8 December 1656.

12. Ibid.

13. Ibid., 23 December 1656.

14. Ibid., 11 December 1656.

15. Ibid., 17 December 1656.

16. Damrosch, *Quaker Jesus*, p. 222 and Chapter 4.

17. J. F. Nicholls and J. Taylor, *Bristol Past and Present* (1882).

18. Diary of Thomas Burton, 26 December 1656.

第十二章　民兵法案

1. Diary of Thomas Burton, 25 December 1656.

2. Ibid.

3. Denton to Sir Ralph Verney, 19 Dec 1656, Buckinghamshire Record Office.

4. Durston, *Cromwell's Major-Generals*, p. 210.

5. Ibid. p. 119.

6. Ibid. p. 211.

7. Farr, *John Lambert*, p. 3.

8. See Fletcher, *Cromwell and the Interregnum*, pp. 135–6.

9. See C. H. First, 'John Claypole', *Oxford Dictionary of National Biography*.

10. Diary of Thomas Burton, 7 January 1657.

第十三章　火药、叛国和阴谋

1. Diary of Thomas Burton, 19 January 1657.

2. Discussed in Ann Hughes, *Gender and the English Revolution* (London, 2012), p. 114.

3. Discussed in the introduction to D. E. Kennedy, *The English Revolution 1642–1649* (London, 2000).

4. David Wootton (ed.), *Divine Right and Democracy: An Anthology of Political Writing in Stuart England* (Cambridge, MA, 2003), p. 306.

5. Antonia Southern, *Forlorn Hope: Soldier Radicals of the Seventeenth Century* (Abingdon, 2001), p. 137.

6.   Underdown, *Royalist Conspiracy*, p. 180.

7.   C. H. Firth, *The Last Years of the Protectorate* (London, 1909, 2 vols), vol. 1, p. 39.

8.   Underdown, *Royalist Conspiracy*, p. 180.

9.   Alan Marshall, 'Killing No Murder', *History Today*, 53/2 (February 2003).

10. Diary of Thomas Burton, 19 January 1657.

11. Firth, *The Last Years of the Protectorate*, vol. 1, p. 126.

第十四章　选举与世袭

1.   Roy Sherwood, *Oliver Cromwell: King in All But Name, 1653–1658* (Stroud, 1997), p. 71.

2.   For a fascinating discussion of the wider scenario, see Jonathan Fitzgibbons, 'Hereditary Succession and the Cromwellian Protec torate: The Offer of the Crown Reconsidered', *The English Historical Review*, vol. 128, no. 354.

3.   See Christopher Durston, 'The Fall of Cromwell's Major-Generals', *The English Historical Review*, 113/450.

4.   Diary of Thomas Burton, 7 March 1657.

5.   Calendar of State Papers Venice, 12 January 1657.

6.   Firth, *The Last Years of the Protectorate*, vol. 1, p. 65.

7.   Clarendon Manuscript 53, folio 111v.

8.   Calendar of State Papers Venice, vol. 30, pp. 294–6.

第十五章　荣誉加身

1.   Little (ed.), *Oliver Cromwell: New Perspectives*, pp. 224–5.

2.   Cromwell's speech to Parliament, 4 September 1654.

3.   Calendar of State Papers Venice, 9 March 1657.

4.   Discussed by David L. Smith in Little (ed.), *Cromwellian Protectorate*, pp. 22–3.

5.   J. P. Kenyon, *The Stuart Constitution*, p. 351.

6.   Ivan Roots (ed.), *Speeches of Oliver Cromwell* (London, 1989), p. 116.

7.   Ibid. pp. 128–38.

8.   Firth, *The Last Years of the Protectorate*, vol. 1, p. 150.

9.   Hobbes, *Behemoth,* Dialogue IV, p. 191.

10. See Blair Worden, 'Toleration and the Protectorate', in *God's Instruments*, especially pp. 76–85.

第十六章 舞蹈与异见

1. Crawford Gribben, *John Owen and English Puritanism: Experiences ofDefeat* (Oxford, 2016), p. 178.

2. Woodford, *Perceptions of a Monarchy Without a King*, p. 44.

3. Calendar of State Papers Colonial, vol. 9, p. 123.

第十七章 继位之争

1. D. L. Hobman, *Cromwell's Master Spy: A Study of John Thurloe*(London, 1961), p. 137.

2. Andrew Marvell, 'A Poem Upon the Death of O.C.'

3. Edward Burrough, 'A Testimony Against a Great Idolatory'. The best description and analysis of Cromwell's funeral is in Sherwood, *King in All But Name*, pp. 155–64.

第十八章 回到起点

1. Adamson, *Noble Revolt*, p. 5.

2. Austin Woolrych, 'Last Quests for a Settlement 1657–1660', in G. E. Aylmer, *Interregnum: The Quest for Settlement, 1646–1660* (Macmillan, 1972), p. 191.

3. Ibid. p. 192.

4. See Dr Malin's excellent 'Monarchical Cromwellians and the Restoration', in *Cromwelliana* 2016 (The Cromwell Association), series III, no. 5.

5. Keith Thomas, 'Cases of Conscience in Seventeenth-Century England', in John Morrill, Paul Slack and Daniel Woolf (eds), *Public Duty and Private Conscience in Seventeenth-Century England* (Oxford, 1993), p. 29 (to which Malins also refers – see note above).

6. Harold M. Weber, *Paper Bullets: Print and Kingship Under Charles II* (Kentucky, 1996), p. 97.

7. C. S. Knighton, 'William Penn', in the *Oxford Dictionary of National Biography*.

8. Jerrold I. Casway, 'Daniel O'Neill', in the *Oxford Dictionary of National Biography*.

9. Calendar of State Papers Colonial, vol. 43, p. 238.

参考文献

为了用更容易理解的文字解释历史学家 J. G. A. 波科克对中世纪英国法学家约翰·福蒂斯丘爵士的看法，这本书"通过略微地拉远镜头"，以帮助读者"理解那个时代"。阅读此书会激发读者穷尽对那个时代其他书籍的探究，我想没有什么能比这更让作者感到宽慰的了。一代又一代的学者对研究那个时代倾注了无数心血，相关著述可谓汗牛充栋，但由于种种原因，这些书并没有引起人们多少注意。毋庸置疑的是，人们对奥利弗·克伦威尔这个人物并不陌生，也知道当时有一位国王被处决，后来他的儿子卷土重来，但除此之外就一无所知了。出版这本书的目的就是想尝试为普通读者填补其中的一些空白。

《英国共和兴亡史》集各家研究之大成，我在这里对相关文献进行简要地介绍，这些文献覆盖了当时方方面面的历史事件与人物。

研究那段时期的通史类著作，最出类拔萃的当属奥斯汀·伍尔里奇所著的《英国革命：1625—1660 年》（牛津大学出版社，2002 年），其涵盖的历史时期包括内战爆发、整个战争进程、护国公制共和国成立直至君主复辟。这本书直面所谓英国"革命"这种说法存在的歧义，没有丝毫回避：这场革命到底是与过去的完全决裂，还是历史的倒退？或者两者兼而有之？同样弥足珍贵的还有迈克尔·布拉迪克编辑出版的《牛津英国革命手册》（牛津大学出版社，2015 年），一批杰出的历史学家对那一时期至关重要的事件、人物、制度和思想做出了最新调查与研究。克莱夫·霍姆斯所著的《为什么要处决查理一世？》（伦敦，2006 年）涵盖的话题更为广泛，也给出了更为全面的解答。这本书通俗易懂，是研究那段时期的权威之作。

关于查理一世国王，最通俗易懂的传记作品或许是理查德·卡斯特所著的《查理一世的政治生涯》（伦敦，2005 年）。当然，从最引人入胜的角度来看，非格林·雷德沃斯所著的《王子与公主：查理一世的文化政治》（伦敦，2003 年）莫属。这本书讲述了查理王子和白金汉公爵为寻找未来女王而前往西班牙的离奇旅程。凯文·夏普所著的《查理一世的个人统治》（伦敦，1992 年）打破了历史的窠臼，以优雅的笔调对那位强势的国王进行了大量描述，引发了很大争议。

关于英国内战的起源，有很多杰出的著作可资参考，包括：安妮·休斯的《英国内战的起因》（伦敦，1991 年）；康拉德·罗素的《英国内战起因》（牛津大学出版社，1990 年），这本书是他 1987 年至 1988 年"福特演讲"内容的合集；"罗素文集"《英国内战的起源》（伦敦，1973 年），收录了佩内洛普·科菲尔德以及杰克·埃利奥特等人非常有价值的文章。德里克·赫斯特所著的《1603—1660 年冲突中的英格兰：王国、社会与英联邦》（伦敦，1999 年）对伊丽莎白一世殁后直到王朝复辟期间的"英国问题"进行了广泛而深刻的研究。

约翰·亚当森所著的《高尚的革命：推翻查理一世》（伦敦，2007年）堪称杰作，书中用优美的文字讲述了一群清教徒贵族的所作所为，这些贵族曾为普罗维登斯岛公司提供资助。

克里斯托弗·希尔在《英国革命的理智起源》（牛津大学出版社，1965年）一书中探讨了加剧英国社会冲突的理智观念，这种观点还可追溯到艾伦·麦克法兰所著的《英国个人主义的起源：家庭、财产和社会转型》（牛津大学出版社，1978年）一书。在《神圣的权利与民主：斯图亚特治下英格兰政论文选集》中，编者大卫·伍顿给出了一个非常有启发性的介绍，其中还收录了一篇名为"刺杀而非谋杀"的政论文，爱德华·塞克斯比在这篇文章中为刺杀克伦威尔进行了自我辩护。平等派和其他激进派的重要文章收录于菲利普·贝克和埃利奥特·弗农编著的《人民达成的协议：平等派以及英国革命的宪法危机》（纽约，2012年）。约翰·里斯所著的《平等派的革命》（伦敦，2016年）一书对这一现象持同情态度，并进行了简明扼要的叙述。新近出版的大卫·科莫的《激进的议会派与英国内战》（牛津大学出版社，2018年）则对此进一步提供了有价值的佐证。另一本非常有价值的合集是J.P.凯尼恩编辑出版的《斯图亚特王朝宪法：文本与评论》（剑桥大学出版社，1969年），书中收录了1653年兰伯特《政府约法》的全文。

关于英国内战本身，约翰·亚当森在他的优秀作品集《英国内战：1640—1649年间的冲突与背景》（伦敦，2009年）中，对内战爆发的史料编纂进行了精彩及具有开创性的阐述；此外，大卫·斯科特在《1637—1649年间斯图亚特王朝治下三个王国的政治与战争》中有一篇论述保王派政治的文章，这篇文章弥足珍贵。迈克·布拉迪克所著的《上帝怒火与英国战火：英国内战历史新解》（伦敦，2008年）一书内容生动而详尽。

内战期间普通人的生活一直是许多学者研究的课题，兹推荐以下作品供阅读：大卫·昂德当的《来自天堂的战火：17世纪英国城镇生活见闻》（伦敦，1992年）；大卫·史蒂文森的《国王抑或订约：来自英国内战的声音》（爱丁堡，1996年）；克里斯托弗·德斯顿的《英国革命中的家族》（牛津大学出版社，1989年）；以及彼得·华纳的《血腥沼泽：危机中的17世纪英国村庄》（牛津大学出版社，2000年）。

对于内战中士兵的经历，不妨翻阅以下书籍：查尔斯·卡尔顿所著的《走向战争：1638—1651年英国内战经历》（伦敦，1992年）；约翰·凯尼恩和简·奥尔迈尔编著的《内战：1638—1660年间英格兰、苏格兰和爱尔兰军事史》（牛津大学出版社，1998年）；基思·罗伯茨所著的《克伦威尔的战争机器：1645—1660年间的新模范军》（巴恩斯利，2005年）；以及亨利·里斯被人们期待已久的《克伦威尔治下1645—1660年间的英国军队》（牛津大学出版社，2013年），这本书对内勒事件前后的布里斯托尔驻军进行了精彩绝伦的阐述。

关于残缺议会的崩塌以及向护国公制英国的转变，可参阅大卫·昂德当所著的《傲慢的清洗：清教徒革命中的政治》（伦敦，1971年）；布莱尔·沃登所著的《残缺议会》（剑桥大学出版社，1974年）；奥斯汀·伍尔里奇所著的《从英吉利联邦到护国公制共和国》（牛津大学出版社，1982年）。

关于"西征计划"，卡拉·加德纳·佩斯塔纳在《英国征服牙买加岛：奥利弗·克伦威尔帝国的赌注》（哈佛大学出版社，2017年）一书的开篇中对此进行了权威解读，其建立在卡伦·奥达尔·库普曼《普罗维登斯岛：另一个清教徒殖民地》（剑桥大学出版社，1993年）的开创性工作基础之上。蒂莫西·文宁的《克伦威尔外交政策》（伦敦，1995年）提供了更广阔的背景，而汤姆·费林的《消失的岛屿：旧普罗维登斯与西方世界的形成》（伦敦/布鲁克林，新泽西州，2017年）则是一部饶有趣味的游记史。大卫·阿米蒂奇所著的《大英帝国的思想渊源》（剑桥大学出版社，2000年）对新生的英帝国主义非核心思想开展了重要研究。托马斯·盖奇著有《英裔美洲人：1648年西印度群岛调查》（存在各种版本），这本书在三个半世纪后仍让读者感到叹为观止。

关于早期现代的天意理念，布莱尔·沃登在《上帝的工具：奥利弗·克伦威尔在英格兰的施政》（牛津大学出版社，2012年）这本优秀的散文集中对此进行了无出其右的研究，该书不论哪个方面都很出色。此外，我强烈建议读者参阅以下书籍：亚历山德拉·沃尔沙姆的《近代早期英国的天意》（牛津大学出版社，1999年）；威廉·M.拉蒙特的《虔敬的统治：政治与宗教》（伦敦，1969年）；克里斯托弗·德斯顿和朱迪思·莫尔特比合著的《英国革命中的宗教》（曼彻斯特，2006年）；以及基思·托马斯的经典作品《宗教与魔法的衰落》（伦敦，1971年）。

就护国公制本身而言，两本优秀的教科书对此采用了截然相反的观点：巴里·科沃德所著的《克伦威尔的护国公

制》（曼彻斯特，2002年）对护国公制抱以广泛的同情；而罗
纳德·赫顿所著的《1649—1660年的英吉利共和国》（伦敦，
1990年）则正好相反。所有这些观点至今仍摆脱不了 C. H. 费
尔斯《护国公制的最后岁月》（伦敦，1909年，第二卷）一书
的影响，费尔斯延续了 S. R. 加德纳关于那段时期的历史观。
帕特里克·利特尔的文集《克伦威尔的护国公制》（伍德布里
奇，2007年）是必备的参考书籍，特别是对保罗·亨尼鲍尔关
于克伦威尔政权美学开展的开创性研究。G. E. 艾尔默的文集
《摄政期：1646—1660年间对安定的呼求》（伦敦，1972年）经
得起时间的检验，尤为值得一提的是，奥斯汀·伍尔里奇对这
个政权的灭亡进行了不厌其详的讲述。大卫·L. 史密斯的作品
集《克伦威尔与摄政期》（牛津大学出版社，2003年）选文综
合而全面，其中包括许多开创性的作品。伊万·罗茨著有短篇
集《模式再塑：摄政期间的方方面面》（埃克塞特，1981年），
这部短篇集或许成文仓促，但从英国人的视角来看不啻为优秀
的作品。帕特里克·利特尔和大卫·L. 史密斯合著有《克伦威
尔护国公制时期的议会与政治》（剑桥大学出版社，2007年），
这部作品在研究布罗格希尔勋爵和君主的威严方面独树一帜。
乔纳森·菲茨吉本斯著有《克伦威尔的上议院：1642—1660年
政治、议会与宪政革命》（伍德布里奇，2018年），这部作品出
自当时一位杰出的年轻历史学家，贡献良多。

　　帕特里克·利特尔的《布罗格希尔勋爵及其与爱尔兰和苏
格兰的克伦威尔联盟》（伍德布里奇，2004年）展示了这个关
键人物的非凡影响力。F. D. 道著有《1651—1660年间克伦威尔

治下的苏格兰》（爱丁堡，1979 年）一书，这部作品叙述翔实，作为补充，劳拉·A. M. 斯图尔特和克尔斯汀·M. 麦肯齐相继出版了《重新思考英国革命：立约苏格兰》（牛津大学出版社，2016 年）以及《1643—1663 年间三个王国与克伦威尔联盟的庄严结盟及誓约》（伦敦，2017 年）。即使过了三个半世纪，人们是否能够对克伦威尔和爱尔兰展开严肃的辩论，这仍然是个疑问，但对于那些愿意尝试的人来说，比如汤姆·赖利，他著有《克伦威尔，一个可敬的敌人：克伦威尔入侵爱尔兰背后不为人知的故事》（布兰登，1999 年），从书名就可以看出，他对克伦威尔抱以同情之心。对《上帝的刽子手：奥利弗·克伦威尔及其征服爱尔兰》（2008 年，伦敦）一书，其内容比书名更细致入微和令人信服。詹姆斯·斯科特·惠勒的《爱尔兰的克伦威尔》（都柏林，1999 年）一书既慎重又客观公正。

关于少将军政官的统治，只需参阅已故克里斯托弗·德斯顿所著的《克伦威尔的少将军政官：英国革命时期的虔敬政府》（曼彻斯特，2001 年）一书。卡罗琳·博斯韦尔著有《摄政期间英国国民的不满与日常生活》（伍德布里奇，2017），这本书探讨了英国国民对少将军政官的反应。关于少将军政官对手的滑稽反常行为，可阅大卫·昂德当所著的《1649—1660 年间英国保王派的阴谋》（伦敦，1960 年）以及杰弗里·史密斯所著的《保王派特工、阴谋家和间谍：他们在英国内战中发挥的作用》（阿宾顿，2011 年）。对克伦威尔间谍首脑的两项研究并不是十分令人满意，这两部作品分别是 D. L. 霍布曼的《克伦威尔的间谍首脑：约翰·瑟洛》（伦敦，1959 年）以及菲利普·奥布里的《瑟洛部长先生：克伦威尔的国务大臣》（伦敦，1990 年）。大卫·法尔著有《约翰·兰伯特：1619—1684 年间的议会派将士和克伦威尔的少将》（伍德布里奇，2003 年），这是一部上乘的传记，内容虽然简短，但从中可以看出，对兰伯特这个神秘的人物肯定值得开展更多的研究。

克里斯托弗·希尔出版的一部作品名为《颠倒的世界：英国大革命时期的激进思想》（艾尔沃思，1972 年），这本书引人入胜，但对 17 世纪 40 年代和 50 年代蓬勃发展的许多激进派系的研究，未免显得有些过时。利奥·达姆罗施著有《贵格会教徒的悲哀：詹姆斯·内勒以及清教徒对宗教信仰自由的镇压》（哈佛大学出版社，马萨诸塞州，1996 年），这本书对内勒事件进行了详细描述。

研究克伦威尔的作品更为丰富。约翰·莫里尔在《奥利弗·克伦威尔》（牛津大学出版社，2007 年）一书中对克伦威尔短暂而威权的一生进行了入木三分的记述；莫里尔在《牛津国家传记辞典》中也采用了同样的描述手法，这为《英国共和兴亡史》一书提供了许多人物生活的素材。至于其他传记作品，兹推荐以下几部书籍：克里斯托弗·希尔的《虔敬的英国人：奥利弗·克伦威尔与英国革命》（伦敦，1970 年），其在阐述护国公的天意世界观方面表现出色；马丁·贝内特的《奥利弗·克伦威尔》（伦敦，2006 年）；J. C. 戴维斯的《奥利弗·克伦威尔》（伦敦，2001 年）；罗伯特·S. 保罗的《护国公大人》（伦敦，1955 年）。为了洞察克伦威尔强悍而狡黠的个性，他发表的演讲可揭示出更多内涵。读者不妨参阅伊万·罗茨编辑出版的《奥利弗·克伦威尔演讲录》（1989年，伦敦）。如果研究克伦威尔的欲望已被勾起，托马斯·卡莱尔的作品自然不容错过。

有许多关于克伦威尔的优秀论文集，包括：伊万·罗茨编辑出版的《克伦威尔简况》（伦敦，1973年）；帕特里克·利特尔编辑出版的《克伦威尔：新视角》（纽约/伦敦，2009年）；约翰·莫里尔编辑出版的《奥利弗·克伦威尔与英国革命》（伦敦，1990年）。朱利安·怀特海德著有《克伦威尔和他的女人》（巴恩斯利，2019年），这本书内容丰富且有许多富有启发性的研究。罗伊·舍伍德（Roy Sherwood）著有《奥利弗·克伦威尔：1653—1658年的无冕之王》（斯特劳德，1997年），这部作品对克伦威尔进行了精彩描述，后由劳拉·伦格·克诺普斯的《构建克伦威尔：1645—1661年的仪式、肖像与作品》（剑桥大学出版社，2000年）进行补充。霍华德·布伦顿的戏剧《五十五天》（伦敦，2012年），对克伦威尔痴迷于天意开展了敏锐而有趣的研究。

最后，护国公制留给后人的政治遗产一直存在争议，关于这方面的研究和讨论作品包括：布莱尔·沃登的《圆颅党的声望：英国内战与后人的激情》（伦敦，2001年），这本书才华横溢；R. C. 理查森的《关于英国革命的再辩论》（伦敦，1977年）；简·A. 米尔斯的《克伦威尔的遗产》（曼彻斯特，2012年）；查尔斯·W. A. 普廖尔和格伦·伯吉斯编辑出版的《重温英国的宗教战争》（阿宾顿，2011年）；马修·纽费尔德的《1660年后的内战：斯图亚特王朝治下晚期英国的公众记忆》（伍德布里奇，2013年）。

致　谢

　　要说这本书有什么意义，我觉得这个意义就是它可以指引读者放眼别处，去领略好几代杰出学者的作品，他们对17世纪中叶英国的危机洞若观火。关于这本书，约翰·莫里尔的一番话耐人寻味，在他看来，这本书的根本落脚点是从史实出发，而不是着眼于分析历史背后的原因和理由。事实的确如此，我从落笔的那天起就以一种谦虚的态度关注这样一些史学家，他们试图挖掘17世纪40年代导致英伦三岛饱受蹂躏的内战所带来的后果。在那个年代，出现了这样一群人数相对较少但极富使命感和责任感的人，他们一心想拯救这个无论是宗教还是政治全都四分五裂的国家，制定了让国家"恢复和安定"的计划，这个计划就算不成功，也充满革新精神。领导这个计划的人常常与英国人民的意志相左，他们当中既有显赫的贵族，也有平民和中产阶级，而且实际上就是由奥利弗·克伦威尔这个非凡的人物牵头，克伦威尔或许是英国以及爱尔兰历史上最具争议和充满矛盾的人物。

　　关于16世纪英国的书籍可谓汗牛充栋，但关于17世纪的书则少得可怜，至少对一般读者来说是这样。但是，对于那些准备尝试填补这一空白的人来说，开展大量严肃的学术研究自是不可避免的，我希望《英国共和兴亡史》这本书的读者们能够耐下性子涉入这个有如汹涌大海般充满挑战的领域，并能最终从本书感受到一种振奋和勃发。如果读者想借此开展深入研究，请参阅本书列出的参考书目。

读者尤其是出版商对都铎王朝书籍的吁求可暂且不论，但普通读者确实很少能找到有关护国公制时期的作品。本书可能是唯一一本专门讨论这个时期的书籍。我一直都担心夸大历史类比的作用，近年来更是因此而招致多方面批评，但克伦威尔统治时期与英国当前状况以及英国与世界的关系，它们彼此间产生的诸多共鸣是不容忽视的，这些可兹类比的方面包括：统治者与被统治者之间的严重分歧，地区间分歧，全面和解的尝试，容忍的限度，英国例外论的理念，英国和爱尔兰民族之间的关系以及他们在世界上发挥的作用，等等。

这本书能问世离不开很多其他学者的贡献，我只不过是站在巨人的肩膀上而已，内心充满忐忑与惶恐。我要特别感谢这些年来我有幸接触到的许多早期现代学者，特别是约翰·亚当森、贾斯汀·钱皮恩、杰西·查尔兹、利安达·德·莱尔、迈克尔·亨特、肖恩·凯尔西、帕特里克·利特尔、约翰·莫里尔、莎拉·莫蒂默、尼克·波因茨、约翰·里斯、大卫·斯科特、劳拉·斯图尔特、爱德华·瓦兰斯和菲利普·德·维沃。

在此特别感谢本书的审校人员，他们是：乔纳森·希利、汤姆·霍兰德、米兰达·马林斯，以及研究这一时期的老前辈历史学家布莱尔·沃登。正是由于他们提出的建议、修改和更正，才让本书锦上添花。书中难免存在错讹之处，无论是史实还是解读方面的错误，全系我一人所致。

我妻子休自始至终都在阅读这本书并提出意见，虽然辛苦，但乐在其中。当我想方设法找准这本书的基调时，我儿子约翰怀着赞许之情给我朗读了序言那章。我的父母艾尔西和阿尔伯特总是让我们的房间充满书香韵味，鼓励并爱护着我。我很荣幸能担任《今日历史》的编辑，这里的工作氛围非常好，每天都能让我学到知识并获得启迪，而且大家相处得轻松幽默。他们是最好的同事。我非常感谢我的出版商安东尼·奇塔姆，他非常有耐心，不断地赞赏和鼓励我，也非常感谢丹·琼斯，她委托我思考这个题目，最终促使我完成了整本书。理查德·米尔班克堪称编辑的楷模，他非常有判断力，乐于提出质疑并给予鼓励。他对我的书像对他自己的书一样用心。弗洛伦斯·黑尔精心制作了这本书的文案。我的经纪人查尔斯·沃克在处理商业合作业务时一直都非常高效且得体。

谨以《英国共和兴亡史》献给我的两位老师，他们深刻影响了我的人生。巴里·杜顿是我的历史老师，他在20世纪70年代末为黑乡工业区一所艰难生存的综合学校提供教育资源和精神鼓励。几年后，我的另一位老师——研究17世纪历史的杰出学者巴里·科沃德——引导我走上对这一历史时期的研究道路并让我乐此不疲。我对这两位老师永远心存感激。

插图来源

01. 奥利弗·克伦威尔像，罗杰·沃克（Roger Walker），1649，公共领域。

02. "在爱丁堡灰衣修士教堂签署《民族誓约》"，威廉·艾伦（William Allan），1838，公共领域。

03. "1642年查理一世试图逮捕五名下议院议员"，查尔斯·韦斯特·科普（Charles West Cope），公共领域。

04. 第一世克拉伦登伯爵爱德华·海德的肖像，艾德里安·汉尼曼（Adriaen Hanneman），公共领域。

05. 第一世阿博马尔公爵乔治·蒙克的肖像，塞缪尔·库珀（Samuel Cooper），约1660，布里奇曼图片。

06. 约翰·兰伯特的肖像，罗伯特·沃克（Robert Walker），约1650，公共领域。

07. "马斯顿荒原战役中的克伦威尔"，欧内斯特·克罗夫茨（Ernest Crofts），1877，公共领域。

08. "埃奇希尔战役前夕"，查尔斯·兰瑟（Charles Landseer），1845，公共领域。

09. "纳斯比战役中的克伦威尔"，查尔斯·兰瑟（Charles Landseer），1851，公共领域。

10. "洗劫贝辛庄园"，查尔斯·兰瑟（Charles Landseer），1836，公共领域。

11. "查理一世遭克伦威尔士兵嘲讽"，保罗·德拉罗什（Paul Delaroche），1837，公共领域。

12. "查理一世被处死刑"，佚名艺术家，约1649，公共领域。

13. "克伦威尔站在查理一世的棺椁前"，保罗·德拉罗什（Paul Delaroche），1831，公共领域。

14. "邓巴战役中的克伦威尔"，安德鲁·加里克·高（Andrew Garrick Gow），1886，布里奇曼图片。

15. "伍斯特战役中的克伦威尔"，安德鲁·劳埃德（Andrew Lloyd），约1623，公共领域。

16. "克伦威尔解散长期议会"，伯内特·瑞丁（Burnet Reading），公共领域。

17. "白厅与圣詹姆斯公园"，亨德里克·道奇茨（Hendrick Dancherts），约1670，亚瑟·阿克曼有限公司，布里奇曼图片。

18. "尊奉詹姆斯一世"，彼得·保罗·鲁本斯（Peter Paul Rubens），约1634，公共领域。

19. "约翰·斯图亚特勋爵和他的兄弟伯纳德·斯图亚特勋爵"，安东尼·范·戴克（Anthony van Dyck），约1638，公共领域。

20. "你最后一次见到你爸爸是在什么时候"，威廉·弗雷德里克·耶姆斯（William Frederick Yeames），1878，公共领域。

21. "乔治·福克斯在客栈布道"，E.韦纳特（E. Wehnert），1754，公共领域。

22. "克伦威尔拒绝接受王冠"，佚名艺术家，1657，公共领域。

23. "圣克鲁斯-德特内里费战役"，佚名艺术家，1657，公共领域。

24. "沙丘战役"，佚名艺术家，1658，公共领域。

25. "查理二世和他兄弟们的招待会"，让·巴蒂斯特·范·梅恩克霍夫（Jan Baptist van Meunincxhove），1671，公共领域。

26. 约翰·瑟洛的肖像，匿名艺术家，公共领域。

27. 布罗格希尔勋爵罗杰·博伊尔的肖像，佚名艺术家，1650，布里奇曼图片。

28. 威廉·佩恩的肖像，彼得·莱利（Peter Lely），约1665，公共领域。

29. 伊丽莎白·克莱波尔的肖像，约翰·迈克尔·赖特（John Michael Wright），1658，公共领域。

30. "身着加冕礼服的英王查理二世"，约翰·迈克尔·赖特（John Michael Wright），约1662，公共领域。

索 引

（以下页码为原书页码，即本书边码）

尉 , xvi–xvii, xx

Hutton, Ronald 罗纳德·赫顿 , 151, 154

Hyde, Edward, 1st Earl of Clarendon 爱德华·海德，第一世克拉伦登伯爵 , 34, 59, 60, 61, 66, 67, 70–1, 77, 78, 80, 82

  and the collapse of the Protectorate 爱德华·海德与护国公制的崩塌 , 273–5

  History of the Rebellion and Civil Wars in England 英国叛乱史 , 64

  and the Portsmouth Plot 爱德华·海德与"朴次茅斯的阴谋" , 218–19

  and the Royalist insurrection (1655) 爱德华·海德与保王党起义（1655 年）, 86, 89, 98

  and the succession to Cromwell 爱德华·海德与克伦威尔的继承权问题 , 237, 262

Independents 独立派 , 160, 171, 179, 188

Ingram, Sir William 威廉·英格拉姆爵士 , 91

Instrument of Government 14– 政府约法 , 15, 16, 18, 19, 20, 81, 83, 103

  and Catholics 政府约法与天主教信徒 , 187, 246

  and the franchise 政府约法与选举权 , 152

  and the Nayler affair 政府约法与内勒事件 , 188, 192, 193, 203

  and the Second Protectorate Parliament 政府约法与第二届护国制议会 , 158

  and the succession to Cromwell 政府约法与克伦威尔的继承权问题 , 230, 235–7, 241, 242, 245–7

  and the Third Protectorate Parliament 政府约法与第三届护国制议会 , 267

Inverkeithing, battle of (1651) 因弗基辛战役（1651 年）, 12

Ireland 爱尔兰 , 19

  and Broghill 爱尔兰与布罗格希尔 , 162–3, 164, 165

  and the collapse of the Protectorate 爱尔兰与护国公制的崩塌 , 272

  Confederate Wars 爱尔兰联盟战争 , 162

  conquest of 征服爱尔兰 , 41

  Cromwellian conquest of 克伦威尔征服爱尔兰 , 280

  Henry Cromwell's rule in 亨利·克伦威尔统治爱尔兰 , 260, 263

  Rebellion (1641) 爱尔兰暴动（1641 年）, 28, 47, 60

  and the Rule of the Major Generals 爱尔兰与少将军政官统治 , 164

  and the Rump Parliament 爱尔兰与残缺议会 , 5

Ireton, Clement 克莱门特·艾尔顿 , 81

Ireton, Henry 亨利·艾尔顿 , 13, 72, 81

Israel, ancient kingdom of 古以色列王国 , 161, 208

Jackson, Adjutant General 杰克逊副官 , 52, 53–4

Jackson, Alderman Miles 市府参事迈尔斯·杰克逊 , 175

Jackson, William 威廉·杰克逊 , 54

Jamaica 牙买加岛 , 54–5, 112, 113–14, 116, 117–18, 120, 256–7, 283

James, Duke of York 约克公爵詹姆斯 , 76, 89, 96, 253

James I, King 詹姆斯一世国王 , x, xiv, 58, 223, 224, 263

Jane, Joseph 约瑟夫·简 , 117

Jephson, William 威廉·杰弗森 , 235

2. Gray Church

S. Dunston in the East

3. Alhallows barking

Lyon kay

Billings Gate

DGE